New window 新視野242

駭進人心

社交工程專家教你掌握溝通優勢，洞悉話術陷阱，提升說服力與影響力

HUMAN HACKING

Christopher Hadnagy & Seth Schulman
克里斯多福・海納基 & 賽斯・舒曼——著

周玉文——譯

高寶書版集團

請閱畢本文、簽名再往下讀

本書提供的技巧威力非常強大，世界各地的犯罪份子每年都會利用它們操縱他人，以便成功贏得競標、從企業和個人手中竊取上兆美元、破壞幾百萬人的生活，而且改變整個國家的政治命運。我透過本書分享這些技術給你，並深信你將會善用它們讓身邊的人生活變得更美好，而不是為非作歹。你不只會推進自己一把，也將協助他人，而且絕不容自己採取傷害他人的方式行事，這件事非常重要。所以，請先閱畢以下宣言並簽上大名，然後才往下閱讀：

本人＿＿＿＿＿＿＿＿鄭重發誓，絕不濫用這些技巧操縱他人，進而獲取自私、單方面的收益。儘管我可能應用這些技巧為自己帶來好處，但我將確保與我互動的其他人同樣受惠，而且他們不會為了滿足我的願望損及自己的最佳利益。同時，我承諾應用這些技巧時會尊重其他人的隱私，也承諾應用這些技巧提升自身的自我意識，這樣我就可以成為更優秀的夥伴、家庭成員、朋友、同事與鄰居。最重要的是，我承諾，我將以各種讓眾人最終將因為認識我而生活變得更美好的方式應用這些技巧。要是我最終沒有獲得預期中的結果，就如同偶爾走路也會跌跤，我承諾將從經驗中學到教訓，下一次會做得更好。

＿＿＿＿＿＿＿＿
（在此處簽名並標示日期）

致畢生摯愛艾瑞莎。妳是我的摯友，也是我畢生所見最美麗之人。

致柯林，目睹你成為今日所見的男子漢，給了我無限希望。我超級以你為榮。

致艾瑪雅，筆墨無以形容我對妳的深切愛意。妳的美麗與天賦令人讚嘆。

目錄
CONTENTS

前言
你的全新超能力

此刻是凌晨一點，我們坐在租來的黑色休旅車裡，關掉車燈，緩緩沿著荒野路徑橫越沙漠灌木叢林地。月光下，我瞇起眼盯著前方，穿行在大圓石堆、一簇簇的灌木叢和零星點綴的小樹群中。我的夥伴萊恩雙手牢握乘客座椅，手指關節用力到都發白了。每隔幾分鐘他就會探頭張望，確保沒有人跟在我們後面。我深呼吸幾下，努力保持冷靜。我們全程不發一語，就連車身重重彈跳或是驚險地與大圓石擦身而過，都硬是忍住不爆粗口。

我們每小時只能前進幾公里，一路駛向一處四面方正、毫不起眼的建築物，此時它們正被強力泛光燈和散設四處的工業燈具照得十分明亮。更準確地說，我們是正對著把我們和建築物隔開的安全圍籬前進，它高逾三公尺，上頭布滿尖銳金屬刺條的鐵絲網。

大約離目標物八公里的某一處，一隻土狼從路徑前方竄奔而過，我猛踩剎車。當下我告訴自己，不該這樣亂來。

距圍籬四百公尺處，我瞄到左方有一處寬闊、鑿深的溝壑從路面下切。我問：「那裡怎麼樣？」

萊恩說：「可以。」

我設法把車開進溝壑裡，試著不讓路面兩旁厚重、乾燥的樹叢刮花車體。我盡量開進深處才停下來，這樣一來在這片沙塵荒地工作的守衛或工人就不會看到這輛車。以此處為起點，我們要開始步行。我邊問邊熄火：「有其他人嗎？」

萊恩說：「看起來沒有。」

「那出發吧。」

我們下車，輕輕關上車門。滿地盡是響尾蛇和毒蠍，於是我們踮著腳尖走路，一邊也警醒地留意最輕微的動靜。我們打開後車廂，拉出鋁梯和幾綑長繩索。除了梯子之外，我們全身輕裝，因為你永遠不知道有沒有必要狂奔逃命。「好了，」我說，指向我們左方一小塊區域，「你看那邊，黑漆漆的，看起來是有一盞燈掛了。那裡是我們的首選。」

我們一前一後扛著鋁梯前進。四周靜得很詭異，只聽得到建築物發出的低鳴聲與梯子偶爾傳出的輕微鏗鏘聲。我們距離最近的城鎮大約八十公里，全身毫無武裝、不請自來；萬一發生不測，根本沒有人會知道。我們是真的有可能出事。以前我曾經被逮捕過，也曾被槍枝抵在腦門上，但跟這次的任務相比，那些都只是小菜一碟。

我不能洩露這裡的設施類型，也無法告訴你這棟建築坐落在世界哪一個角落，我只能說在這片鐵絲網圍籬後方，有一個強大的組織正在監護某樣無比珍貴的小東西。事實上，這個「小東西」價值連城，以至於這個組織砸下幾千萬美元設計出這套設施。上級告訴我們，這一整套設施的防護等級「絕對是銅牆鐵壁」，堪稱全世界最安全的設施。除了鐵絲網圍籬，幾十名配備自動武器並訓練有素的守衛徹夜巡邏，其他守衛則是站在高樓砲塔內守望。強烈聚光燈定期掃向圍籬，同時有幾百支攝影機監控地面與圍牆四周的活動，還有一系列資訊無法在此公開的超昂貴高精密設備，它們都肩負同一個目標：把像是萊恩和我這樣的傢伙隔絕在外。

我們能如此詳細地掌握這些保安設備是因為我們已經花了好幾週準備這趟任務。我們先在遠處基地工作，透過網路釣魚、電話語音釣魚蒐集大量鉅細靡遺的資訊。我們所接觸的員工們置身布滿銳物的鐵絲網後方及這個組織維護的其他設施裡，在看似無害的聊天過程中陸續透露出他們的營運計畫、日程安排細節，甚至現場員工與管理階級的姓名，數量已經多到足以讓我們拼湊出這個組織大部分管理階層的位階。

最近幾天，我們持續蒐集資訊，一邊也在這些設施周圍隨處刺探。我們知曉，這個組織正在附近繼續興建新設施，這星期它們將會舉辦剪綵儀式。儘管網路上仍找不到這處新設施據點的蛛絲馬跡，但這阻擋不了我們。我們留意到一名地方記者寫過這處建築物的相關文章，於是策劃了一套計畫，冒充這名記者和同一處新聞網站的同事，由女同事黛博拉假扮成記者助理打電話到這處機構總部以便刺探據點情報。

「你好，」她輕快地打招呼，「我是某某電視台記者彼特・羅比修的秘書珊曼莎。星期六上午十點半他會過來採訪剪綵儀式。我只想確認幾個程序問題。」

「請稍候，」電話另一頭的男士說，可能是在確認彼特（亦為假名）有沒有列在賓客名單上。「好的，您想問什麼？」

「好的。第一個問題就是，他需要帶什麼證件嗎？他會需要政府核發附帶照片的身分證，對嗎？」

「沒錯。駕照和護照都可以。」

「太好了。那下一個問題就是，他打算帶自己的攝影器材，可以嗎？有什麼物品是他不應該攜帶的嗎？」

「這部分沒問題，」這名男士說，「不過我們會在他進門時搜身。」

「那是一定的，」我們的同事說，「現在我的最後一個問題就是……我只是想要確認一下。我們好像搞丟了他的邀請卡，所以我想確認一下新設施的地點和他應該在哪裡報到。」

那名男士說：「這沒問題。」他提供我們所需的確切資訊。

這段看似微不足道的對話總共只花了三十秒，電話另一頭的男士很可能完全不疑有他，但是這段交流的好處遠多於表面所見。黛博拉只想要獲取一個明確的地址資訊，但是她先丟出了兩個暖身問題，誘導出我們確信電話另一頭的男士絕對樂意回答的基本資訊。這套技巧就是「以退為進」。暖身問題扮演讓對方放輕鬆的作用，以讓他同意回答她的問題，一旦他的大腦答完前兩個問題，只要第三個問題不會太脫離對話脈絡以至於敲響對方腦子裡的警鐘，其實對方早就準備好要回答最後一題。黛博拉甚至先丟了第一題的答案給他，此舉意味著她知道自己在做什麼、駕輕就熟，而且一切合法正當。

不過黛博拉也同時施展了其他技巧。當她丟出第三個問題時，她將這個問題定位成簡單「確認」她本來就已經知道的資訊。她的發問方式是突顯其中的邏輯，讓它看起來像是極度合理的問題。在此之前，當她提問是不是有任何自己的老闆不該攜帶進場的物品時，其實只是用裝傻的方式暗示性地請求對方指點一下，這一步帶有奉承對方的意味，承認他的權威性，並讓他感到更自在、更樂意對話。他們互為異性也讓這項任務變得更容易。

拜這段交談以及其他類似的對話所賜，我們得以在前一天現身設施據點，而且差一點就獲准進入。當時保安人員起了疑心因此短暫拘留我們，不過在那之前我們早就知道許多保安規定的細節，諸如守衛培訓方式、攜帶何種武器、對什麼樣的威脅提高警覺，以及這處設施設置哪幾種攝影機等事項。

現在，萊恩和我再度試圖闖入設施內部，這次我們採用無疑更危險的方式。三更半夜，兩名身分不明的男子穿得一身黑，正偷偷爬上圍籬，很容易就會讓緊張兮兮的守衛先開槍掃射再說。特別是我一百九十五公分的身高，完全和小型標的物沾不上邊。我朝向圍籬前進時試著把這些念頭暫擱一旁，但實在不容易，我一再回想起稍早和我太太與兒女們通電話的情景，告訴他們我愛大家。每一個聲音都會讓我脈搏狂跳，接著深吸一大口氣。我再次告訴自己，我們不應該這樣亂來。

我們來到圍籬旁一片漆黑的區域，謹慎地環顧四周。警報解除。我將梯子靠在鏈環上，然後拿繩子把布滿銳物的鐵絲網扯鬆。萊恩忙著拿手機錄影時，我爬上去鑿出一個破口，觀察四周，看看是否有被盯上的跡象。幸好至今似乎仍沒有人發現我們的蹤跡。

接下來一小時左右，萊恩和我沿著地面到處探索、闖進幾處建築物並突破幾具大型機器，然後拍攝照片，並錄下眼前所見景象。守衛一次也沒有接近我們，他們顯然對我們的存在渾然不覺。儘管如此，對我們來說仍是每過一秒太陽穴就狂跳一下、腎上腺素大爆發的折磨。

當我們覺得已經蒐集到足夠的設備使用說明後，便轉身走回我們的車上，今晚到此為止。接下來幾天，我們將會利用技術含量較低的工具與心理技巧，再從其他點切入進來搞定這處設施。我們將會遭遇守衛迎面走來大聲咆哮，舉槍抵著我們的腦門的情境，不過那也已經是我們再度花了幾小時在建築物周遭到處刺探，繼而闖入這處設施最敏感、高度警戒區域之後的事。

絕對是銅牆鐵壁嗎？我可不這麼認為。

我們是誰、我們從事什麼工作

你可能會以為，萊恩和我是政府間諜、高級犯罪份子，或是天不怕地不怕只想到處找刺激，以便吸引百萬鐵粉的網紅。但你猜錯了，以上皆非。

我們是駭客。

多數人視駭客為年輕的科技暴徒，老是輪番猛攻百事旗下汽水品牌激浪（Mountain Dew）、竊取數據資料、搞垮網站或胡亂發送關於威而鋼的垃圾郵件。不過也有很多善良的駭客，他們是頂尖的保安專家，政府與企業會爭相聘請來自保並對抗壞人。在所有善良的駭客中，有一小群人擅長的不是直搗電腦的核心技術，反而是棘手的人性層面。這支亞種駭客雖然不會發揮編寫程式碼的功力繞開最滴水不漏的保安系統駭入主機，但他們懂得如何直攻人心。他們的做法某種程度上很像是詐騙份子，說起話來快如機關槍，能輕易說服毫無戒心的人們讓他們長驅直入主機以及高保安度的實體據點內部。這些駭客中的佼佼者堪稱神級大師，不僅可以為所欲為，甚至還會讓目標對象因為認識他們生活變得更美好。

萊恩和我就是所謂的人際駭客。別擔心，我們都是好人。雖然我們在做的事情看起來很像是壞人，但是我們會運用先進的心理學原理和技術闖入伺服器與實體據點，成功後我們就會依據此次經驗，協助客戶理解並修補它們自身的弱點，這樣一來它們的顧客與社群就會更安全。這就是那晚我們深入荒漠所完成的工作，亦即刺探這處號稱超安全設施的保安程度並找出弱點，這樣一來，我們的客戶就能趕在真正的壞人闖入大肆破壞之前修補漏洞。我們賴以謀生的手段就是，讓未曾謀面的陌生人說出或做出幾乎所有我們想做的事。

我琢磨這門技術十多年，善用它們入侵全世界號稱最固若金湯的設施與電腦網路，促使一名專門報導資安產業的記者突發奇想，我搞不好是「全美國頭號危險份子」[1]。我當然不是，但是我們確實會傳授一些技巧給全世界的間諜、軍事人員與保安專家，這樣他們就能領先真正危險的壞蛋一大步。在本書中，我將對你揭露我們的秘訣，並幫助你在家中和工作上運用這些技巧。你將會學到如何有效地從他人的肢體動作判讀對方心思，精準說出正確字眼以立即說服他人與你站在同一國，提出各式要求並顯著推升獲得正面回應機率的方式，找出並反向重挫那些試圖操縱你的人，策劃一場重要談話的起承轉合以提升成功機率，以及其他諸如此類的技巧。無論你是尋求升官機會、讓他人免費贈送禮物、讓他人對你掏心掏肺，或是學會更圓融的溝通技巧進而改善自己的人際關係，我們的做法都將成為你的全新秘密武器。正如你將發現，駭進人心可以協助任何人贏取朋友、影響眾人並達成目標，它能助你一臂之力。

一種全新的社交技巧

駭進人心（而不是駭進電腦）的概念可能聽起來怪怪的，誰會知道這是一件需要技術的「事」啊？我不是想追憶往日美好時光，但是一九九一年我剛進大學兩個月，就因為玩了一點小把戲而被踢出校園。實際上也沒那麼小就是，我把校園裡一堆超陽春的主機搞得亂七八糟，也重創一整套電話系統，幾乎可說是癱瘓佛羅里達州薩拉索塔（Sarasota）市整整一天。

之後，我四處遊蕩。我知道自己天生有一門特殊本事，亦即說服他人提供任何我沒有辦法擁有的物品，所以我善用這個天賦取得那些讓我深感興趣的職缺。輟學大約一年後，當時我正在做一份快遞文件的工作，我走進一間擁有二十五個單位的公寓式辦公大樓，開始和業主聊起天來。我以前從沒見過這個人，但是幾分鐘內就讓他向我傾訴心中最深沉、黑暗的秘密，事實上，他必須離開這個州去解決一些必要的人事紛爭。兩小時後，我在毫無相關經驗的情況下得到二房東這份薪資優渥的工作，也就是出租公寓、管理物業。當時我才十七歲。

我做了一陣子，等到開始覺得無聊就拍拍屁股走人。我當時突然覺得當個主廚好像挺酷的，於是走進一家看起來很潮的餐廳，在毫無相關經驗的情況下直接開口詢問有沒有職缺。讓人難以置信的是，兩小時後我真的拿到了。

之後我又開始覺得無聊，所以又找了一份零經驗的職缺，接著就是一份又一份。就在我接近三十之際，正為一家生產不鏽鋼工業產品的企業擔任國際業務談判人員。我繞著地球跑，到處談判，賺進大筆財富。不過當時我已經向我太太求婚成功，並準備生小孩，我只想花更多時間待在家裡，因此決定離職另謀出路。

考慮到我大學時期的經驗，或許我稱得上是駭入電腦的好手，因此我上網找到一家保安企業提供的自學課程，我修完這門課，還成為這家企業史上駭進自家最堅固伺服器的第一人。業主當場提供我一份差事，協助他們應用技術實作駭進電腦網路。

但有個問題：儘管我修完這門課，卻稱不上技術高手。我所具備的最實用能力其實是詐騙份子的街頭智慧與言語技能，事實證明這就是我所需要的一切。接下來幾年，我以出乎意料的方式助團隊一臂之力。我的同事有時會搞混電腦密碼，然後就得試圖找出他們可以用來侵入系統的軟體或硬體漏洞。有時候他們一搞就是三十、四十或五十個小時，最終，我會傳訊反問：「要不要我直接打電話給這個傢伙問出他的密碼？」

他們都會聳聳肩說：「好吧，你試試也無妨。」

十分鐘後，我們駭進系統。

這種劇情一而再、再而三地上演。有時候會為了詐出資訊打電話給他人，其他時候則是採用網路釣魚郵件，或者乾脆直接強行闖入一處設施，說服他人讓我進入他們的伺服器。我沒有採用任何高深莫測的手法，單純使用我的直覺式人際互動技巧和街頭智慧。不過這一招總是行得通，次數多到我忍不住建議老闆開設一門這套手法的相關課程。出乎我意料之外的是，他回我：那就放手去做，自己搞一套出來。「想都別想，」我說，「我完全不知道要怎樣編寫一套課程。我根本沒念過大學。」

「簡單得很，」他說，「就只要找出你翻得到的每一本可能寫滿相關心理學理論或研究的專書，再想想你每天工作時都在做什麼。把這一切都寫下來，然後組織成簡單的架構，這樣你就可以開班授課了。」

他的建議聽起來很有道理，所以我接下挑戰。我研究並思考將近一整年。二〇〇九年，我終於寫好架構。我把文章貼在網路上，然後就幾乎把整件事拋在腦後。幾個月後，一家出版商突然來電，說它們看到我的架構，想知道我有沒有可能為保安這一行的從業人士寫出一本技術專書。一開始我婉拒了，告訴對方我只是滑頭滑腦的小駭客，沒有人會想要讀我寫的任何東西。我告訴老闆這項提議，以為他會和我一樣一笑置之，但他幾乎是立刻從椅子上跳起來：「你在發什麼神經？趕快打電話給他們，把這本書寫出來！」

再一次，我接受他的建言。二〇一〇年，《社交工程：駭進人心的藝術》（Social Engineering: The Art of Human Hacking）上市。這是第一本談論駭進人心的「實作」書籍，銷量超過十萬本，對一本技術專書來說是不可思議的數字。我在構築自己所謂「社交工程」術語時，借用一個最初出現在十九世紀末的詞彙，但直至一九九〇年代與二〇〇〇年代才因大名鼎鼎的駭客凱文．米尼克（Kevin Mitnick）使用而大行其道。正如我對讀者解釋，社交工程是「操縱他人採取某種行動，無論是否符合『目標』的最佳利益。」[2]我修改他的定義，區分成如下兩種：影響他人採取行動或遵照你的意願思考；或是單純的操縱，也就是一種更見不得人地強迫或脅迫他們完成某事的暗黑藝術。考慮到善良駭客的行為處事受到道德良知約束（這部分稍後討論），絕大多數像我這樣的社交工程師所做的事就只是影響他人。我們神不知、鬼不覺地讓他們洩露敏感資訊，而且幾乎避免在任何情況下脅迫他們。

無論是面對面、電話中或是線上與我們交流時，你都會感覺到，自己和對方這段交流儘管微不足道，卻十分愉快。在某種程度上來說，你會因為認識我們生活變得更美好。我們精心架構整段對話，採用特定字眼並緊盯你的反應，你幾乎肯定會提供我們密碼、社會安全號碼或是某一則我們需要的資訊。事實是，訓練有素的社交工程師根本不必玩弄人心，只要使用影響力技巧就可以達到目的。

你記得昨天有個好心老太太打電話邀請你參加慈善捐款，還和你閒聊了幾分鐘嗎？或是那名和善的優比速（UPS）快遞員，向你問路時還順口評論一下你家公司的帽子，接著又開了個玩笑，然後再不經意地探詢你的工作？不是想要嚇唬你，但是她很可能別有目的；而他也不是隨意和你閒聊。這些陌生人可能是別有居心的駭客，試圖從你嘴裡榨出特定資訊。先別激動或是失控，雖然他們幾乎肯定不是駭客，但也不能說完全沒有可能。事實是，有好幾百萬人被犯罪份子發揮影響力技巧包裝成無害對話的方式盜取重要資訊，受害者不知道自己已經被掌握了，直到有一天突然發現，某人以他們的名義借出一小筆貸款，或是電腦被牢牢鎖死還被對方索求贖金。

《社交工程》羅列駭進人心的基本原則與技巧，這樣保安專家就可以應用它們阻撓攻擊並確保我們安全。現在回想起來，我並不特別以這本書為傲，因為它的內容其實相對單薄，不過它確實有助於讓更多人了解社交工程這個議題。就我個人而言，《社交工程》是一個關鍵轉折點，我很開心它在資安世界中大受歡迎。我辭去工作自行創業，開辦稍早所述的「滲透測試」，進一步評估企業弱點，並開始著手培訓資安專才的駭進人心之道。

我們入行這十年間，這家公司已經善用社交工程的諸多原理發送一千四百萬封網路釣魚電子郵件、超過四萬五千通電話語音訊息。我們駭入幾百台伺服器，入侵全世界幾十處守衛最嚴密的企業與政府設施，包括銀行、企業總部、製造工廠、倉庫和國防據點等。如果我們是貨真價實的盜竊團體，至今早已搜刮一空高度敏感的國家機密、竊取不知道高達幾十億美元的金額、盜用眾人身分並洩露他們最敏感的個資，進而大肆破壞幾百萬人的生活。正因為我們做得有聲有色，最近聯邦調查局（FBI）邀請我協助訓練行為分析小組（Behavioral Analysis Unit）的新手特工。

我的團隊和我一致認為，駭進人心是一種超能力、一種心理武術，可以用來對付我們遇到的對象去做幾乎任何我們希望對方完成的事情，還讓對方對自己和我們感覺更良好。就某些方面來說，我們是在言語詐欺，但在本質上，我們是透過精雕細琢的同理心與通情達理的社交技巧謀取自身優勢，我們應用心理學的深刻見解，亦步亦趨地暗示對方應該如何思考、感受，並善用那些資訊推他們一把，這樣他們就會聽從我們的要求。用正確的方式善用社交工程，可以讓其他人出手幫助我們同時感覺更快樂、更鎮定、更強大而且更良好，他們從我們身上得到這份感性的小「禮物」，自然湧泉以報，我們要什麼就給什麼，而這幾分鐘的過程只不過是一場愉快的交談。

在日常生活中駭進人心

試想一下，你可以在個人與職業生活中活用這些技能。真的可以。前不久，我太太、女兒與我在倫敦的希斯洛機場等候我們的班機。我拖著疊滿行李箱的推車前進，我走近報到櫃台時，推車搖晃了一下，有一件行李掉了下來。我記得倫敦有一條主要高速公路名為 M5，因此順勢開了個玩笑：「啊，倫敦 M5 公路發生美式重大車禍。」櫃台後方的小姐笑了，因此我在心裡對自己說：「太好了，至少她心情還不錯。」

我太太和這名女士閒聊了幾分鐘。「我們報到前，」我太太說，「我可以說句真心話嗎？妳的妝容真的是完美無瑕，和妳的絲巾非常搭配。我真想買一條那樣的絲巾。我該去哪裡買呢？」

這句讚美讓對方心花怒放，不只是因為她或許花了大把時間輪班，直到這一刻都還在滿足壓力爆表、滿臉不悅的乘客要求。她與我太太多聊了幾分鐘有關絲巾與美妝話題，這名地勤人員明顯變得比較放鬆，不只臉上漾出微笑，前額的線條也鬆開來，就連肩膀都不再高高聳起。我太太不是想要拍她馬屁，也不是刻意浮誇，她是真心喜歡對方的妝容，因此告知對方。這名女士可以感受到她的真誠。

至於我，則是嗅到大好機會。我微笑伸手攬住我太太，一邊微微偏頭。「對了，妳知道，」我說，「正好妳在為我們辦理報到手續，我是在想……我知道或許我們其實負擔不起啦，但是或許妳剛好可以告訴我們，從經濟艙升等要花多少錢？妳知道的，就是豪華經濟艙之類的。」

她盯著我太太看，完全無視我，然後小小聲地說：「你們不要說出去喔，」她一邊飛快地敲打鍵盤，「我要把你們一家三口都升級到頭等艙。」

「什麼？真是太謝謝妳了，」我們異口同聲地說，「那真是太棒了。」

讓我們拆解這段插曲的始末。每當我們與某人第一次接觸，心中馬上會浮現四大基本問題：

一、對方是誰？

二、對方想要什麼？

三、這次交流將花多少時間？

四、對方是威脅嗎？

如果你回想最近與某人會面的經驗，即使這些問題只出現在潛意識裡，你肯定也覺得它們很重要。你若想讓初相見的陌生人為你做某件事，就得迅速熟練地為他們回答這四個問題，好讓他們可以變得放鬆、自在；否則你就搞砸了。你大可任意開口，但他們都會在心底提防你，也不會樂於遵從你的要求。

我一抵達行李服務櫃檯，地勤人員單單從社交脈絡，再瞄一眼我的外表，上述四大問題立即就有三樣獲得解答。我的推車上疊滿行李箱，我肯定是乘客，幾乎肯定是想要辦理登機。我們的交流可能只要花幾分鐘就結束，就像尋常的接觸一樣。唯一懸而未決的問題是第四個：我是威脅嗎？很可能我不是，但地勤人員無法百分之百確認。我有可能是酒鬼，一聽到沒有走道的座位就會發酒瘋鬼吼鬼叫、暴力相向。有可能我神智清醒，但依舊是個逞凶鬥狠的混混，打從骨子裡討厭航空公司，一心想找麻煩。有可能我是COVID-19確診病患，打算正面對著她狂咳害她染疫。

我開了個小笑話，當下就為她搞定第四個問題。我實際上是拋出我們這一行經常說的「笑哏球（verbal softball）」。我只是對地勤人員和聽力所及範圍內的乘客開了個小玩笑，壓根不知道誰會回應、誰會「接」球，但無論是誰接球，就會成為我的「目標」，或者我在本書所定義的「感興趣的對象」。地勤人員帶著正面態度回應，畢竟她有我想要的東西，我的笑話讓我在雙方之間打造一開始就取得好彩頭的融洽關係。這句話讓她笑開了，我們的眼神也因此得以交流，對她來說，我不再是可能帶有威脅感的陌生人，而是風趣、自我解嘲的美國人，打下好的基礎。

接著是我太太自發性地做出一件讓人驚奇的事，感謝她的好心。她心有所感，於是採用一種未經算計或是讓人倒胃口的方式讚美這名女士，啟動一場我們這一行所說「好感原則（the liking principle）」的行動。每當論及影響力，我們傾向喜歡那些喜歡我們的對象。所以，這名地勤人員不單單只看到我，也接收到我們一家人不帶威脅感的暗示之外，現在她更開始喜歡我們或至少是我太太。我太太也發揮自身智慧營造一種彼此互相瞭解的感覺，她們用美妝與絲巾建立起連結。與此同時，她的讚美為這名地勤人員打了一劑強心針，讓她的大腦釋放催產素與多巴胺，它們分別是創造信任感、愉悅感的分子。

她灌下這碗迷湯後，內心上演一場連結、幸福與愉悅感的迷你風暴，我知道，這時我提出任何不顯得怪異的要求都可能引發正面回應，但平時可沒這麼好運。在那種情境下，這名地勤人員很容易就願意滿足我的要求，她也確實這樣做了。隨後她還在不收任何費用的情況下給了我們超大恩惠。我們送她一樣「禮物」，她也回敬一份。

我的學員和我都採用這些與類似的手法如願實現升級艙等、租車等級、預訂搶手餐廳桌位與許多其他的小小好處；我們也利用它們彌補家庭關係、職場順利晉升、對付難搞同事、結交新朋友、參加雞尾酒派對與其他社交場合時感覺更自在，以及諸如此類的情境。當然，我們也善用這一招自保，避免受到意圖操縱我們的人士所累，以至於採取不符自身最佳利益的行動。社交工程是一種普遍適用的手法，一旦你精通此道將能讓你在更慷慨、更有同理心而且更願意付出的情境下贏取朋友、影響眾人並實現你可能制定的多數目標。

同理心是駭進人心的基礎。大眾文化往往將同理心描繪成內在良善，這是一個以心理學家賽門・拜倫科恩（Simon Baron-Cohen）為首所支持的觀點，他們主張邪惡是缺乏同理心的象徵[3]；不過其他學者將同理心的存在與一系列負面現象連成一線，好比殘酷和部落主義[4]。我個人傾向視同理心為價值中立的概念，定義成發揮想像力居住在他人情感體驗中的行為。犯罪駭客和詐騙份子看待同理心核心的觀點讓人目瞪口呆，他們就只是心懷不軌地超展開並從中謀取好處。他們十分敏於察覺他人思維，因此善用這種敏感度精準無誤地說對話或做對事，進而操縱他人。

我們可以善用同樣的同理心，但是更積極正面地引導它的去向，影響其他人決定協助我們，而非發揮操縱手法強迫他們這麼做。正如我相信你將會發現，無論我們追求什麼目標，踩著善解人意的步伐前進比較容易實現。我們展現同理心也就能同步滿足他人需求，讓他們因為認識你生活變得更美好。

駭進人心的基本原則是：影響他人，進而心想事成，請先養成善解人意的心態。你必須養成一種跳脫固有思維的習慣，想像其他人的思考之道，採用各種尊重並滿足對方需求、信念和情感的方式與他們打交道。

如果你從本書中學到任何新知，那就請養成善解人意的心態。我們所有人或多或少都可以同情他人，也都能努力練習養成這種能力。事實上，我們即將在往後章節用以探索的工具全都累積成各種不同、引導與表達同理心的實踐方式。你精熟這些工具後就能變得十分善用同理心，以至於對它的存在習以為常，當你周遊世界時就會立即、毫無意識地應用它們。你會感嘆它輕而易舉就能實現目標、感覺更美好的結果。

你可能會驚訝地發現，像同理心這般厚道的事物，再加上我建議的一點善意、尊重與慷慨，就打造出這種看似惡意的駭進人心基礎，不過這一點屬實。當你更徹底理解眾人、更充分與對方溝通、善待對方，就會更能心想事成。請視社交工程為客氣提問、圓融舉止、判讀他人並尊重對方需求與實踐社交技巧的藝術，所有這些都融會貫通成一套強大的做法，你可以隨心所欲針對自己選擇的任何目的採取行動。

關於本書

我第一次知道自己有必要撰寫這本書是幾年前的事。當時我留意到，即使我的社交工程課程是專門為了保安專家設計的，還是有外行人花了幾千美元買課程。有一名業務員是為了學會更有效兜售；有一名尊巴舞教練是為了改善人際關係；有一名中學教師是為了與學員交流可以更有成果；有一名母親是為了更能脫離家庭主婦生活，有效與兒女互動。這些人士全都是從朋友口中聽聞這門課，因此決定要讓自己的生活與它連結。

我深感好奇，於是課程結束後繼續追蹤這些人，因此發現他們大都發揮駭進人心的技巧，實現史詩一般、甚至可說是顛覆人生的成果。他們在職涯中百尺竿頭更進一步、強化伴侶關係，而且養育兒女更上心，凡是你能說出名號的面向都有進展。許多學員都是內向型人格，第一次來上課時都害羞到不行。一週後，我要他們跑遍全市對著素昧平生的陌生人提出大膽問題。接下來幾週、幾個月，他們都紛紛結交新朋友、與同事建立關係，而且採用就連他們自己都無法想像的其他方式與這個世界互動。

我們人類正經歷某些艱困時刻。科技讓我們彼此之間更加孤立，也讓我們遠比以往更不善於與他人打交道，流行病COVID-19當然更是一點幫助也沒有。我們生活在自己的社群小泡泡，不願與近在咫尺的他人連結。部落主義加劇這個問題：所有類型的眾人似乎都與我們生活在平行世界，溝通看似不可能。與此同時，隨著長期存在的社會行為準則在我們眼前硬生生被大卸八塊，我們已經搞不清楚，應該如何與共事的同仁、在社交場合接觸的他人、異性或甚至自己的兒女溝通。

所有這些發展都可能讓我們與他人溝通時產生無力、不安與焦慮感，但是如果我們學會如何駭進人心，就能重拾一些掌控能力。我們可以學會比以前更懂得如何判讀他人與對方的情緒，因此與他們打交道時變得更明智；我們可以更機敏地處理與他人之間的衝突，甚至更高竿的做法是打從一開始就先滅火；我們可以採取各種看似再自然、合理不過的手腕，而非讓人倒胃口的態度，索求想要與需要的事物；我們可以一如我在希斯洛機場那樣，一旦機會萌現即一眼認出，隨即便獲取更多我們想要的事物；我們可以學會自保，不被滿腹壞水的駭客與詐騙藝術家傷害，讓自己在任何情況下都變得更鎮定、自信。至關重要的是，我們可以學會，與他人溝通時變得更有自知之明。我們確實誤踩社交地雷時，正如我們所見，即使最經驗老到的駭客都難免失手，我們可以從中學到教訓並不斷取得進步。

本書帶你深入研究每一位專家級人際駭客熟知、熟稔的主題。我們從一套強大的工具出發，你可以加以善用，進而協助理解屬於自己與他人更圓融的溝通模式。畢竟，如果你知道生活中某人可能會做出何等反應，就可以據此客製你的溝通模式，以便收穫更好的成效。隨後章節教你如何：

- 與他人建立融洽關係

- 為雙方談話創造有效的人物設定
- 影響人們照著你的意願行事
- 讓他人透露自己可能原本不願意分享的資訊
- 自保以避免可能的操縱者所擾
- 架構對話，這樣一來你才更可能成功
- 善用可以為你帶來好處的肢體語言
- 預先沙推重要的互動情境，並帶入本書涵蓋的許多工具

請逐一閱讀各章，並花點時間在我提供的「任務」或練習中琢磨這些技能。你勉力練習，應該就會在短短幾週內目睹自己身為溝通者和影響者的能力大幅提升。但盼你會像是修習武術或樂器一樣持續大量練習並改進，同時體認到就算你精益求精，也永遠沒有「學成」的一天。

你也可以活用本書為人生中幾段特定「重量級」的對話做好準備，好比職務面試、交涉談判，或是和同事或深愛之人進行一場高難度談話。你不會毫無準備就進入這類談話中，而是手握一整組可以倚靠的工具，外加一套源自知識及熟練度的計畫與信心。請

帶著躍躍欲試的互動心態閱讀每一章節，並動腦思考如何將相關技能應用於這個「駭進人心」的特殊挑戰。然後活用本書最後一章，針對你的因應之道描繪出一套詳細計畫。倘使以前你就試過為一場重量級對話做好準備，我想你將會發現，本書將有助你好整以暇、信心滿滿地提升到全新層次。

我只有一項要求：不要用這套技巧來為非作歹。你能辦到嗎？隨著你一路展閱本書，開始練習書中的技巧，很快就會理解自己正在養成的這股新能力擁有無窮潛力。駭進人心就像任何超能力一樣，可以用來行善也可以作惡。一旦它被用來為非作歹，可能為個人與社會帶來毀滅性的影響。我的團隊與我十分留意這類影響，因此恪守一套完整的道德規範，其中涵蓋許多部分，但本質上我們不會只為了駭進一座伺服器或保安地點*就違法行事。我們不會昭告全世界自己揭露的漏洞；我們不會威脅他人，或善用其他操弄性手段讓他們吃苦受罪。我們每一次互動時，都會讓其他人因為認識我們生活變得更美好。

在課堂上，我會讓學員先同意這套道德規範才開始傳授本書內容，與你們分享這些技巧前，我也同樣請你們先讀完本書一開始的道德規範並同意遵守。人非聖賢，但我相信多數讀者都將採用各種會讓其他人因為認識我們生活變得更美好的方式駭進人心；少數讀者可能濫用這個技術實現敗德或犯罪目的，但總的來說，傳播駭進人心的技巧將可以讓這個世界更良善、體貼、善解人意而且更熱情好客。每出現一名心懷不軌的人士，就會出現一千名善用本書而變得更成功、快樂的人士，同時也會採用他人喜歡的方式善待對方。

請成為一千名俱樂部成員。如果你苦苦無法在人生任何方面取得重要進展，或是如果你單純想要立足既有的成功繼續發展，本書就是你夢寐以求的解答。請學會書中技巧、實際練習以達爐火純青地步。請幫自己與我們這些人一個大忙：突破自我，別再荒廢時日，現在就開始學習解密社交，也就是駭進人心。

＊技術上來說，我們闖入建築物、發送網路釣魚電子郵件等諸如此類的情事確實違法。不過，我們是與客戶簽訂合約後才依規採取這些行動，舉例來說，具體指定我們獲得授權可以闖入它們的建築物。我們不會採取任何合約內容不允許的非法行動。

第一章
先摸透自己的想法

進一步了解自己與生活中「讓你感興趣的對象」。

你能掌握駭進人心的藝術與科學之前必須先駭進自己的內心；也就是說，你得明瞭自己的溝通方式，這樣才能針對或許會危及自身好處的傾向加以調適。隨著你更有自知之明，便可進一步思量其他人的性格與他們偏好的溝通方式，進而將自己的溝通提升到嶄新層次。無論你可能定下什麼目標，都為生活中每一名特定的「感興趣對象」打造專屬談話方式，好比老闆、配偶、兒女、巧遇的陌生人甚至任何人，就可以最大化你的成功機會。

二〇一八年，一名詐騙份子說服加拿大渥太華市財務主管瑪莉安・西穆莉克（Marian Simulik）匯款近十萬美元給假冒的市政府供應商。詐騙份子設計一場網路釣魚攻擊，寄發一封聲稱出自她的主管，亦即市政經理史帝夫．柯奈雷寇斯（Steve Kanellakos）的電子郵件要求她匯款。實際上，這是一種特殊形態的網路釣魚攻擊，單獨鎖定一家組織內部的某一名重要對象。我們稱之為「鯨釣（whaling）」攻擊。（譯按：鯨魚用以指涉大型企業內部的重要人士。）以下是電子郵件內容：

「是這樣的，我想請妳親自為我處理這件事。我剛剛收到通知，有一家新的國際供應商已經接受我們的要約，現在得完成一項我私下談判好一段時間的收購。在符合條款規定前提下，我們必須預付總價的三〇％，也就是九萬七千七百九十七．二〇加幣。公開聲明正在草擬中，即將於下週宣布。由於專案已經啟動，此刻我不能深入詳談更多細節。直到我們準備就緒正式宣布這項收購案之前，我得請妳不要與辦公室裡的任何同事討論這件事，如果有任何問題就請寄發電子郵件問我。妳能否確認今早完成國際電匯？」[1]

你會被這套詐騙手法唬弄嗎？這封電子郵件寫得很周到，採用許多本書稍後即將討論的強力技巧。在我們開始前先想想看，這則訊息如何靈巧地在西穆莉克心中形塑出一套架構。如果你一定要猜猜看，可能會假設這位市政財務主管負責處理納稅人繳付的幾百萬加幣稅金，應該是勤奮、謹慎之人，而且非常注重隱私、自律嚴謹、井然有序。這是一種刻板印象，但多數刻板印象都涵蓋至少某一面真相。倘若你是詐騙份子，一面真相也就綽綽有餘。

在這個情況下，詐騙份子寫這封信就是為了吸引勤奮、謹慎的對象。遣詞用字精準，傳達與這樁以假亂真的交易相關的重大、高可信度事實。筆調嚴肅、就事論事，完全沒有閒扯兒女或讓人發笑的話題。這場騙局的假托人設（pretext）就是，柯奈雷寇斯一直在「私下」談判一樁敏感交易，這是精準、內斂又注重隱私的人士一眼即「知」的說法。第一行開口就請西穆莉克「親自為我處理（匯款）」，是在暗示手上這件事極端敏感，有必要謹慎和判斷。柯奈雷寇斯提出要求的口吻完全就是一副暗示自己信任這位財務主管與她的判斷力遠勝過其他團隊成員。在這則訊息後半段，詐騙份子請西穆莉克謹慎行事，不要與「辦公室裡的任何同事」討論這樁高度敏感的案子，他知道她行事謹慎也十分欣賞這一點。雖說冒充柯奈雷寇斯的詐騙份子說，西穆莉克隨時可以發信問他，卻又指示「不想深入詳談更多細節」，不折不扣正是因為他自己也是精準、專業、謹慎之輩。

詐騙份子或許不知情這位財務主管是特別謹慎之人，很有可能他根本從未見過本人或打與她打過交道。實際上聯邦調查局已經逮獲這名詐騙份子，他住在佛州，距離事發地幾千公里遠。[2]詐騙份子或許曾遇過這位財務主管同類型的人，因此有憑有據地猜出這位財務主管的習性。倘若他猜錯了，這位財務主管並不是特別謹慎、獨善其身或勤奮，這封電子郵件可能明顯有詐，她就會認定這是一起詐騙行為。正如事實所示，詐騙份子賭對了，她完全信以為真。

試想一下這類攻擊的威力。西穆莉克不是菜鳥，而是資歷二十八年的老手；而且根據報紙引述，還是「備受尊敬的資深經理」。此外，西穆莉克收到這封電子郵件前不久曾接到另一封似乎是從市立圖書館館長發來討錢的電子郵件，當時大家都認為是詐騙郵件。但這次西穆莉克還是上當了。騙局之所以很快就被戳破只是因為詐騙份子貪得無厭，西穆莉克匯完款項幾天後又收到一封索求更高金額的電子郵件。第二封電子郵件促使她找市政經理聊起這件事，這才知道自己被詐騙了。

我們所有人都可以從中學到幾個重要教訓。首先，最明顯的就是收到電子郵件要求匯款時不要自動聽命照辦。永遠要親自全程緊迫盯人。第二，對某人提出要求時永遠都要考量對方的溝通方式和偏好，據此客製你的發言內容。

搞懂自己的溝通傾向

實際上，如果你思考一下詐騙份子腦子裡在想什麼，就能看到第三個教訓：認清自己的個性，確保不讓它妨礙你的溝通目標。

我的公司正為保安產業發起一場新會議，對我們來說意義重大。我們花了幾個月準備，但我需要全體人員參與，特別是助理薛娜。我的性格是每當與他人互動時一向直言不諱，而且就像軍官操兵一樣廣發指令。我往往是想到什麼就脫口而出，毫不考慮他人感受。其他人都說我很有說服力、很有自信、心直口快，這類說法還真是太留口德了，因為我也聽過「混蛋」之類的評語。在這種情況下，我可能會起身走到她的桌旁說：「嘿，我們真的有必要成功辦好這場會議，所以妳得像其他每個人一樣全力以赴，意思就是該熬夜就熬夜，週末該加班就加班。做就對了，可以嗎？別讓我失望！」

對多數員工而言，採取這種方式提出請求不僅無法激勵人心，還只會讓人倒盡胃口。幸好我沒有這樣問過薛娜。大約十年前，我開始意識到自己的個性和溝通方式有好、有壞，有些則是糟透了。我當時正開辦生平第一次為期一整週的社交工程培訓課程，我的帶班風格就像軍官練兵，對著學員大吼大叫、把他們指揮得團團轉，並展現權威姿態。我把自己搞得很累，或許也把學員惹毛了。

我的好友羅賓．德瑞克（Robin Dreeke）是暢銷書作家與聯邦調查局前行為專家，他和我一起講授這門課，有一天他把我拉到一旁對我說：「老兄，你得改變自己的訓練方式。你這樣做就只是不管三七二十一隨口發出命令而已。」一開始我不同意他的評論，但因為我敬他三分，所以就接受他的忠告停止不斷號令。這一步讓一切完全改變，學員開始帶著笑容上課、參與度更高，而且看起來更渴望吸收新知。我心想，哇，也太厲害了吧。

隨著時間過去，我慢慢調整自己的溝通方式，不再扮演凶狠軍官，反而變得比較開放友好、快活愉悅、輕鬆自在。我也變得越來越清楚自己在說什麼、怎麼說，又怎麼被學員理解。我開始更專注理解其他人的個性，據此打造我的溝通之道。身為人際駭客的我有因為這樣就達成更高成效嗎？那還用說，當然啊！

我沒有命令薛娜鞠躬盡瘁，反而是學渥太華那名詐騙份子對付誘餌一樣，思考她的個性以及可能吸引她的溝通方式。我具備一項優勢，亦即我很了解薛娜，我無需妄加猜測。我知道她很謹慎、非常井井有條而且喜歡一個人獨處，與那名詐騙份子假設對象的性格如出一轍。她喜歡劃清界線、偏好站在鎂光燈之外。所以就我看來，採取非常私密的個人姿態可能最有成效，肯定遠遠好過我當眾大聲誇讚後馬上改口要求她盡力而為。

我知道薛娜喜歡某家商店，於是送她一張禮品卡，裡面夾附一張私人小紙條，感謝所有她為我們公司帶來的專業服務，也告訴她一切因此而完全不同。我提到我們的會議即將登場，她一向表現優秀，我真的非常需要她繼續保持下去。

薛娜愛死了。這一招觸動她的心，激勵她繼續努力工作。從各方面來看，我大可遞給她一張百萬美元支票，但這麼做也不會有強力鼓舞的作用。因為我意識到自己最要不得的衝動惡習，下定決心不讓它們破壞一切，在考量自己的「主體」性格之下重塑我的溝通方式。

除非你對自己包括長處與短處在內的溝通傾向有一定程度的了解，而且還要針對你有必要影響的對象培養出挖掘相關性格特質的習慣，否則是不可能變成成功的人際駭客。如果我試圖闖入某家大企業總部，就會展現直率、軍官操兵的風格。舉例來說，假扮成其他辦公室的資深高階主管，即使身上沒有配帶識別證也會喝令大門守衛讓我進去，那樣做可能會引起一些對這種作風有感的保安人員共鳴；不過幾乎肯定會在沒有共鳴的多數人身上激發反效果，結果是我會立即讓成功率縮水至僅有五〇％或甚至更低。

此外，我一直採用自己的方式溝通，完全沒有仔細斟酌對自己有益的互動做法，採用稍後我將在本書分享的諸多工具，結果也只是提高自己犯下蠢呆錯誤的機率。

在我們的日常生活中，如果只依自己的喜好選擇溝通之道會衍生出數不清的問題。我和公司一名前員工密切合作許多年，在此稱她為卡蜜拉，多數時候我們彼此就是處不來，但我搞不清楚為什麼。事實證明，我們的溝通方式天差地別，因為我總是和他人直來直往，因此卡蜜拉視我為如假包換的混球；與此同時，她偏好比較刻意為之的溝通方式，開口前一定要先三思。由於她對我說的話從不迅速、果斷反應，所以我經常覺得她對自己的工作與我們的業務完全漠不關心。

日子一天天過去，我們總是在誤解彼此。有一次，我們要為公司選擇一套醫療保健計畫，我做了一些研究，很確定自己希望大家同意哪一套方案。我寄了一封短信給她，概述我的邏輯並詢問她的想法。幾分鐘後，我打電話給她確認是否收到郵件。「有，」她說，「我正在看。」

「那妳怎麼想？」回應我的是一片靜默。

「沒關係，」我說，「我打算這樣做，可以嗎？」

「我想你當然可以……（沉默了一下），如果你打定主意要當個混蛋的話。」

「太好了，謝謝，這就是我要的答案。」我掛上電話。

那天稍晚，我知道她對我很不爽，我不能理解為什麼，畢竟我問過她的意見，而且她也說好。我再問她時，她解釋，我沒有給她足夠的時間讀完整封信並做出完善決定。

「當時我說，你當然可以，如果你打定主意當個混蛋的話。」

我說：「我沒聽到『如果你打定主意當個混蛋的話。』」

「你從來就對那部分充耳不聞。」

她說對了。我拒絕聆聽，我也沒搞清楚，她是真心在乎我們的公司，也想要做出正確決定。她只是需要更多時間想清楚再回覆。

當你與配偶、同事、朋友或生活中其他人相遇時，可能心中懷抱最良善的意圖，可能努力試著充分溝通，展開一段十分愉快的談話。但是你可能發現實際情況跟想像中的不一樣，對方聽不懂你在說些什麼，或是他們聽著聽著反而變得憤怒。或許是因為對方正好心情不佳，因此聽什麼都不順耳；或許是你不夠了解對方的來歷或他們的經歷，因此一不小心就踩到地雷。但或許是你與對方溝通的方式不太契合他們慣用的溝通方式。在許多情況下，這類的誤會讓我們的關係變得更棘手，也讓我們徒增憂慮和痛苦。

搞不清楚自己的溝通傾向會讓我們容易在不幸的方式之下受到他人影響。我十五歲時，全家從紐約北部搬到賓夕凡尼亞州，然後往南搬到佛州。我簡直和白熾燈泡一樣蒼白，但就像許多青少年一樣急著想在青少女心中留下深刻印象。試想一下這幅畫面，我和一群青少女在寒冷的一月天躺在點著篝火的沙灘上，所有人都在海裡衝浪。「啊，」我心想，「這就是天堂啊。我身邊盡是些美女。」然後有個傢伙走過來對我說：「嘿，克里斯，你是想要像個小男孩一樣坐在這裡，還是像我們其他人一樣去划槳？」

此時此刻，這一天的海水不僅冷冰冰，而且很兇猛，那可是高度落在一．八至兩．四公尺的海浪耶。我從來沒玩過衝浪，完全沒有。要是我說好，就等於是公然等著接受羞辱。「下次好了，」我說，「我沒帶泳褲。」

對方問：「你有穿內褲嗎？」

「是有啦。」

「那就上啊。」

我背對女孩們，脫到只剩內褲，然後走向海邊。我抓了一塊板子把皮帶在腳踝處綁緊，然後就衝進海裡。海水不僅冷得要命，還很粗暴。海浪猛烈地向我迎面撲來，把我撞得七葷八素。我幾乎只是勉強游出一公里，甚至覺得自己就快滅頂在淺水區了。我知道自己在一票女孩眼前簡直是丟人現眼。最後，其中一個傢伙游過來把我拖回沙灘上，結果只是讓我更無地自容。

在更遠的海面上，比一般房舍還高的巨浪來勢洶洶，我根本游不到那裡去。不過我還是在其他男孩慫恿下划槳衝過一個浪頭。我設法站起來，但是大概只維持一秒然後就失去平衡了。翻騰的海水狠狠打在我身上，把我沖上河口沙洲。我設法浮出海面，氣喘如牛，發現內褲早已不翼而飛。巨浪加上沙洲一起把它從我身上脫下來。我環顧四周尋找滑板，發現它已經碎成殘片。所以現在你可以再想像一下這幅畫面，蒼白到看起來不健康的我得赤身裸體在寒風中走過所有我想要在她們心中留下深刻印象的少女面前。

這是一場史詩級大失敗，不僅讓我丟臉丟到家了，更讓我因為泡在冰冷海水裡得了肺炎。讓這種不愉快的情況發生原因有二。第一，我是男性荷爾蒙衝腦的青少年，但是沒有任何朋友，因此渴望廣結好友。但同樣糟糕的是第二，我對自己所有的溝通習性毫無概念。我是偏好主導大局、好強挑釁溝通方式的類型，傾向準備好面對挑戰，假如有人暗示我不敢做某件事，我就會吞下誘餌，接受挑戰。那名說服我跳入水中的傢伙就暗示性地下戰書，我是一條龍還是一條蟲？假使他用一種比較溫和的口吻發問，我可能就不會上鉤。但如果是他提出挑戰，而我卻對自己的脾氣有所了解，知道自己很容易受到這種吸引力影響，就有可能不為所動，做出比較明智的決定，另找方法婉拒這項邀請。由於我完全缺乏自我意識，對方就可以激發出我的強烈反應，讓我因此付出代價。

四大溝通者類型

我在培訓學員成為保安專家時會介紹一種稱為DISC的經典心理剖析工具，可以用來分析自己的溝通行為，也可以在談話之前與期間加以利用，盡早拿捏其他人偏好的溝通方式。雖說DISC的評價不一，但許多企業在徵聘員工、打造團隊時仍然會採用，牙科等專業領域的行家也提倡多加利用。[3]原因很充分：研究顯示，DISC既可靠又實用，可以提升員工的績效，並促進職場互動更輕鬆。[4]我的學員與我都同意。每當談到於公於私需要動用人際駭客技巧時，無論DISC有何缺陷或局限，它都稱得上彌足珍貴，甚至具有變革力。

DISC是一套由心理學家威廉・莫頓・馬斯頓（William Moulton Marston）完成的開創性工作。他在一九二〇年代提出這個構想，亦即我們可以依據人們偏好表達情感的方式區分出四大不同的「類型」。[5]此後數個世代的心理學家依據馬斯頓的模型開發並商業化各種測驗，讓人們用以決定最適合描述自己的類型。我的團隊買了一套這類測試，整合在我們傳授的社交工程課程中，讓學員可以針對自己的溝通之道獲得科學驗證過的評估結果。正如我對學員所說，DISC 並不是像 MBTI 性格類型測評那樣的人格評估指標；反之，它協助我們了解自身的溝通傾向，這樣便有可能反映出我們的性格元素。（說到底，我們定義自身性格的方式不僅止於自我表達，更涵蓋我們自身其他的行為方式以及我們如何理解這個世界。）

我無法重製本書所採用的特定測驗，但可以發揮非專業性的知識概述 DISC 的要旨，這樣應該足以協助你更充分理解自己的溝通之道、如何與他人更良好互動。尤其是當我們更進一步檢視這四大類型，你就可以更清楚該如何將它們套用在自己與周遭其他人身上。我一開始就會強調，DISC 模型是價值中立的結果，沒有哪一種類型比其他三種優秀或拙劣。你的溝通類型落入某一種特定模式，不代表你比較聰明、技巧比較純熟或是擁有某一套特定的價值。你只是善用某一套優、缺點兼具的特定方式溝通，而這一切則取決於社交脈絡與你正在互動的對象。

有些人屬於支配型（Dominance），他們充滿自信、聚焦最終結果；其他人則是影響型（Influence），是熱情滿點、性情樂觀的協作者；第三類型的人以穩定型（Steadiness）

著稱，他們真誠、沉著而且樂於助人；最後一種就是審慎型（Conscientious），好比我的助理薛雅，特徵是有條不紊、實事求是。支配型和影響型比較傾向於直接溝通方式，而審慎型與穩定型則習慣於迂迴作風。屬於影響型或穩定型的人比較傾向於聚焦與他人連結，但是支配型與審慎型則更喜好採用自己的溝通方式做事。

我協助其他人理解這四大類型時發現，拿名人當範例很有用。許多人都對大師主廚、電視名人戈登．拉姆齊（Gordon Ramsay）耳熟能詳，那個傢伙絕對是支配型人格：他說話直接、犀利、有力而且任務導向。這種說法還真是輕描淡寫。（啊，我真是愛死那個傢伙了！）有時候，支配型的人看似不關心他人也不在乎對方感受，但這不必然正確，因為他們可能其實非常關心，只是太專注於結果，以至於與其他人互動時諸多考量事項都淡化成背景了。外人眼中的他們過度苛刻、嚴峻、魯莽、很愛干涉或是專橫跋扈，特別是在壓力很大的時候。其他也展現出強烈支配型人格傾向的名人包括電視實境秀《美國偶像》（American Idol）毒舌評審賽門．考爾（Simon Cowell）、微軟國家廣播頻道（MSNBC）節目主持人吉姆．克瑞莫（Jim Cramer）以及工業集團奇異（GE）前執行長傑克．威爾許（Jack Welch）。在職場中，支配型人格深受領導人和管理者角色吸引，亦即那些他們可以作主支配他人的職業。

影響型人格的原型人物可能是美國前總統比爾・柯林頓（Bill Clinton），他喜歡與人為善，擅於表達、熱情洋溢，活生生就是影響型人格。這類人喜歡成為鎂光燈焦點，如果他們講故事時你沒有發笑、樂在其中，那一定是有哪裡出錯了。影響型人物也喜歡拿自己當話題主角，而且往往是採用引來別人關注他們的方式這麼做，好比大聲說話或興高采烈的手勢等。其他被我歸類成影響型人格的知名人士還包括前脫口秀節目主持人艾倫・狄珍妮絲（Ellen DeGeneres）在內的一些電視主持人、女星蒂娜菲（Tina Fey）在內的許多其他喜劇演員，以及我自己認識的許多業務員，許多勵志類演說家、教師與法庭律師也是天生的影響型人格。不過，有時候影響型人格很難與某些類型的人建立關係，他們往往熱心過頭、過度外向，讓別人覺得看起來很裝模作樣、膚淺或很愛擺布他人，遑論自我感覺良好。對非影響型人格的其他人來說，他們會覺得這種類型的人行事衝動，不懂適可而止，而且說話太不經大腦思考，動不動就拿資訊或情感轟炸別人。因為影響型如此快活愜意，常常被認為是樂觀到有點天真。

諸如湯姆・漢克斯（Tom Hanks）或休・傑克曼（Hugh Jackman）這些演員都算是穩定型。他們和影響型一樣都是以人為本，但往往散發出一股比較恬然溫和的氣質，因此會以支持者或擁護者之姿在眾人之中脫穎而出。他們為別人鋒芒外露感到高興，也常常和他人談論對方的人生。許多扮演協助者角色的人，好比護士、治療師、教師與諮詢顧問大都屬於穩定型。大家看待他們多半是讓人愉快、可靠而且包容性強，在你的團隊中，這類成員願意為不良的行動後果承擔責任。他們的目標是人人都能成功，因此樂於看到整支團隊獲得榮譽，並對自己的貢獻感到滿意，而不是獨善其身。不過因為穩定型喜歡隱身在後方，經常被認為冷淡、遲緩。他們不喜歡無事生非，因此有時候看起來太固執，而且不樂意改變，他們也可能看起來太常表現出被動攻擊型行為。你知道他們心裡有話想說，但就是不願意說出口。

DISC的最後一種類型是審慎型，多半比較含蓄自持，但也比較細節導向。諸如梅格．萊恩（Meg Ryan）之類的女星非常喜歡獨處、自稱討厭站在鎂光燈下，可能是屬於這一類；以作家J．D．沙林傑（J. D. Salinger）、哈波．李（Harper Lee）等為首的知名隱居者有可能也是。審慎型考慮周到，溝通方式也傾向井井有條、講究方法，他們可能天生就偏好會計師、研究員、醫師或飛行員這些職業，因為這些角色需要注重細節、能夠保持專注完成手上工作的人。與審慎型打交道的挑戰在於，他們就像無趣乏味的那種人，疏離感強、笨拙又冷淡，或是讓人難以捉摸。如果你問他們一個問題，剛好你又不注重細節，他們可能會回一個讓你聽到耳朵快長繭的冗長答案，還提供你一堆沒必要知道的資訊，正是因為他們喜歡與細節為伍。瞬息萬變的情況要求他們自動自發揭露資訊，可能會讓他們很不適應，鼓勵他們置身保持開放和自動自發的環境亦然。

我在描述這些類型時都會廣泛歸納一下所有人，以及他們與他人互動的方式。老實說，我們大家都會程度不一地表現出所有這四種溝通型行為。當我說我是支配型時，我指的是支配型特質在我身上表現得最明顯；我也有一些影響型與審慎型特質，但是它們不是那麼明顯；我最弱的特質就是穩定型，但有時候還是會跑出來。同理，我們都會於視自己身處的情況或多或少帶出這四種特質。有些人在他人眼裡最顯眼性格就是外向的影響型，他們可能在雞尾酒派對之類的公共場域彰顯這些特質，而當他們與家人在一起，其他類型的特質就會跑出來，即使大體而言他們的溝通方式大部分依舊落在影響型範疇內。

找出你的 DISC 類型

當我在解說 DISC 時，學員經常急著將它套用在周遭其他人身上，好比配偶、老闆等人。「喂喂喂，冷靜一點，」我會告訴他們，「先讓我們用這一套工具認清你自己，因為這才會讓你在日常的社交場合裡變得更強大。」

現在我也邀請你展開以下練習：

花點時間套用附於本書結尾的 DISC 備忘表，仔細想想自己的溝通傾向。你多半比較與人為善，還是專注完成任務並實現特定結果？你傾向採用比較直接還是間接的溝通方式？這兩個問題有助你確定自己落在四個象限裡面的大致位置。一旦你找到自己的主要類型，請再想想它的優勢和劣勢。在特定情境中與特定人群打交道時，好比在家中與家人、在職場與同事、在週末與朋友，你的行為表現好嗎？

隨著你理解自己主要溝通方式的優、缺點，請格外關注缺點。你的風格可能在什麼時候會讓你在希望他人注意到你或感覺想要親近的時刻反而是冒著與對方疏離的風險？請嘗試以下另一個練習：

接下來幾天，請留意那些你與其他人協力完成某件事，以及你與他人起衝突的關鍵時刻。在那一刻（沒錯，就是在當下經歷之後），請細想你偏好的溝通方式究竟是帶來勝利或反對。要是你像我的學員一樣就會發現，自己正慢慢有所頓悟，然後會對自己說：「喔，那就是談話會以爭論結束的原因」，或是「那就是電子郵件為什麼沒辦法帶出我期待的反應」。

隨著你適應自己打點好社交關係的方式，下一步就是加大掌控自身行為的力道。你理解自己會惹毛別人的傾向就能努力解決這些「美中不足的瑕疵」。我身為支配型，知道自己經常對他人太直接、魯莽。在過去，當我收到讓我爆炸的電子郵件，多半就是馬上火力全開大反攻，告訴對方我的真實想法。這種行為也會把對方氣個半死，下場就是他們也不太願意順著我的要求行事，而且情感上與我保持一段更遠的距離。我要求自己，每次一收到找碴的電子郵件就先深呼吸。「克里斯，」我對自己說，「站起來，走開。」這一招沒用。最終我反而是滿腦子想著這封電子郵件。所以我嘗試其他招數：每當我收到找碴的電子郵件，先放任自己在火冒三丈的當下寫好我想要回應的內容，但是寫完後就叫自己暫時不要寄出，然後起身走開。這一招有用：我抒發滿肚子火氣，但是沒有走支配者類型的老路回應對方。我短暫休兵後再讀一遍自己想要回覆的電子郵件內容，通常會發現自己動手改寫九〇%文字。

我提供大家和其他人溝通的建言也相差無幾：找出一個擺脫心中那股觸發你任何情緒反應的方法，而且要避開你會自動恢復的底線溝通行為。如果你是影響型，有可能與他人談話時高談闊論自己太多，像是你有什麼感受、怎麼想、怎麼回應，最終是把對方晾在一旁。你若想消除這種這些「美中不足的瑕疵」，請稍微後退一步，然後要求自己練習主動聆聽，讓別人開口多說一些。你要抗拒這股盤算等一下要說什麼的衝動，重新聚焦（如有必要，請重複練習）洗耳恭聽。如果你是親自面談或與他人通電話而非傳訊息、發電子郵件，就有可能必須做到不單只是起身走開。向對方解釋一下你需要花點時間冷靜或是喘口氣，這樣你等一下就會很樂意繼續談下去。

如果你傾向循著穩定型的路線前進，表現出被動攻擊型行為有可能會給自己惹來麻煩。下一回你與生活中的某人發生衝突時，請稍微後退一步學學影響型練習主動聆聽，只不過你得聚焦理解對方的觀點而非口頭占上風。穩定型極度與人為善，因此每當有人對他們有一點質疑，自己就會備感煩擾。他們很難不採取防禦姿態回應，結果就是他們往往無法採納其他人的觀點。聚焦在超越自己的情緒反應，設身處地站在別人的立場思考，才能真的「聽進去」對方的說法。

如果你是審慎型，和他人起口角時往往會想要用幾百個為什麼來轟炸做出大爛事的對方。你假設，如果把一切全都攤在桌面上，就能以絕對的邏輯思維辯贏這場爭論。如果你正與他人談話或通電話，請要求自己先休兵幾分鐘擺脫激動情緒。等你回頭重拾對話，請聚焦主動聆聽而非侃侃而談。如果你發現自己訴諸一長串事實，請馬上停止，深呼吸，然後重新洗耳恭聽。同理，你要是發現自己在電子郵件或簡訊裡條列事實，請比照辦理。

請細想一下三種特定一再發生的社交情境，好比進行中的談話、收到特定類型的電子郵件或簡訊等，而你的主要行為類型會在這些情境中導致你採取對方不喜歡的方式行事。請針對每一種情境思考更具體的策略，彌補溝通內容中毫無用處的部分。往後幾天，請運用你的策略並觀察後續發展。

此處強調的重點是養成一種習慣，思考自身主要溝通方式的缺點，這樣你就可以始終如一、事發當下就改正。你想要在社交場合表現得更用心專注，也想要直截了當、自動自發地做到這一點，但走到這一步需要時間練習。就好比學一門外國語言：你必須連續好幾週每天都專心研讀，搞不好還要更久。但是你若想修練成神級人際駭客，這門苦功必不可少。

將 DISC 提升到更高層次

當你能夠穩當駕馭自己的溝通傾向，就能將 DISC 套用在他人身上，並調整自己的溝通方式以便契合對方所需，進而提升溝通成效。你打算展開一段意義重大的談話或是有必要撰寫一封重要電子郵件或信函時，請先草擬一套對方的DISC分析表當作事前準備工作。我讓每一名新進員工在報到當天都要完成一份正式的DISC評估，然後公開讓所有同事都能閱覽。我與每一名員工討論重大議題時都會先瀏覽一下對方的分析表，據此擬定一套對談策略。你可以鎖定生活中的關鍵對象如法炮製。根據前幾段的DISC描述與本書結尾提供的DISC備忘表，你在重大對話開始前先坐下來，無論對方是配偶、青少年、團隊成員或房東，都思考一下他們的溝通傾向。當你徹底檢視這四大類型，有可能或多或少辨識出對方的主要類型嗎？

一旦你做完便請採用DISC備忘表進一步思量對方與他或她的性格傾向與需求。你不會拿你和支配型對話的方式套用在穩定型。支配型會想要你打開天窗說亮話並聚焦結果，但穩定型會希望你試著好好說，採用比較輕鬆、隨意的方式向他們求證。既然你正預先做好準備，就可以字斟句酌如何和腦子運作方式不同的對方談話。如果你打算和穩定型談話，請確保自己提及某些你認為十分重要的原因，而且當然要如實。請順著對話慢慢前進，不要急著直指重點。不要在提出論述時過度激動或慷慨激昂。也請洗耳恭聽對方的說法並小心求證。DISC備忘表提供建言，包括每一種類型希望可以從社交互動中獲得什麼、傾向如何溝通、你如何最能到位與對方溝通以及你如何協助他們與你更良好溝通。

你無須等到一場重大討論來臨才執行DISC分析。二〇一三年，布萊農來上我的課之前從未聽過DISC。他在閱讀自己的個人檔案時發現全身起了雞皮疙瘩，而且正如事後他回想：「我真的驚呆了，因為檔案中有些事情我根本不打算對自己承認。」他還顧整間教室，看到「一個又一個、一排又一排的學員人人都對自己的測驗結果產生一模一樣的反應。只能說非常震驚。幾乎是超現實的體驗」。他知道自己具備強烈的支配型與影響型，這才明白自己這輩子總是「笨手笨腳，魯莽闖禍」。

當時，布萊農的婚姻正在亮紅燈，他與妻子每天吵不停，老是生對方的氣。他學了DISC之後才明白，妻子和他是完全不同的類型，他們一同討論後才恍然大悟，彼此的溝通方式大不相同，導致雙方屢起口角。他的妻子屬於穩定型，傾向閃避直接衝突，每次一出現問題她就只想求和；但是布萊農喜歡把話說清楚，他執意要釐清始末，不得出某種解決辦法就不罷休。布萊農明瞭她的溝通風格後就能看清楚，在某些情況下最好是讓他的妻子長話短說，而非死纏爛打直到自己心中滿意「喊停」為止。布萊農最終仍和妻子分道揚鑣，但是理解彼此的作風後便能以兒女的共同監護人的身分融洽相處。「現在我們可以更客觀地談論我正在做哪些原本會讓她憤慨的事情，」布萊能說，「反之亦然。這樣一來我們的生活都輕鬆多了。」

你與不太認識或初次見面的對象打交道時，善用 DISC 對你也很有幫助。你在套用 DISC 時可能會發現自己正在試圖辨識「看起來很像審慎型會做」的行為，或是那種做法「很像影響型」。別以為你在進行什麼精密的科學分析，你只是正在歸納膚淺的結論。雖說膚淺的結論往往被證明是錯的，但有時卻是一針見血。當你與不太認識的對象打交道時，掌握一個膚淺的結論勝過一無所知，至少你掌握某個可以循線前進的方向，即使你在過程中發現對方更多的真實面貌與偏好的溝通行為類型，最終仍必須調整自己的行為亦無妨。檢視一下 DISC 備忘表，找出某些「在自然情況下」如何為大家配對四大類型的快速指導。

當你實地練習後就能駕輕就熟地分類遇到的對象，並據此調整自己的言語與行動。你若想讓它成為習慣，請從每次結束談話後立即速記重點做起。考慮到對方說過或做過的事，你如何最適切分類他們？他們端出一大堆細節嗎？他們直來直往嗎？他們的話題老是繞著自己轉嗎？他們會轉移焦點到別人身上，好讓自己撇清關係嗎？諸如此類。再次重申，也是最嚴正強調，主動聆聽至關重要。你第一次開始涉獵 DISC 時，別分心想在談話過程中分類對方，請盡可能洗耳恭聽，而且要真正用心聽進字字句句。一等到對話結束，趁著記憶猶新，立刻花點時間回想自己聽到什麼並加以分析內容。隨著時間過去你會發現，再也無須刻意額外花時間這麼做，反倒是談話得出結論時心中自然而然就會執行起分析工作。你練習越多就會發現，自己在談話過程中即使是主動聆聽那一方，也會毫無意識就展開自動作業。

試想一下，你可以在接近某人時立刻就知道什麼事比較可能或不可能與對方產生共鳴。或許你無法立即快速分析，但即使當下能做到二〇％或三〇％正確評估，那也會造成顯著不同。我已經練就一種功夫，見到某人幾秒內就能在至少帶有一定準確度的前提下確定對方的溝通方式。我接近某家企業總部的接待櫃台打算長驅直入時，會先根據對方打招呼的方式、桌上擺設什麼照片、肢體語言等面向調配出一套接待員類型的速寫理論，接著據此架構自己要做些什麼、說些什麼。這一招效果超驚人，要是我事先上網瀏覽接待員的社群媒體貼文，還可以做得更到位。這就引領我進入我們的下一段練習：找出你最愛的三位名人推特（Twitter）帳號。仔細查看他們的貼文。你可以從中分辨出他們的溝通方式嗎？舉例來說，比爾．柯林頓的貼文堪稱經典的影響型模式。他超喜歡拿自己當話題、採用第一人稱說話，還會強烈突顯那些他喜歡的人。整體而言，他的貼文充滿活力、熱情洋溢，而且「像個大聲公」。進階的加分題：針對DISC四大類型中的每一種類型，看看你能否在本書提及的名人之外再想出讓你產生連結的五位名人。

你可以接著嘗試的另一個練習：若想練習DISC快速分析術，找一處人潮洶湧的公共場所，靜觀人群一小時。請觀察一群人，看看你是否能猜想出其中每個人個別符合哪一種類型。

總結

中國哲學家老子曾說：「知人者智、自知者明。」[6]本章的重點正是包含智與明這兩個面向：更認識自己，還有那些你感興趣的對象。正如我認為你將會發現，製作溝通計畫表的力量奇大無比，一旦完整勾勒對方的溝通傾向，就能強化任何你打算駭進人心所採取的措施。雖說多數壞人可能不會採用DISC，但確實會利用臨時湊合的自製拙劣版本選定他們的受害者並採取行動。眾所周知，恐怖份子們會仔細檢索推特或臉書等社群平台，尋找對西方政府表達出敵意的對象，特別是找出自覺幻想破滅、滿腹挫折的特定個人，還有那些可能懷抱特定情感傾向的族群。這些極端份子精心設計他們的說法與說出口的方式，引誘這些人加入。年輕人變得容易受影響，因為他們在網路上與這些看似深富同情心的人士交流，卻對他們心懷鬼胎一無所知。

你可以永遠採用製作計畫表的方式提前準備，改善自己與其他人的關係與互動的品質。製作計畫表會有幫助是因為，在社交時無論我們企圖分類自己或他人，都是把注意力從關注自己、自身需求與自身渴望轉移到應該鎖定的特定目標，也就是他人身上。或許這是我們這輩子第一次這麼努力嘗試深入思考他人，以及與他們開展及完成對話的方式。我們正在培養對他人的同理心，這樣一來就能開始依照他們的意願與他們連結，而不是按照自己的習慣行事。

同理心是駭進人心的基礎，這點無庸置疑，但正如我們所見，它遠不止於製作計畫表。詐騙份子、保安專家與其他專業的人際駭客一開始就利用同情心架構對話，這樣受害者就比較可能聽命於他們。如果你正好在工作時接到一通陌生電話，對方劈頭就說：「你不認識我，但是我要你匯款五百元到以下帳號。」你根本不會理他。但是如果來電者表明自己是電力公司，提醒你帳單已經過期，如果你沒有在一小時內付清五百元，他們就會斷電，你可能選擇會照辦（倘使你檢視一下來電號碼，發現這通電話似乎真的是電力公司的號碼，更有可能會馬上處理）。這種詐騙手段隨處可見[7]，之所以有效是因為許多人一想到斷電就感到焦慮不安。詐騙份子深懂這一點，他們善用同理心的力量，將洞察力發展成可以與你進行對話的吸睛「假托人設」。反之，如果你對於我們所謂「起頭的藝術」不太了解，想要贏得朋友、影響他人並心想事成幾乎不可能實現。且讓我們探索如何刻意展開順暢對話的方式，這樣你就能引起他人積極的情感回應，也讓他們樂意與你進一步互動。

第二章
成為你需要成為的人

為了有助你成功的社交活動編織脈絡，或是編造「假托人設」。

「誠實，」喜劇演員理查・傑尼（Richard Jeni）觀察，「是建立關係的關鍵。如果你裝得出來，你就沒問題了。」[1] 這傢伙簡直是天生的社交工程師。你若想發揮影響力、心想事成，為一段談話與提出要求設計合理、讓人信服的假托人設，並扮演好自己指定的「角色」，這些事帶來的幫助無可限量。換句話說，你得一開始就採取一種看似零威脅感甚至討人喜歡的方式，為自己的目標對象架構社交活動的意義。

有一個恕我無法指名道姓的大型零售品牌正是因為某一位發揮極大功效的廢棄物管理公司業務代表曾登門造訪它們，使得保安系統益發穩固。沒錯，我也有那一間廢棄物管理公司的整套裝備。這場任務面臨的挑戰是要試著進入一家保安措施滴水不漏的倉庫，然後在無人看守的入口處拍攝影片與照片。接著在另一處據點，我接獲指示看看能否長驅直入保安程度鬆散的入口，摸走幾樣儲藏其中的珍貴商品。

當我說這些倉庫保安措施滴水不漏，指的是進入此處就好比深入最高保安層級的監獄。你走近有色防彈玻璃製成的玻璃門，按下門鈴，然後有個傢伙從監視器鏡頭中盯著你、要你提供身分證明。一旦你穿過這層障礙就遇到一整面從天花板接到地板的第二層金屬圍欄柵門，有點像美國地鐵站那扇通融行人進出的閘門。你走到金屬圍欄柵門前，一名保安警衛必須拿識別證解鎖才能放你進入大門的另一側。在那之後就是金屬偵測器，再來是另一處保安櫃檯，你得亮出政府簽發的身分證明，讓他們換一張訪客證給你。

我要怎麼做才能通過所有的保安措施？收垃圾。這就是我們的做法。我們先在Google Maps上瀏覽街景，在倉庫後方找到一具超大的廢棄物業垃圾壓縮機。我們拿這具壓縮機影像比對廢棄物業官網上的照片，確定安置在倉庫後方那具壓縮機的確切型號，接著下載所有的原理圖解把自己變成壓縮機專家。然後我穿戴上廢棄物業的制服，包括商標、帽子、識別證與一大本夾板筆記。

我出現在倉庫的外門時宣稱自己是廢棄物業的代表，想和倉庫經理商談那具垃圾壓縮機。保安人員按下門鈴讓我進去。當我走抵金屬圍欄柵門，駐守警衛問我究竟想來討論什麼重點。我告訴他有一款內含馬達的特選垃圾壓縮機要進行回收，所以我得檢查馬達上的序列號碼，這樣我才能回覆他們安置在這裡的那具壓縮機是否要回收。保安人員對於是否放行仍有疑慮，所以我說如果請他跑一趟幫我查序號也可行。他回我說不知道馬達安裝在壓縮機哪個位置，於是我又回他，我可以解釋給他聽，要不就是我自己進去檢查，前後只需五分鐘。他刷卡讓我通過金屬圍欄柵門。

我穿過金屬圍欄柵門後逕自走向保安櫃檯前方。我知道我將必須亮出政府簽發的身分證明，但我不想這麼做，因為上頭印著我的真名與地址。當櫃檯人員要求我換證，我擺出一副超級懊悔的嘴臉，告訴對方我把皮夾留在車上了。「那東西有這麼大一個，就像胖喬治（譯按：美國喜劇影集《六人行》[Friend] 的配角，外表矮胖）那樣，」我說，「塞得太厚了，壓得我的背都痛了。」

保安人員輕笑出聲，但依舊不為所動。「沒有政府簽發的身分證明，我就不能放你進去。」

我故作慌張並告訴對方，我不能再重跑一次完整的保安流程，只為了花五分鐘檢查垃圾壓縮機。然後我又裝出一副想到聰明好點子的模樣。「啊，你知道嗎，」我說，

「我身上剛好有帶廢棄物業的企業識別證，上面有我的照片、生日和所有資料。我可以就用這張代替嗎？」

他點點頭然後說：「好啊，沒問題。這張看起來和身分證明一樣。我們可以用這張代替。」接下來幾分鐘，我繞著倉庫漫步，在無人照管的入口攝影、拍照，一邊留意我可以從哪一處闖進來摸走幾樣貨品，搞定一切後走回保安檢查據點。「你們放心啦，」我笑著說，「你們的序列號不在我的清單上，所以你們可以放一百二十個心，不用召回。」我用這一招讓他們送我出門時很慶幸我跑這一趟。在他們心中，自己善盡職守，協助免除可能的額外麻煩。「謝謝你跑這一趟，」他們說，「我們很感激！」

我使出這招技巧為這家零售商跑了七座倉庫，七次都功成身退。我進得去是因為我完美利用要求進入設施的這套假托人設，用符合邏輯且無可挑剔的理由大膽進入倉庫：我是廢棄物業的工作人員，身負一項必須完成的緊急任務，而且對他們大有好處。我的一身行頭配件齊全，連說話都是廢棄物業的行家口吻，有什麼理由他們不讓我進門？

假托與犯罪份子的心態

假托是一門為一段對話編織脈絡或情境的藝術，這樣你就比較有可能實現目標。當你在編造人設時，就是在為某一種社交聚會提出一個合理的理由、解釋或「人物設定」，你必須讓自己在這場聚會中扮演某一個角色。假托的運作方式就是在你準備打交道的群體中撩撥無論是正面或負面的情緒。暢銷書作家麥爾坎．葛拉威爾（Malcolm Gladwell）在著作《解密陌生人》中推廣「預設為真理論（Truth-Default Theory）」這個概念，亦即「我們的運作假設是，我們打交道的對象都很誠實」[2]。一個完善的假托人設讓這種假設完滿無缺，解除你感興趣的對象心中可能的焦慮或擔憂，甚至進一步喚醒愛、幸福或某種正面的安樂感，當他對你構築起基本的信任感之後，就會變得比較主動甚至是樂意遵守你的要求。反之，差勁的假托人設會引爆諸如恐懼或憤怒這類負面情感，啟動你感興趣的對象發揮批判性思維的能力。他們不會「從善如流」地順著正面情緒遵行指示，反而變得猜忌多疑，開始思考自己不應該聽命照辦的理由，把球丟回你手中，以便證明他們的懷疑毫無根據。正如葛拉威爾所指出：「我們唯有在懷疑與疑慮上升到自己再也無法給出讓人滿意的解釋時才會停止相信。」[3]差勁的假托人設就是會「觸動」我們不願意相信其他人的機制。

世界各地的詐騙份子與駭客都知道，假托對每個人都有效，這是他們的慣用手法。

據報導，一名德州社區西大市的傢伙四處登門造訪，宣稱自己為市政府水務部門工作。正值他與屋主攀談打好關係之際，另一名小偷闖進屋裡竊取任何帶得走的物品。[4]這就是假托的威力。這名「試圖幫忙的水務局人士」是另一名小偷需要的合理幌子，好讓屋主去做他們希望他完成的事情：打開大門，開啟一段看似無害的幾分鐘閒聊。

假托也以電子形式出現，事實上人設在當前網路欺詐大行其道之際占據重要地位。在香港，駭客接管某人姊妹的 WhatsApp 帳號，假冒是她，然後說服對方購買虛擬遊戲的「點數」，這樣他就可以出更高價轉售點數順便賺一點快錢。在這種情形下，唯一大獲全勝的一方是駭客，短短幾小時內淨賺五萬五千美元。[5]同理，小偷寄發電子郵件給加拿大一名聖勞倫斯學院（St. Lawrence College）學員的雙親，假稱這封電子郵件是校方發出，要求他們提早付清學費以便獲得折扣。有些父母信以為真，結果白花一筆錢。在第一個個案中，犯罪份子以關心受害者財務狀況因而試圖金援或是愛心滿點的手足為假托；在第二個個案中，假托則是試圖幫忙的校方行政代表寄發潛藏好處的電子郵件。[6]兩個假托都為小偷建立好必需的合理幌子，讓毫無戒心的受害者採取他們渴望的行動：和他們的錢說再見。

有史以來最懂得善用假托人設的犯罪份子翹楚或許是維克多．路斯提（Victor Lustig），各界稱他是「美國最頂尖的騙子」和「兩次成功賣掉艾菲爾鐵塔的人」。這名傢伙至少變出四十七種身分，因此沒有人真正知道他的真名，至少我們認為這是他的名字。一九二〇年代中，路斯提冒充法國政府官員，告訴當時廢金屬業的大老闆，政府正打算拆除艾菲爾鐵塔並徵求競標。法國政府提供珍貴的廢金屬內幕交易這個幌子似乎十分合理，因而吸引聽眾。金屬業人士都信以為真，爭相遞交競標文件，其中有某個傢伙最終為這座鐵塔掏出超過七萬美元。當這套騙術破局，一名受害者說「實在丟臉到不敢走進警察局」。路斯提受到這次成功鼓舞，明目張膽地再玩一次，而且沒有被逮到。7

進一步檢視這場騙局可看到一項有關假托的重要事實：不僅關乎你說了什麼，更關乎你做了什麼。假托可以涵蓋你的行事之道，無論你看起來是鎮定、緊張、快樂或悲傷，也涵蓋你選擇對話發生的地點，以及你用來讓扮演的角色或採用的身分栩栩如生的用品或「道具」。路斯提在耍弄這套艾菲爾鐵塔的把戲時不僅打電話給一票受害者，也編造出一套讓人難以置信的故事，表明自己的身分也挑明自己的目標。他自製一套文具，上面印上他的名字，也貼上「法國官方印鑑」。他號召廢金屬業全體老闆赴當地精品飯店開會，產業人脈豐富的政府官員確實有可能做這種事；據說他也採用一種官僚搞不清楚狀況的語言說法端出假托：「出於某種我不能在此討論的工程失誤、天價維修費用與政治問題，拆除艾菲爾鐵塔已經成為強制手段。」[8] 請特別留意「我不能在此討論」這幾個字，這是一種明顯謹慎的表達方式，不折不扣就是認真細心的官員針對敏感議題可能會給的官方說法。路斯提的假托涵蓋所有上述元素，正如我在這段故事之前描述的經歷中備妥制服與企業識別證，以及我提供倉庫警衛那一個看似通情達理的解釋。

假托可以完全由行動與道具組成，無須提供口頭解釋。一九三五年，特務組織逮捕路斯提，將他關在曼哈頓的聯邦拘留中心。當時這是一處被譽為「固若金湯」的設施。這裡確實是無處可逃，不過只適用於其他囚犯身上。路斯提將好幾條床單頭尾打結做出一條長長繩索，然後綁在身上從窗戶往地面垂吊。站在地面上的人群盯著他看，所以他就假扮成洗窗工人，拿起隨身攜帶的破布擦窗。破布加上他定格在建築物的位置，這些元素在地面上的旁觀者腦海中發揮假托人設的作用，完全不用交談，只需現身在建築物側面就好。路斯提垂吊至地面後欠身鞠躬，隨即一溜煙狂奔而去。司法單位花了一個月才又逮到他。之後他將被重新安置在真正建來羈押他這類犯罪份子的監獄：舊金山灣區的惡魔島（Alcatraz）。

假托的日常藝術

考慮到路斯提的斐然成就，看起來假托與正常的守法公民沒有多大關係。當然你不會需要偽裝整套假身分，只為了說服家人、同事或鄰居去做你希望的事。我希望你也不打算發明某種假掰理由與角色，只為了肆意偷竊周遭人士的資產。法律學者早就質疑律師和警察透過假托獲取資訊的做法，指控為欺騙、不道德。一位學者在一篇題名為〈假托：為達必要目的的必要手段？〉文章中強烈反對假托，它主張：「司法體系與專業可能無法負擔採用任何不實或欺騙手段蒐集資訊的後果。」[9]聯邦貿易委員會（Federal Trade Commission）同樣也將假托定義為本質就是不實、犯罪的行為：「假托是一種採取錯誤託辭獲取你的個人資訊的實際做法。端出假托的人士對外販售你的個資，讓他們濫用它以你的名義取得信用、竊取你的資產或調查或起訴你。假托就是違法。」[10]

我無意像某些法界專家一樣，力挺「為達目的、不擇手段」立場，為假托辯護，但我要堅決主張，套用在日常情境中的假托不必然根本就是扯謊、假扮與作戲。我打扮成廢棄物業的員工扯了漫天大謊，但那是因為我正在執行某項特定任務，客戶與我一貫會預先確定，某些形式的謊言算是公平玩法。我在日常生活中端出假托時絕對不會像這樣欺騙他人，我也不會需要這樣做。在日常生活中端出假托將會需要你選擇性地呈現部分真相，好為一段談話創造有利的情境脈絡，這樣你就可以很快地建立起融洽關係。擬定假托人設可以很簡單，好比你碰巧是冰淇淋店老闆，最近社區新開一家人氣爆棚的店面，你想探查競爭對手的底細，於是假扮成感興趣的顧客。或者是你正在考慮搬到新市鎮，但想先知道當地人心中怎麼評價學校，可以打電話給房仲業者直接說：「是這樣的，我們想要搬去那一區，所以想請教幾個問題。」

冰淇淋店老闆走去那家新開的門市時可能不是那麼想買甜筒，主要是想打聽競爭對手。但是因為她掏出錢了所以也算是顧客。你可能不會指望下星期就搞定一樁房市交易，但一開始這個「要是……？」覓屋階段依舊是購屋的部分流程。所以，擬定假托不算是徹頭徹尾的謊言，反而比較像是根植於真相的現實代表。**當你擬定假托時若不確定界限何在，請謹記這一點：你必須讓對方因為認識你生活變得更美好。要是你的假托與這樁事實相去甚遠，無論出於什麼原因都無法讓對方因為認識你生活變得更美好，那就請不要繼續進行。**

我們為了適應某種特定情境所以讓各種「角色」上身，幾乎總是毫無意識地在編造假托。心理學領域有一個淵遠流長的辯論，探討的是決定我們行為的究竟是個性或特定的社會脈絡。兩者似乎都很重要：我們穩定的個性會通過我們的行為對外展現，但我們得置身正確情境中才能充分投射其中某些部分，而且我們可能甚至希望置身那些彰顯部分人格特質的情境中，好比說我們的合群習性或是尋求新鮮感的天性。[11]正如美國科爾比學院（Colby College）副教授克里斯多福．索托（Christopher Soto）所寫：「在任何情況下，個人行為是受到自身個性與情境所影響，連同當下思維、感受與目標等其他要素亦然。」[12]

我們為自己的對話設計假托時會突顯個性的某些特定面向，以期契合當下所需。要是我女兒做錯事，我可能會叫她坐好，然後採取「嚴明自律的父親」之姿的假托人設和她來一場嚴肅的討論。要是我和某一名成年僱員之間有問題，或是我試圖和我太太或摯友解決重要問題，就不能扮演老爸角色，這樣會讓和我互動的對方覺得羞辱難堪、面子掛不住。所以我可能會扮演善解人意的老闆，或是滿腹挫折但心懷慈悲的配偶，或是擔憂掛慮的摯友等角色。在所有情況下，我還是我，但我讓不同面向的我現身，以期實現我的目標。

我們本來就會擁抱諸多不同角色，因為我們意識到，自己選擇的特定人設可能有助確定我們能否在社交互動過程中心想事成。且讓我們假設，你年邁的母親健康每況愈下，你得和不太親近的姊姊來一場艱難的對話，一起湊點錢送她去住養老院。如果你為這場談話架構的情境是「我想要和妳聊聊，因為我需要妳月底前給我一萬美元。」加上你如果是在姊姊結束一天漫長的工作，壓力山大、疲倦不堪的情況下，找她去擠得水洩不通、噪音震天響的酒吧談話，最終可能談不出什麼好結果。姊姊一聽到「我需要妳月底前給我一萬美元」時，諸多負面情緒可能一擁而上，像是恐懼（我怎麼可能在這麼短時間內籌到這麼大一筆錢）、不滿（你是什麼東西，竟敢跟我要這麼一大筆錢？）疲勞（怎麼又冒出來一樁我得處理的鳥事？我已經快要壓力爆表了！）或是挫折（為什麼大家老是跟我要錢？）。一旦你姊姊想到所有自己無法、不應該、絕對不拿出這筆錢的理由，她的批判能力將會大爆發。但是如果你打電話給姊姊時改成這樣說：「我知道我們最近很少講到話，但我真的很擔心老媽。我們得一起想想可以提供她什麼最佳照護方案。」如果你建議週末時找一處你知道姊姊喜歡的安靜場所共進午餐，就不至於引爆這些負面情緒，而且她的批判能力也不會立刻跳出來攪局。最終你將有更大機率實現你的目的：讓姊姊掏出一萬美元。

我們在〈前言〉中提及，人人在一場互動開始之際就會提出四大基本問題：對方是誰？對方想要什麼？這次互動將花多少時間？對方是威脅嗎？如果另一方含蓄簡答或避而不答，假托人設就會引起情緒反應。這些問題端視各種不同情況有些當然無須多問：你姊姊在前述情境中顯然知道你是誰，也應該知道你不是威脅。不過她可能不知道其他問題的答案。如果你的假托人設是避而不答，隨後帶來的不確定感有可能在她心中點燃恐懼或質疑。你的人設隱約透露一個讓人困擾的答案，也將會觸發這些情緒。如果你直接開口要求姊姊拿出一萬美元，這項討錢的動作有可能正是表明自己對她的生活方式構成威脅。如果以前你就曾經為了錢長時間糾纏著姊姊要個不停，這項公開討錢的要求可能會讓她開始焦慮，一場沒完沒了的痛苦對話又來了。如果你採取關心家人，只想為母親找到最佳照護選項之姿動手解決這個情況，姊姊就可能不會把你想成威脅；她不但不會感到恐懼，可能油然生出滿滿的愛、感激或是認同感。

我們多數人都不太花腦筋思考假托人設。雖說我們可能會在不同的情境脈絡下投射出自己的不同面向，卻不會策略性採取這種做法滿足自身需求。結果是，我們可能發現自己習慣性地遇到特定假托人設就退縮不前，就算這麼做毫無幫助。我們習慣在家中扮演紀律嚴明的老媽或老爸，然後在職場或是與朋友在一起時也複製貼上。我們在學校扮演搞笑的朋友，結果和老闆或其他權威人士談話時忘了切換模式。一旦我們習慣的假托人設與相關角色或身分行不通，便往往將自己的過錯怪罪在其他人身上。在前述情境中，我們可能無法如願帶著一萬美元和姊姊分道揚鑣，因此狂怨都是她「不講理」或「搞不清楚狀況」或「她根本就是混蛋」。也許姊姊真的是沒血沒淚，但也很可能因為我們沒能好好設計一個有用或適當的假托人設而搞砸了。我們在不當情境下採用同一個假托人設時，就相當於是高舉白旗大聲說：「對不起，我就是這樣，這就是我的本性。」錯，才怪，那才不是你的本性，只是你的部分個性。如果你願意嘗試，就可以在特定情境下培養出自身性格的其他部分，策略性地雕琢你的假托人設，好進一步影響其他人並獲得所需結果。駭客始終出於邪惡目的這麼做，為何你不能採取一種比較正向、善意的方式這麼做？

今晚就寢前，請回想一下過去這一天前後的許多社交互動。你扮演了幾種不同角色？你是充滿關愛的父母、搞笑朋友還是嚴厲無情的老闆？你是表現關切的鄰居、幸福又愛意滿點的配偶還是好奇的學員？請為這些角色製作一張心靈清單，想想每一個角色對你有多大成效。你是否毫無意識地將一個適用於某種情境的角色投射到另一種情境，最終卻發現徒勞無功？

請想想最近一種有人請求你完成某件事，你欣然同意的情境，再想想另一種你婉言拒絕的情境。對方分別端出什麼假托人設？為何一種有效但另一種無效？

儘管策略性編造假托人設不是徹頭徹尾的謊言，但也不算好事，因為涉及雙方互動過程中算計、設計對方，因此你還是可能反對這麼做。但我不是要求你對家人與朋友裝模作樣。刻意三思而後行並不是矯揉造作。你還是允許「真實自我」現身，只不過多一分留意，確定自己想要表達出哪一部分的自我。如果你有強烈的道德感就不會操縱他人，這才是我所定義唬弄或強迫他人聽命，為你實現有損他們自身的渴望（請詳閱第六章）。反之，你也提供對方一樣他們心之所繫的物件，進一步吸引他們願意遵從。有這麼多對話不經三思就貿然展開，搞得人人滿腹挫折、日益不快。安排一些策略讓互動更愉快、更有成果，不是更美好、更明智嗎？

且讓我們假設，你的上司在走廊上對著你迎面走來，劈頭就說：「明天下午三點來見我。」當你回問怎麼了，她卻拒絕回答這場會議要做什麼、為何這麼緊急。除非老闆的目標是點燃恐懼以操縱你，否則她只是編造讓人發毛的假托人設。在你看來這個邀請很可能是大禍臨頭的感覺，接下來二十四小時你只會滿腦子發愁自己做錯什麼事、是不是要被炒魷魚了。但要是你老闆這樣說：「嘿，上星期我們在客戶會議中遇到一些小問題，不是很重要啦，不過明天下午三點我想找你聊聊。」感覺會輕鬆、友善得多。在這種架構下，你至少不會那麼焦慮，還可以更好整以暇地處理這段對話的實際重點。無論老闆說什麼，你也更有可能積極反應並提供她所需要的答案。

擬定假托人設是雙方展開一段談話更有同情心和生產力的方式，因為它要求雙方做一些不可思議或幾乎稱得上激進的事情：花時間想想對方的情感需求。正如前一章所述，多數人一開啟對話就只是想著自己想要從中獲得什麼。你若想架構一個強力的假托人設，就要讓同理心大爆發，發揮想像力為對方設身處地思考，並據此調整自己的假托人設。你身為主管就應該避免突然丟出語意不清的「明天下午三點來見我」訊息，因為你深諳你與下屬之間的權力差異，而且你預期這句語意不清的訊息將會激發下屬心中的恐懼。你身為那個尋求姊姊協助照護年邁母親的人，將會採用最和善、最不帶威脅感而且最敬重對方的方式提出要求，因為你預期姊姊可能會覺得湊齊一萬美元難度很高。我希望有更多人在開口前就先考慮對方的感受、需求與渴望，這個世界才能變得更溫和善良，我們所有人也才能更心想事成。

想要精通假托，就得做好準備

既然你已經熟悉如何擬定假托，也知道它行得通，現在讓我們聊聊怎麼做。我這輩子都在自然而然地擬定假托，而且我假設幾乎所有成功的駭客、騙子與騙徒也相去不遠。我還是個小孩時就已懂得本能地規劃對話如何展開，去設想與自己打交道的對方有何需求、渴望與心路歷程，我對這種做法習以為常，以至於我根本是自動自發這麼做，幾乎是每次與他人交流時就會立即換上假托人設。表面上看起來像是我隨時準備好應付這些互動，但其實我早就在心中設定並架構好了。直到最近，我試圖傳授他人如何擬定假托時，才開始採取更具分析性的做法。我對自己的思考流程進行逆向推導，設計出以下七大「準備工作」步驟，讓你在與他人發起對話時也能成功擬定假托人設：

一、問題：確定你要解決的問題。

二、結果：也請特別標明你想要的結果。

三、情緒狀態：確定你想在對話主題中看到的情緒。

四、挑釁：預期你需要投射或顯露的情緒，以便在對話中激發出你所需要的情緒。

五、啟動：定義你現在應該已經非常清楚的假托人設。

六、提出：確定何處、何時以及如何採取最佳方式發出或提出假托人設等細節

七、評估：在心中評估你的假托人設，確保它是由真實情感中萌發，讓自己實現對方因為認識你生活變得更美好

當你發起一場對話時，第一步要釐清自己的心意，哪些議題有必要解決，尋求什麼結果（步驟一和二）。你可能發現，儘管你已經嚴正申明，正值青少年的女兒娜塔莉完全不該和名為大衛的同校男生聯絡，但她還是偷偷傳簡訊給對方。這看起來似乎是顯而易見的問題，但你可以做得更具體：娜塔莉發簡訊給不小心因為毒品指控被逮捕的大衛，不僅是刻意違反家規，更是當著你的面公然說謊（之前你問她是不是還繼續和大衛聯絡，她馬上矢口否認）。

釐清問題的細微差別可以讓你更充分理解這段談話的關鍵何在。許多父母置身這種情況可能會懶得多說廢話，直接開罰，完全無視行為問題的根本原因。你與娜塔莉對峙的過程中也有可能做出類似決定，娜塔莉說謊的行為以及大衛和毒品牽扯不清這兩點格外困擾你。你解決這個重大問題的目標有可能不只是讓她承擔自己行為的後果而已，更要她對你坦承自己究竟做了什麼、為何要這麼做。你有必要理解她的心路歷程、她有沒

有吸毒，以及為何她覺得自己有權偷偷打破家規。如果你能直探問題根源，就可以和她一同解決問題，你們就有可能為一個信任感更強大的關係奠定基礎，它將會反過來導引她未來更誠實、表現更好。

釐清你的目標將會反過來讓你搞定步驟三。在娜塔莉心中觸發諸如生氣、恐懼或羞慚等情緒有可能讓她不願意就這個話題向你吐實。如果你可以誘發她因為看到你擔憂、恐懼而萌生出一點傷心與同情的感覺，或許就能換來真心話。考慮到你只是想要她稍感傷心，理當想一下自己在對話過程中應該傳達出什麼情感才能喚起悲傷（步驟四）。在許多情況下，你可以表達某種情感，進而誘發其他人產生同樣的情感。如果娜塔莉看到你表露同情與些微悲傷，她也可能感同身受。這種洞察力反過來為你的假托人設提供機會（步驟五）。你開口就說她搞砸了，你們得好好談談，這樣根本無益開展對話，反而只會讓她心生恐懼。反之，你要扮演「慈善又體貼的父母」角色，用一種比較溫和、富同理心的口吻架構這場談話。舉例來說，你可能告訴她，你想要找她聊聊，因為家裡發生重要大事了，你希望聽聽她的反饋意見。你同樣以鎮定、溫和、富同理心的口吻傳遞這套假托（步驟六），好讓人設發揮作用。你可能主動去找你的女兒，拍拍她的肩膀這樣說：「嘿，親愛的，有時間聊一下嗎？我知道現在有點晚了，而且妳整晚都在做功課所以很累。不過有一件事真的讓我很心煩，所以我想商量一下。」

現在你已經架構好人設也規劃好執行流程，接著就必須自問：這樣合乎道德嗎？我希望你的答案是「對」。「慈善又體貼的父母」可能本來就是你這個人的重要部分，所以你不是造假。落實執行這套人設將會讓娜塔莉感覺和你聊過以後感到比較輕鬆，如果它強化你對她的信任並有助她對你開誠布公，長此以往你們雙方就能享有更融洽的關係。短期內，她將感覺自己深受雙親關愛、尊重與呵護。其他落實執行假托的做法有可能無法通過道德考驗。試想一下，如果你小時候不曾碰過毒品，卻躲在慈善又體貼的父母這種面具之下，選擇告訴她一則精心捏造、讓人痛苦的造假遭遇，亦即你曾經為卡洛因重度上癮，看到其他人在你眼前吸毒過量、繼而被捕，並親自飽嚐吸毒的苦頭。短期內，這則故事可能會帶來你渴望的成效，說服她遠離毒品與朋友大衛；但倘使有一天她發現這則故事根本就是假的，當下就會覺得受傷、被背叛。這段談話會讓她超級後悔聽信於你，或許進而永久破壞雙方關係。

請留意，你可能會發現有必要在談話席間採用全新的假托人設，完全視對話行進方向而定。如果你在和娜塔莉談話的過程中發現，她和大衛互傳簡訊是因為他們打算一起離家出走，你可能會想要拋棄這個「慈善又體貼的父母」的人設，改採嚴厲、「紀律嚴明」的父母角色。如果你發現她根本不是在和正在開闢疆土的毒品沙皇大衛互傳簡訊，而是另一名「大衛」，後者是社會研究課程的同齡資優生，屆時你可能就得為了自己疑神疑鬼好好道歉並慶賀她誠實不欺。我們在日常生活中與其他人產生複雜互動時，隨著對話出現意料之外的轉折與波折，經常確實（或應該會）導致我們採取許多假托人設。儘管如此，我們採用的最重要假托人設就是第一個，因為它將決定一段對談能否有效地開展。如果你的女兒一開始就先感到生氣或恐懼，她有可能會因此無法有邏輯地回應你的談話或是對你的立場產生同理心。你的對話將會缺乏進展。

在此容我提出一個為他人著想的範例，不過你可以在任何情境下採用「準備工作」這套架構，為雙方對話打下好的基礎。在我公司舉辦的一場大型產業研討會中，我們的團隊成員互相較勁完成一百萬件事，以便確保我們的活動圓滿成功。其中一名二十出頭歲的聰明小夥子文斯卻在這時候搞失蹤，沒有人知道他在哪裡。我打電話、傳簡訊都找不到他，讓我非常生氣，這傢伙究竟在我們需要他的關鍵時刻去哪裡了？

一個半小時後，文斯從桌子底下冒出來，把所有人嚇了一大跳。原來過去九十分鐘裡他一直躺在那裡睡大覺。我的第一個念頭就是當場叫他滾蛋，但是我要求自己冷靜下來，先在心中掃過「準備工作」七大步驟，然後和他來一場截然不同的對談。我端出「有同理心的老闆」這個假托人設朝他走過去。我的目標是搞清楚他的行為出於什麼好理由，這樣我就能決定自己可以做點什麼解決這個問題。

「欸，」我說，「我們找你找到快瘋了。我們大家都在規劃要為這次活動做些什麼準備工作，而且各自的角色又有多重要。你搞失蹤害我們大家擔心得要命。我們不知道你出了什麼狀況。可以請你解釋一下過去一個半小時你為什麼搞失蹤？」文斯窘到滿臉通紅，說他覺得很丟臉卻擺明不想討論這件事。「我很抱歉整件事讓你超尷尬，」我說，「但我只是有必要知道你真的沒事了。」文斯告訴我，他拉傷背部，超痛的，所以吞了幾顆醫師開的藥，隨後席地而坐，然後再爬進桌底下，結果就睡著了。他說自己痛到動彈不得。

倘使文斯給我別的答案，好比他睡著是因為前一晚喝酒爛醉，我可能就會馬上撕掉「善解人意的老闆」面具，換上「嚴厲苛刻的老闆」嘴臉，要他給我振作一點，因為他的行為已經影響到他的表現，還妨礙我們團隊的工作進度。但是現在我聽了他的解釋，發現還滿合理的，就可以繼續演出「善解人意的老闆」。我說：「我懂了，確實是很尷尬。我以前也受過這種傷。下一次再發生的話只管告訴我，如果你有需要的話，我可能會讓你去休息一小時；或甚至痛到沒法工作的話，乾脆讓你早點下班回家。」文斯謝謝我，回頭去做好研討會的相關工作。從此以後，每次只要他一開始背痛就會告訴我一聲，然後我們就會另做安排。其他團隊成員聽到我溫和、合理的反應後都跑來找我，說自己有哪些可能妨礙工作表現的身體病痛。我避開任何會誤解員工的可能性並建立更強大的信任感，這一切全拜假托的魔力使然。要是我氣到狠狠地把文斯臭罵一頓然後要他滾蛋，就不可能知道事情的真相。他因此丟了飯碗，我也得為了另尋新人而煩惱，落入雙輸的局面。

善用準備工作

沒錯，善用事前準備工作，平時就做好準備，以便應付日常生活中的重要對話。前幾次請先在紙上寫下步驟，確保你不會遺漏了某些部分。不用擔心，這一步大概只會花五到十分鐘。幾天或幾週後你會發現擬定假托人設漸漸成為你的本能，就算分身乏術時也可以在幾秒鐘之內就想好人設，無須再費時書寫。不只如此，你將會養成開展對話前先動腦想好對話的習慣，包括你想從這段對話中獲得什麼、對方的心態以及如何最恰當架構對話，以利誘發理想的情感影響。你也會發展出極為重要的習慣，亦即在互動過程中擺脫情緒，重拾冷靜並且更沉著地與他人打交道。所有這些將會讓你在社交互動時更有自信，而且更清楚意識那些讓對方和你共起作用的假托人設。

你在思考引發對方與自己產生哪些情感之際（步驟三與四），請確認它們都不是負面情感。讓我重申一次，在此你的終極目標是心想事成，同時也讓對方感覺更舒心。但假使你引發諸如恐懼或憤怒的負面情感，就不太可能達成你的目標。準備工作架構中的每一步驟都必須讓對方感覺更舒心或是與目標達成一致，否則你就可能是一頭栽入更暗黑的操縱領域，若此就只會帶來你贏他輸的局面。千萬別走到那一步。

同時請確認你選擇的假托人設真正契合你與你的個性。當我闖入某棟建築物時，無論我多麼努力使出渾身解數，也絕對無法蒙混成二十五歲女大生安全過關。即使在特定情境下那將是理想的人設，我還是得想出其他招數。在我個人生涯中，從來沒有成功假扮成「狂野、人來瘋的單身漢好朋友」，那不是我，沒有任何好友會買單。

採取某種方式使用在其他情況下才可能適用的假托人設也會直接毀掉眼前的機會，因為它們不符合其他人所認識的對方。假設你請姊姊出手幫你實現年邁母親的照護計畫，結果你不是請她去她的愛店共進晚餐，而是帶她去按摩會館度週末，但以前你根本就不碰這類活動，等到你對著姊姊提出要求，她將可能會覺得自己被設計了。正因為你做了一件顯然不是你本來會做的事，以至於這段對話變質成充滿算計、虛情假意。另一方面，如果你們本來就經常一起去按摩會館度週末，這一招可能正是管用的假托人設。

你可能會猜想，端出假托人設時應該要表現得誇張一點，以便配合對方演出。我討厭高爾夫球，但如果我試圖讓潛在的商業合作夥伴感覺自在，好讓我在交涉一樁買賣時可以比較輕鬆，而且假設我也知道對方熱愛高爾夫球，難道我不應該緊緊把握住這個點子，安排一場雙人比賽嗎？這樣的想法完全搞錯方向。正由於我討厭高爾夫球也打得很糟，整趟出遊的賽程就會表現得沮喪懊惱、壓力爆表，反而將會讓我無法自在表達所需情感，也無法進一步引發我想讓潛在夥伴產生的情感。要是我直接表現出討厭高爾夫球的嘴臉，我的潛在夥伴將會開始猜疑我根本是為了設局所以裝腔作勢。別因為你將焦點聚集在對方與他們的情感上，就覺得應該漠視自己的情感。安排一場合理且符合你們雙方個性與喜好的出遊活動，這樣彼此都能放鬆身心、好好享受。

讓我們假設你姊姊熱愛高爾夫球，但你很討厭。如果你必須安排一場對話，請求她出手協助體衰力微的母親，有可能你還是會採取以下說法提議來一場高爾夫球賽：

「欸，明年我可能要和幾位愛打高爾夫球的客戶碰面開會。下星期妳有空我們可以一起去打幾洞嗎？妳順便可以指點我幾招。我知道妳很愛打高爾夫球，而且我又不想在客戶面前丟臉。」假設明年你真的必須和幾位愛打高爾夫球的客戶碰面開會，也很擔心到時候丟人現眼，這句話就是和姊姊對話的絕佳人設。她將會置身自己熱愛的情境中，你也將會得到高手指點。與此同時，你將把姊姊推上權威地位，讓她自我感覺充滿能力、被認可而且重要，所有這一切正面情感都可能讓她更能接受你為母親規劃的安排。

當你考慮如何貫徹假托人設時請記住：你所做或所說的一切都必須與人設保持一致性，否則看起來會經不起考驗。假設你為兒女出席一場學校會議，假托人設是「負責任的雙親」，別帶著渾身大麻味、穿著印有大麻葉的T恤現身；如果你宣稱是「體貼、好脾氣的朋友」，不要每隔三秒就檢查手機；要是你試圖扮演「善解人意的父親」，那就不要吹鬍子瞪眼地質問：「你到底有什麼毛病？」

也請確保不要讓出師不利的情況催著你太早放棄假托人設。試想一下，要是你開口請姊姊協助安置年邁的母親，卻聽到她說「不要」，你馬上就大暴走脫口而出：「我就知道妳是自私的豬頭！這就是妳！」那一幕在姊姊眼中看起來會有多矯揉造作。比較妥善的做法是你堅持原來的假托人設，然後這樣回應「我知道啦，這是很沉重的要求，而且是一大筆錢。我也是覺得超難應付的啊。要是我們都拿不出錢來，那妳覺得怎麼做會比較好？」這類回應可以延續對話，讓你繼續取信姊姊並要求她幫忙。你可能無法完全遂行所願，但還是可以有所收穫。或許你姊姊會這樣回覆：「嗯，現在我剛好付了一大筆修車費，而且不想再拿房屋融資。但是現在我可以拿出兩、三千美元，要是未來八、九個月我有辦法的話會再多給一點。這樣好嗎？」要是你拋棄假托人設並破口大罵，她可能根本就不會提出這個提議。

父母會發現這種情境很熟悉。你坐在沙發上，甜美的五歲寶貝小女兒爬上身。她輕輕抱著你，親親你的臉然後說：「爸比，我愛你。」正當滿滿的愛意與幸福充塞你的胸臆時，她接著就說：「我可以網購這個新玩具嗎？拜託、拜託、拜託啦，爸比。」你會看著她說：「對不起，親愛的，現在恐怕不行。」她整張臉氣得脹紅了，大聲質問：「你為什麼這麼小氣？」她馬上為自己的人設拆台。

反之，女兒艾瑪雅和我開過一次會，我三番兩次告訴她，不要再跑來跑去發出吵鬧噪音。「如果妳再做一次，」我說，「我們就到後面房間去，我會揍妳一頓。」你猜怎麼著？她還是明知故犯。

我站起身，叫她跟我走，說出典型壞老爸的警告：「妳知道現在要上演哪一幕了。」當我們走到後面房間，我說：「艾瑪雅，我告訴過妳五次不要再發出噪音。妳明知故犯，現在我要給妳一點教訓。」

她抬眼看著我，抓著我的雙手說：「爸比，對不起。我知道你已經警告過我，現在我活該被打屁股。可是你打我屁股前，我們可以一起坐下來一分鐘，讓我抱你一下，告訴你我有多抱歉嗎？」

我反問：「妳覺得這樣我就會放過妳嗎？」

「不會，爸比，」她說，「我知道你會說到做到，因為你警告過我了。可是我真的很抱歉。」她邊說邊伸出雙臂圈抱我，真的抱得很緊。她親親我的臉然後說：「好了，我準備好了。」

結果那天我沒有揍她屁股，而且從此再也沒有揍過她。堅持人設是如此重要。

堅持你的假托人設並確實執行也很重要。你無需仔細考慮每一個細節。試想一下我的員工文斯因為背痛搞失蹤，如果我試圖採取「富有同情心的老闆」開展對話，在同理心的偽裝下就不需要告訴文斯每一次我嚴重受傷時工作表現如何受到影響的細節，挑選一、兩個細節也就綽綽有餘了。倘使我說太多，有可能讓文斯聽到耳朵長繭、心生挫折。更糟的是，我可能表現得「太努力嘗試」想與他建立連結。他會懷疑我是出於別有用心的目的捏造這段對話。他會認定我太假掰，因而不太願意向我吐實。

當你執行假托人設時，請讓我們上一章討論的DISC分析派上用場，努力改善自身表現。且讓我們假設你是老闆，需要提醒績效不佳的員工他們做錯什麼，並激勵他們全力以赴、盡善盡美。假設你的員工是影響型，屬於非常外向、活潑，表達方式情緒化，你可能希望先寫好假托人設，緊接著就是和他面對面或是通電話來一場對談。如果你一開始就以對話形式提供反饋，可能會激發對方的防禦心理，針對每一點和你唇槍舌戰。你最終會得到一場辯論而非有建設性的談話。提供你寫下的反饋會讓對方有時間安撫好自己的情緒，再來處理你說的話。

相較之下，如果你的員工是審慎型，一通電話或是面對面談話有可能是比較妥當的安排。你的審慎型員工會想要你提供詳細反饋，因此談話可以讓你完整解釋並回答員工想進一步澄清的問題。假使你的員工是支配型，電話或是親自會晤也可能帶有象徵意味。支配型不需要囉嗦的細節，他們只想要你直話直說，迅速抓到要點。你寄發支配型一封冗長電子郵件，無論內容是否有誤，都會讓他們看到你的反饋後備感挫折。

在此有一個更普遍適用的重點，那就是務必要做功課。事先針對你感興趣的對象蒐集資訊，正如我事先研究自己打算潛入的倉庫一樣，你掌握越多就越清楚自己採用哪些假托人設管用或不管用。當我準備好和某人來一場高難度對話，我會先檢查對方最近的社群媒體貼文，找出他們生活中最近有何可能和我們必須解決的問題高度相關的發展。儘管這種做法聽起來有點讓人頭皮發麻，有時候這類線索協助我更清楚定義我這場談話的目標，或是架構更可能讓對方覺得重要或挑起興趣的假托人設。我發現的資訊也免除我說出或做出某件幾乎保證會讓對方熱情冷卻的事。我試舉一個極端的例子，假使我透過社群媒體知道，我正打算開口請對方幫個小忙的好友失去心愛的寵物，顯然我不會在談話一開始劈頭就問候狗狗好不好；反之，我可能選擇先表達慰問。

請勿準備過頭，這一點和做好準備一樣重要。如果你的故事太完美或是包含太多無關緊要的細節，就會在你感興趣的對象腦中敲響警鐘。請在臨場發揮與做好準備之間取得平衡，因為這樣會讓對話充滿真實感。正如我一再提醒我的學員，雖然練習臨場發揮聽起來可能很矛盾，但實際上做得到。請試著自己走進一處公共場所，找幾名完全不認識的路人聊聊天，設定誘使對方提供一則簡單資訊的目標，好比全名或生日。請不要周詳規劃你的假托人設，只要接近對方展開對話就好。試圖採用不同的開場白，再看看後續發展。有時候你會成功，但也會失敗。隨著你陸續完成幾場談話就會發現，自己正在改進全新的開場白，或是即興小幅修改、調整之前的談話技巧。最終你離開時會更有把握如何和陌生人打交道，也會對自然而然這樣做感到更自在。

好的開始力量大

假托是一門設定談話的藝術，能讓其他人在原本可能會毫不客氣地當著你的面甩上大門的情況下同意繼續對話，特別是當理由或傳統智慧幾乎是勒令他們應該這麼做的時候。如果你編織出一套超讚的假托人設，誘發他人產生正確的情感，並讓對方的批判性思維過程發生短路，你當場就能讓他們心中那扇小門開啟一個縫隙，因為你讓他們願意提供你一次機會。即使最不可能的任務也可能會實現。

我在〈前言〉中提到，儘管我沒有任何經驗，卻曾成功說服高檔餐廳老闆雇用我，關鍵是因為我擁有當場提出吸睛假托人設的能力。當時我的新職業讓我覺得很無聊，躍躍欲試想玩點新花樣。我瞄到路上有個招牌寫著：「誠徵廚房師傅」，於是就找主廚聊聊。我本能採取「自信滿滿但談不上狂妄的求職者」之姿當作假托人設，和對方握完手就說：「你好，我是克里斯。你的新廚子。」我要他對我有信心，相信我做得來這份工作。我決定要展現自信滿滿的樣子，因此擺出一副輕鬆愉快的模樣加強這種感覺，這樣我才能誘發他產生這種情感。

「很好，」他說，「那你的簡歷呢？你有什麼執照？」

「我沒有任何執照，」我回答，「我不需要。你應該嚐嚐我做的菜。我的餐點就是我的履歷。」

「說得好，」他說，指向身後工業級冰箱和爐灶。「煮來看看。」

我走向冰箱，拿出一些肉、蔬菜、椰奶和香料，然後煮出幾道泰式料理。多虧我太太有泰國血統，我學會幾道厲害的咖哩料理。他一邊看著我做菜一邊說：「這是我做過最不正統的工作面試。」

我點點頭。「沒錯。我們是可以安排幾場面試，跑完整套流程，每次我都坐下來講個不停，但最終除非我使出真功夫，否則你不會雇用我。所以我們乾脆就不要玩這些花樣了。」

我煮完後盛在盤中遞給他。他先研究一下擺盤，再聞聞味道，然後試吃一口。他的雙眼發亮：「你被錄取了。」

當然，既然我已經被錄用，就得好好上工。考慮到我沒有經驗，這當然不容易，但是我勉力做到了。我的新老闆要求我再煮幾個不同菜色給他，或許可以考慮放進菜單裡。由於我完全想不出新菜色，於是回家研究並試煮幾個食譜。往後幾個月內我耍了一些手段，好讓他與廚房裡其他人在我們各自完成日常的份內職責時不帶任何懷疑成分地指教我基本烹飪技巧。舉例來說，我根本不懂切菜技法，當新老闆要我切菜時，我就說：「你知道，每個人的刀法各不相同，你要不要先切給我看，這樣我才能學會你的切法？」他照辦了，所以我也就學會了。由於我願意做中學，還能在棘手的情況下轉移話題、左閃右躲，我很快就成為一名有價值的員工。我做這份工作兩年，直到再度因為覺得無聊想玩點新花樣才離開。

假托人設讓我進了廚房大門，也讓我沒有任何經驗卻一路做到資深職位。不過這只是初試啼聲。類似的情況同樣適用在你可能開展的任何對話。一旦大門開放，你還得知道如何跟進，不然你將一無所獲。駭客在自己和「目標對象」之間建立非常特殊的共同基礎，打造有利於己的假托人設。他們只花幾秒鐘就能搞定，幾乎是自動完成操作，而且他們的目標對象甚至渾然不察。如果雙方的共同基礎打底完成，無論他們訂定什麼目標都能一路暢行並實現。若非如此，他們就算求神拜佛也沒什麼希望（除非他們主動背離道德，開始操控他人，但這不是我會做的事）。專家將這種打造共同基礎的行動稱為建立融洽關係，我想你終將發現，它幾乎與你可能參加的任何社交互動有關，從在雞尾酒派對上遇到陌生人、重新與老友聯繫，到告訴配偶什麼事困擾你都涵蓋其中。且讓我們檢視一下何為融洽關係，以及如何練就一身善於打造融洽關係的功夫。

第三章
找到自己的優勢

讓自己與任何人第一次見面就能建立融洽關係，這樣他們就更可能同意你的要求。既然你已經搞定社交交流的情境，現在就是發揮最大優勢展開互動的好時機。我將介紹一套你可以應用在雞尾酒派對、專業研討會、門市銷售與其他任何地方的流程，以便即刻說服他人你是他們圈子裡安全、值得信賴的對象。試想一下，你可以迎面走向一票朋友、熟人甚至從未謀面的陌生人，一開口就說對話，好讓他們喜歡你，更願意助你一臂之力。

我不是老菸槍，也討厭菸味，不過我很清楚一件事：老菸槍的習慣常常讓他們團結在一起，特別是最近大眾異口同聲譴責抽菸行為。不久前，這點小常識協助我闖入一家大型醫療保健供應商的中央行政總部。

我的客戶要求我潛入高階主管的辦公樓層找出敏感資料。我們在研究這家企業時發現，附近有一處建設工地刺激龐大的小蜘蛛軍團入侵周遭其他建築物。我裝扮成害蟲防治人員，完整配戴貨真價實的噴霧器，然後走向公共入口，使出許多稍後我將在本書逐一介紹的手段，以圖繞過保安警衛進入大樓。但沒有一招行得通。「你看，」保安人員解釋，「你的名字沒有列在清單上面，所以你不能進去。」我找了第二處入口再試一次，一樣拒人千里。這次真的是超難搞的。

儘管我有點灰心，還是樂見客戶這麼快就把我擋在門外，只不過我必須想出新花招再試一次，畢竟那就是他們花錢要我完成的任務。我離開大樓，沿著周邊漫步前進，不太確定下一步該怎麼進行。然後我瞄到五、六名員工坐在側門入口處吞雲吐霧，腦中浮現一個念頭。我帶著噴霧器向他們走過去然後說：「各位，不介意我在這裡吸幾口新鮮空氣吧？」這句話讓那群人失聲輕笑，其中有一、兩人露出一臉在說些什麼鬼話的表情。「你沒想歪，老兄，」我說，「我剛戒菸，大概第十回了吧。」

「我懂你，老兄，」其中一名員工對我說，「我自己大概戒了十五回。」

「我壓根不想戒，」另一人說，「我早就放棄戒菸了！」

第三名員工遞出一包香菸。「想要不要來一根？」

我對他揮揮手。「還是別的好。這次我真的想成功，但也許我只是站在這裡聞聞菸味就足以平息那股衝動了。」

「當然，」他們說，「完全沒問題，你可以和我們一起站在這裡。」

就這樣，不到一分鐘我就順利打入他們這個小圈圈，和他們閒扯了五、六分鐘，當抽菸時段結束，一群人走回入口處，我也跟著混在裡面進去了。我們抵達只有手持識別證的員工才能通過的側門，他們刷卡後魚貫而入，我毫不遲疑的緊跟在後。任務完成，我進來了。幾分鐘後，我搭電梯來到高階主管辦公樓層，將所有敏感文件洗劫一空。

在這個例子中，我福至心靈為自己想出一個可信的假托人設，亦即戒菸拖泥帶水的老菸槍，但這一招只能讓我打開話匣子，我若想實現目標，就得採取順著對話風向的方式回答其他人遇見陌生人第一秒鐘就會不經思索想到的四大基準問題：對方是誰？對方想要什麼？這次交流將會花費多少時間？對方是威脅嗎？我迅速和這些毫無戒心的老菸槍打好關係，一次解決問題，只需小心地自我解嘲，就能對這群陌生人證實自己不構成威脅，反倒是這個小圈子裡完全無害甚至是友善的成員。我們都是龐大、快樂的菸槍國子民。回辦公室幹正事的時間到了，他們想都沒有想就讓我一起走進大樓，在他們眼中，我已經是圈子裡的人。

滑板小子與催產素

乍看之下，打點好融洽關係看似並不特別複雜，就算再看一次也一樣。我們可能生活在四處都是智慧型手機、摩天大樓的都市裡，但我們大腦的運作還是和在叢林中覓食的部落生活時代沒有兩樣。無論我們與他人的連結是基於共同的社會階層、職業、種族、信仰、生活階段、姻親關係或經驗，都會比較傾向於協助那些和我們保持某種共同依存關係的對象。[1]如果你想讓剛剛認識的某人滿足你的願望，從一開始就打好共識基礎，讓對方覺得自己在和同一國的人打交道，這樣你的成功機率會比較高。

在我的課堂上，我要求有志成為人際駭客的學員回想高中時代在學生餐廳吃午餐的情景，用這個例子介紹融洽關係的概念。如果你的高中和我的高中相去不遠，那你和同校學員就是坐在各自專屬的圈子：校隊隊員、書呆子、搞怪份子和滑板小子。人人知道自己屬於哪個圈子，各有專屬的語言、舉止和穿著，公然與其他圈子劃清楚河漢界。（事實上我比較接近滑板小子，穿著低腰垮褲，用金屬鍊別著皮夾。）這類身分標誌的作用，是讓原本互不認識的學員彼此可以建立至少是某種初步的融洽關係，要是新來的學生剛好穿得像滑板小子，卻又晃到書呆子的餐桌旁，擺出一副無辜的表情問起即將來到的校園舞會，前述四大基準問題就會自動生成一個障礙，因為書呆子們不認識這名滑板小子。這些人會納悶：你站在這裡做什麼？你想要什麼？你是打算占用我多少寶貴的時間？你是威脅嗎？但是如果這名滑板小子走向其他滑板小子聚集的餐桌旁，一臉無聊、吊兒啷噹地問出同一個問題，多數或所有前述問題就能迎刃而解，因為他們單單是看到對方的外觀就接受新來的學生成為小圈子的成員。

正如研究人員現在所知，這些惹人厭的高中社交動態源於人類生物學。打造融洽關係有助觸發釋放一種名為催產素（oxytocin）的強力激素。在一系列研究中，研究人員將儲存在大腦中的催產素與信任及慷慨行為的經歷連結起來，正如他們也發現，在人們心中喚醒同理心的感覺會促發催產素濃度升高，將會反過來讓他們表現出慷慨行為。在一項研究中，研究人員讓受試者看一段重病癌童的影片，促升他們的催產素濃度。高漲的催產素濃度反過來「預示一筆足以催生這支影片的更高金額慈善捐款」。催產素也與其他「正向社交行為」有關，好比與他人眼神交流或是辨別他人的情緒。[2]

在打造融洽關係時，無論是在高中的學生餐廳、自家或是職場，我們建立的連結感會在他人心中激發一點催產素，讓他們對我們感覺到信任、連結與慷慨。這是一種強力動能，精明的商家會加以利用，誘使原本可能不情不願的目標對象照着你的意願行事。在汽車經銷商的服務據點，心機重的業務員不會就這樣逕自走到你面前，一張口就是火力全開要你掏錢買下定價過高、而且他們深知你根本負擔不起的貴重名車，這是不可能的事。他們會和你閒聊一通以便藉機認識你、奉上咖啡款待，還為了你倆都念同一間高中或熱愛同一支球隊喜不自勝。經驗老到的政客不會大喇喇地一開口就要你投他一票。他們會端出價值百萬美元的招牌微笑、與你握手、抱抱你的孩子，或是發表幾句暗示他們很熟悉你們當地文化的評論。所有舉動都是想讓你感覺他和你屬於同一國，就算你們並不親近、沒有私交。當然，成功的詐騙份子更是重度倚靠融洽關係，以便逮到毫無戒心的肥羊主動奉送自己的金錢、資訊或其他有價的事物。

在一種常見的騙局中，騙子冒充微軟或蘋果這些科技大廠的員工打電話給民眾，宣稱他們想協助對方解決電腦軟體問題。要是受害人提供特定資訊或點開一個看似無害的連結，就會在不經意之間提供對方長驅直入擷取銀行帳戶或密碼等個資的途徑。詐騙份子有可能甚至會劫持電腦，索討贖金。[3]詐騙份子為了建立融洽關係，會扮演得很友善、客套，和受害者隨意聊天。在美國，他們通常會裝出印度口音與腔調假扮成當地女性。通常人們傾向於認定女性不具威脅感，美國人又往往將印度人聯想成客戶支援代表，所以當詐騙份子提出要求時，受害者不做他想。他們假設，在電話線另一端的陌生人與他們有同樣的基本禮儀常識，沒有理由加以臆測。詐騙份子巧妙地築起共識，將催產素源源不絕地輸入受害者腦中。融洽關係就等於催產素，也等於信任感，更等於一張直搗受害者銀行帳戶的頭等艙機票。

專家等級的人際駭客僅需幾秒鐘就能客製一套打造融洽關係的互動做法，那是因為我們人類不僅是部落成員，更傾向依據刻板印象逕直對我們遇到的對象驟下決定。我們評估諸如穿著打扮、髮型、膚色等幾項主要的非語言關鍵要素做出這些判斷。你若想打點好融洽關係就必須很快清楚拿捏對方狀況，清晰但膚淺地理解對方是誰、可能屬於什麼圈子，然後找出個人化連結。你不是在打造一段深遠或持久的友情，只要夠強的連結，不讓對方的心理力場啟動並開始質問你的動機就好。

你可以像擬定假托人設一樣採用肢體語言與文字築起共識。暢銷書作家暨聯邦調查局前任行為專家喬．納瓦羅（Joe Navarro）告訴我一個難以忘懷的例子，他必須從另一名探員的手中接管一名線人，或以聯邦調查局的行話來說則為「人力資產」。這是一項需要小心處理的任務：線人冒著生命危險與聯邦調查局合作，提供不利犯罪份子的證據。他們全心信賴自己與聯絡人之間的信任關係。一旦打破關係，線人擔憂自身安危，就可能從此銷聲匿跡或中止合作。喬必須和這名線人建立牢固的合作關係，以某種方式保留甚至奠基於前任探員建立的信任基礎上。

在此我姑且稱呼這名線人為波利斯。考慮到當時他是講俄羅斯語的八十多歲老大叔，這個挑戰難如登天，而且他之前在聯邦調查局的聯絡人是個經驗老到近六十歲的探員。與此同時，喬年僅二十五歲，最近才獲調查局聘雇。他要怎樣才能和這位文化、語言背景完全不同，而且老得可以當祖父的對象建立共識？「我做了一套打造融洽關係的計畫，」喬回憶他們初次見面的情景說，「但是我走進房間第一次與他會面時一切都走調了。」他重新評估波利斯，明白一般探員在這種情境下會採用的標準手法根本行不通，也就是說，發揮專業權威、對波利斯公事公辦，並嚴正保證一切安全無虞的說法都是屁話。「這傢伙顯然成就斐然，」喬說，「他這輩子都在蘇維埃占領（祖國）下討生活。他知道怎麼看破我的手腳，他知道哪一部分是裝腔作勢，哪一部分是發自內心。而且他知道，我這個二十五歲小夥子對自己的工作內容幾乎一無所知。所以就像大家常說的話，不要想要唬弄騙子。在這種情況下，我根本不打算做蠢事。」

喬覺得波利斯帶有一種舊世界的心態，亦即對長者表達尊重並服從很重要。因此他不展現自己身為探員的專業權威，反而在第一次與波利斯握手時略略低頭，避開眼神交流，坐下時還稍微側身。所有這些肢體動作都在暗示自己的敬意，而非試圖強行主導或掌控。即使喬自己偏好喝咖啡，卻在波利斯要求喝茶時跟著從善如流。在雙方的對談中，喬不像一般探員嚴守不透露個資的行規，反而侃侃而談家人痛苦的歷史，好比他的親戚幾乎是九死一生地逃出菲德爾．卡斯楚（Fidel Castro）魔掌下的古巴，以及他的父親被逮捕、刑求的過程。喬說：「我可以看得出來，他的臉部肌肉開始放鬆，到了那時我才敢走過去沙發和他並肩而坐。」他在短短一、兩分鐘的談話之間就打點好融洽的關係。「我在他面前放低身段，然後循序漸進讓他知道，在我眼中我敬他三分。」這是雙方這一段成功的三年關係的起點。

在不出賣靈魂的前提下打點好關係

你閱讀這類故事或是看到我和老菸槍交朋友的經歷後可能會發現，自己有時候會對其他人擬定打點融洽關係的假托人設心懷疑慮。難道喬刻意採取策略性手段接觸波利斯不是很「假掰」嗎？他原本不會對線人這麼正式地表現出敬意，而且儘管比較愛喝咖啡卻還順著對方喝茶。至於我的話，則是捏造徹底的謊言假冒自己是打算戒菸的老菸槍。就兩種情況來說，打點融洽關係的有心人看似正在運用狡猾和欺騙性的手段，這不是我們多數人在日常生活交流中願意做的事。

我不是鼓吹你為了建立共識就應該睜眼說瞎話，我只是在一種專業手法允許這類巧妙藉口的背景下這麼做。在日常生活中，你在打點融洽關係的過程中說或做的任何事至少都應該根源於事實，而且應該讓他們因為認識你生活變得更美好。伺機找你攀談的詐騙份子假扮成顧客服務代表是在踩踏道德底線，遑論違反法律界限，就和一心為了做成交易不擇手段的汽車業務員一樣，根本不愛看美式足球卻假裝熱愛你支持的球隊。在這兩種情況下，謊言都已經說出口，而且打點融洽關係的特定人士並未讓他們的目標對象因為認識他們生活變得更美好。這正是你和我這樣的守法好公民必須避免的行為。

相較之下，喬．納瓦羅通常來說可能不會對線人表達高度敬意，但他確實對這位與他的人生截然不同的長者表達敬意，因此這麼做並未與他的真實自我產生內在矛盾。即使他偏好喝咖啡勝過喝茶，他絕對不是憎惡茶飲。對他來說，只是展現一點小小善意，主要是出於有助波利斯自我感覺被敬重的意圖而提出。喬有可能是冒險走出自己的舒適區，但並沒有偏離太遠；而且他的行動也讓波利斯感覺更良好，同時更傾向遵從喬的意願。隨著催產素迅速流經波利斯的大腦，他感覺比雙方開始交流前更愉悅、更有連結感。雙方現在都來到一個可能隨著時間拉長加深融洽關係的層次。

打點出融洽的關係就像擬定假托人設，涉及採用一定程度策略化或姿態化做法，但在此僅重申，所謂策略是（一）無可避免；（二）做好事。我們多數人都會在日常生活中自然而然地試圖與他人建立關係，無論是對著隔壁鄰居來點善意逗弄、開會前和業務同事閒聊開玩笑，或是在門市店員為我們購買的肉品秤重時面帶微笑問候對方近況。我們精熟打點融洽關係的技巧就是刻意做好經常與他人建立情感聯繫的工作。雖說我們可能心懷利己目的，但依舊會讓那些我們認識的陌生人或熟人因此生活變得更美好。

時不時我們就忙得分身乏術，因而疏遠其他人與他們的需求。我們踏進電梯時整張臉就只是定格在手機螢幕前方，忘了與周遭人士互動；我們窩在舒適的媒體同溫層中，發現社會、文化與政治差異大得驚人，卻不曾試圖談判爭取。但是我們可以訓練自己設身處地為他人著想，並養成跨越鴻溝建立或深化連結的習慣，日益熟練打點融洽關係。我們這個極端兩極分化的社會需要更多人建立融洽關係。正如我們將一如既往地發現，每當談及促使其他人遵守我們的願望，表現一點點社交好感大有裨益。

每當你試圖迎合他人，究竟要做到什麼地步無法總是精準拿捏。我執行專業駭客任務時，偶爾會遇到目標對象在我打點融洽關係期間要求同意某一個讓我深惡痛絕的觀點，或是採取違反我的宗教信仰的方式行事。這就是身為保安專業人員的職業風險。儘管盡力忍住並順應目標對象的預期行事肯定有所幫助，但我總是婉拒並試圖找出另一種建立共識的方式。有一次我假冒成為某家特定企業的員工，非得接觸那家企業某一群員工，試圖從他們身上獲取資訊不可。我加入他們的談話前就聽到他們大肆抱怨女老闆凱西根本是「白痴豬頭女」，還有其他更難聽的話。我對著大夥兒自我介紹，然後他們不僅繼續貶低這位老闆，還邀請我一起痛罵位高權重的女性。「謝謝老天爺，凱西不是你的老闆，」他們說，「她真的是ＸＸ（看你想接什麼髒話都請自便）。」

在以前，我很可能會同意他們，咒罵起以前跟過的女老闆，很容易馬上就加入這群憤怒男性的陣營。不過我不能允許自己這樣做。我們的道德規範和我個人的信念阻止我做出「以言語、書寫或其他方式針對性別、性取向、種族、宗教或身體殘疾相關的攻擊性評論」。[4]以前我也遇到這類狀況，所以知道自己可以做到無需讓步照樣與他們打點好融洽關係。我就是這麼做的。「喔，對啊，」我說，「我遇過那樣的老闆。我上一份工作的老闆超恐怖。這就是我換來這裡工作的原因。」我不在厭女症這個層面找到立足點，反而無視老闆性別，刻意在根植於壞老闆帶來的挫敗感層面找到立足點。

想想你在試圖打點融洽關係時卻可能發現自己陷入為難處境，好比你可能混入一處排斥外人的小圈子，卻想在不加入取笑性別的前提下與他們建立連結。或是你可能正與家人慶祝感恩節，多數在座者的政治立場與你對立，而且他們剛好又聊得很嗨。你要怎樣發揮創意與他們打點好融洽關係？

在社交場合中，公然違抗他人期待通常很困難，尤其是你如果正好是置身一票人之中。我們往往害怕如果沒有「隨波逐流」就會被這個小圈子排拒，所以我們會發現自己犧牲信念以求順從。但是你可以訓練自己當下暫時擺脫恐懼，這樣你就可以迅速找到另一種建立共識的做法。你也可以為這些可能會冒出來的難熬社交場合預作準備，徹底預想自己將怎麼處理它們。

有一次，我應客戶要求闖進一幢大樓裡，在大廳撞見一票員工正唇槍舌戰是否允許學校的老師攜帶武器。我試圖與他們建立融洽關係並打進小圈子裡，但我發現自己根本淪於怎麼做都輸的局面。我對槍枝管制從不抱持強烈立場，所以兩邊的說法我都可以認同。所以我反而是有一個強烈的感覺，無論我說出什麼任何支持或反對的言論，我就輸掉另一半盟友了。突然間，有個傢伙轉向我砲火直射（不是故意用雙關語），要我表態。我沉吟了好一會兒。最後我說：「你想知道我怎麼想的？我覺得有學童死在校園裡，是發生在這個國家的所有壞事中最不堪的代表。你送自己的小孩去上學，還得擔心他們會死在一個即將變得超可怕、超可怕的地方。」所有人啞口無言。雖然兩邊陣營各執一詞，但還是可以找到一處共同點。我就找到了。

很可能你有親戚、鄰居或部門同事支持你個人憎惡的信念，或是你發現對方和你幾乎沒有共同點。你不是避開這些人就好，而是學著客套握個手，無須犧牲自己的核心價值。既然你已經認識這些人，無論你是否有需要對方依循的特定要求，都可以採用打點融洽關係的技巧提升而非冷處理雙方的既存關係。如果你天性害羞或是害怕社交場合，無論你是否有特定議程，還是可以變得更有自信、活潑外向。何必要等別人把你從藺居的硬殼中拉出來？學著自己冒出頭。你越圍繞著打點融洽關係培養出紀律就越明白，區隔我們自己與他人的那一個看似不可能的距離，事實上可以橋接起來；你會發現阻礙我們建立或深化連結的不必然是其他人，反而是我們自己。

想想你的生活中那個與你關係不和睦的人。或許你們是感情失和漸行漸遠，或者你們還是互通有無，但是長期的不滿正在壓垮你們的關係。請想出下一次你們互動時可以用來建立共識的三招，但同時你依舊忠於自己的信念和價值觀。

用自己的方式打點關係，善用八個訣竅

容我向你提出一項挑戰。請走進星巴克，找一名坐在咖啡桌前或是在排隊等咖啡的陌生人講話，不要找和你年紀相仿的對象，也不要找看起來和你是相同種族或社會經濟背景相當的對象，請隨機挑選然後試圖打進對方的小圈子裡。想不起來任何話題嗎？拿出你的手機當道具，跟我做一遍。且讓我們假設你拿安卓手機。你走到某個手持 iPhone 的傢伙面前然後說：「你好，我正在考慮要把安卓換成 iPhone，你覺得你的手機好用嗎？」在我的經驗裡，果粉會天南地北瞎扯為何他們的手機會比安卓好用一百萬倍。由於你問他們為什麼，並表現出對他們的說法深感興趣，你等於認同他們就是諮詢對象，即使只是回答不太重要的問題。你就此打造出共識。雖說你們還不是同屬 iPhone 陣營，但你已經打入很喜歡暢聊為何 iPhone 超猛的果粉圈。

每當我的學員接到這類挑戰，往往會要求我提供一些簡單的規則或指導方針，好讓他們在自然發生或預先規劃好的社交場合中當場發展出融洽關係。他們想要我提供一

些像是「你和異性聊天的必殺五招」或「遇到千禧世代，這樣說就對了」。不過很抱歉，我還真沒看過什麼樣的規則可以管這麼寬。每一種情境都不同，你必須當場急中生智，設計專屬自己用以打造融洽關係的策略。有可能你一想到就膽寒，不過事實上並非如此。我自己用以循序漸進的思考流程可歸結為六道簡單步驟，我自己稱為「做中學（ENGAGE）」：

一、確認你感興趣的對象：找出你想要建立融洽關係的對象。（如果你正預先為一場談話規劃內容，也已經擬好假托人設，那你就是完成這個步驟了。）

二、做筆記：在短短一、兩秒鐘，迅速為對方描繪出粗略的輪廓，標註他們顯著的品味、社會經濟背景、可能的信仰、種族與性別等重點。（如果你和對方已經很熟，迅速在心中回想對方的特點。）

三、創造：根據你描繪的輪廓創造一些用以建立共識的可能途徑。

四、做出決定：選擇一種嘗試之道，同時明白，倘若這一招不管用，還可以換檔並採用第二招。

五、試試看：執行你選擇的途徑。

六、評估：你在執行時也請留意你感興趣的對象有何反應。如果你的方法顯然行不通，請迅速換成其他做法。

做中學聽起來像是得記住很多眉角，特別是因為你遇到意料之外的交流時，必須在幾秒鐘內掃視一遍所有步驟。你可以將它們做成一份皮夾大小的卡片，上頭印著這六道步驟，並隨身攜帶，進入某個社交場所之前掃一遍。當你練習打點融洽關係四、五回後，就會開始感覺到這些步驟慢慢成為習慣。試著將做中學視為心靈輔助輪的架構，不過你真的需要立刻、馬上展開練習。

在做中學的所有步驟中，初學者最大的難關是第五步「試試看」。當你架構下一次互動情境之際，請借用暢銷書作家暨聯邦調查局前任行為專家羅賓．德瑞克（Robin Dreeke）的智慧。以下是打點融洽關係的八個專業級訣竅，值得你牢記在心，套用在日常情境中與他人建立共識：

訣竅一：確定人為的時間限制

你閱讀本書後就知道，在社交場合中時間很重要，這是他人第一次與我們接觸時自動浮現的四大項目之一。如果我們感覺自己無法在有限時間內協助對我們有益的對象，就會比較可能走向被拒絕的結局。許多社交交流都帶有與生俱來的時間限制。假使你與正在星巴克排隊的某人開展一段談話，對方多半肯定會覺得，雙方的互動最多只會持續到其中一方付錢走人。那種期待有可能會讓陌生人比較樂意被你耽誤一分鐘或是和你閒聊幾句。

在時間限制不是那麼自然或明顯的情境下，你可以巧妙自創一段時限，加強打造融洽關係的努力。你可以這樣說：「你好，請問我方便耽誤你兩分鐘嗎？我才剛來到這裡，打算想找一家好吃的小店。」請明確框定出時間限制，意思是，如果你要求對方撥冗兩分鐘，就做好只花兩分鐘的心理準備，但同時要善解人意，如果你感興趣的對象有意延長對話，那就如他所願。請不要只是問有沒有「幾秒鐘」，因為那樣很假掰，光是你自己講完話幾秒鐘就過了。你也可以採用下述說話方式含蓄地讓你感興趣的對象保持冷靜：「我正好要出門，但是……。」或「我正打算去找某人，不過我想先知道……。」因為這兩句話都在暗示對話輕薄短小。

訣竅二：調整你的說話速度

我拜訪住在田納西州的姊姊時，我們出門去一家燒肉餐廳用餐。服務生來到桌邊詢問我們是否準備好點餐。「我想要一杯冰茶，」我說，「一份肋排，附餐要玉米麵包。」

「欸欸欸，等等，」服務生說，「帥哥，講慢一點。」

我放慢說話速度再點一遍。我承認，當下是被激怒到有點不爽，覺得服務生只是在裝老大，故意找我麻煩。但是我這樣想的當下才意識到，自己忽略有關交流的重要事實。我們端視自己的性格、年紀、地區方言與更廣泛的社交脈絡，說話速度各不相同。[5]住在最具南方特色幾個州的美國人講話就是比北方同胞慢。[6]這一點無所謂好壞，現實本就是如此。

當你嘗試建立融洽關係時，多為與你互動的對方想一步，選擇至少對他們來說是聽得慣的速度，這樣於你有益。你不用演過頭，好似有時候我們對小孩童或是外國人說話那樣，你只會讓對方感到丟臉或困惑。你只需要說話時試著體貼對方的需求並用心留意讓對方比較自在就好。如果你是那種看別人講話比較慢就會不順眼碎碎念的紐約客，或是那種喜歡慢慢來，說話慢條斯理的南方人，都很走運：語言學專家觀察到，說話連珠炮的人往往比較具有權威感、高說服力；反之，我們往往認定說話慢慢悠悠的人比較友善或是更平易近人。[7]

訣竅三：呼求同情心或協助

人類是無私利他的生物，我們與生俱來想要協助有需要的對象。事實上，社交工程師最強力的說話術就是簡單的：「你可以幫我一下嗎？」也就是說，我們必須留意不要索求無度，以免讓我們感興趣的對象察覺索求本身以及我們的明顯存在帶來威脅。一般性通則是，客製化任何協助索求最多只到既存融洽關係的某種程度就好。如果你正與陌生人互動，請提出簡單、容易的協助索求。當我打算闖進伺服器機房所在的建築物時築物時，不能大喇喇地對接待員說：「你好，你介意帶我去伺服器機房嗎？」我得從小處著手，也就是說，我只需要讓第一關守門員放我進去，這樣我就能前進和第二關守門員周旋。我會提出無害的簡單問題：「欸，不好意思，我忘了帶識別證。可以用這張身分證明取代嗎？」或甚至是：「你好，我來見某某某，但我不知道她的助理是哪一位。你可以幫我一下嗎？」或許接待員會簡單找出某人的助理，就幫到這裡為止；或者有可能他或她會告訴我助理在哪一層樓，然後就放我進門，好讓我和那位助理面對面聊聊。

請留意不要以帶有調情或性暗示的口吻提出這些索求。我有些學員頗具姿色，會試圖這麼做，但正如我所解釋，調情通常不會讓對方因為認識你生活變得更美好。一旦對方明白你不是真的在那方面對他們感興趣，只是想要達成某種目的，就會覺得自己被利用或被唬弄。正如我們多數人所知，搞到這一步就不太好玩了。

訣竅四：藏起你的自我

廣義而言，西方社會比較強烈具備個人主義色彩，東方人則多半都抱持集體主義心態。[8]這類文化傾向也滲入專業職場中，西方人發現自己很難隱藏自我，也很難優先考慮他人。他們會將謙卑想成短處、將自信或能力想成長處，同時要自我感覺了解每一件事，並展現威權與掌控權之姿。每當論及駭進人心，這恰恰是反其道而行。想想你生活中某人曖曖內含光，以至於他們經常被視為虛懷若谷。你和此人打交道時都怎麼看待他們？很可能你腦中會浮現「被肯定」或「被證實」這類字眼。謙虛之人具備讓我們自我感覺超良好的能力。每當你試圖讓他人遵從你的願望，這是長處，不是短處。

你若想打造融洽關係，請隱藏你力求「正確」或掌控的需求。不要試圖改變他人的心意，而且要讓他們不受威脅地以自己想要或需要的眼光看待這個世界。你將會比較輕而易舉地設立共識，因為你不是把自己放在他人之前，採取秘而不宣的手法劃分楚河漢界。美國前總統羅納德．雷根（Ronald Reagan）在位時，人民批評他年紀太老做不了大事。他大可在被冒犯打臉後霸氣反擊對手，但他選擇藏起自我，拿自己的年紀開玩笑。舉例來說，他和另一名總統候選人辯論時，拿這句名言當作開場白：「我不會拿年齡做文章。我不會為了政治利益就狂佔對方年輕和沒有經驗的便宜。」[9]這句話讓包括對手在內的所有人都會心一笑，是當下就鋪下融洽關係的好回答。有些觀察家甚至相信，雷根根本就是仗著這句回答贏得一九八四年總統大選。如果你可以避免落入和目標對象來一場潛意識的「自我之戰」，就可以在不知不覺中讓他或她放輕鬆一點。

說出「我不知道」或「我很抱歉」這類話語不總是那麼容易，把「我」這個字從句子裡刪除也一樣。如果你花了好幾年才拿到醫學學位，對外卻不自稱「醫師」可能會顯得很奇怪；硬是忍住不要發表意見反而誘導他人提供意見與反饋，可能看起來很困難。不過，你越能克己自持就越容易與他人連結。

訣竅五：驗證你感興趣的對象

藏起你的自我是協助他人自我感覺良好，因此樂意協助你的第一步高招，不過你可以立足在這個基礎上主動傾聽他人說話、證實對方的想法與意見並回以讚美。當然，你將永遠視雙方既定的融洽關係程度行事進退有據。許多大老粗讚美女性容貌，試圖與對方建立融洽關係，卻老是在這一步犯錯，正是因為大老粗們在這種情境下根本就還沒建立所謂的友誼，這句話反而製造出一種紆尊降貴或是讓人雞皮疙瘩掉滿地的效果。請保持友善，但也試圖設身處地為你感興趣的對象多想一步。什麼話對他們來說才中聽？某個半生不熟的傢伙說了什麼話會讓他們覺得尷尬或心生反感？

訣竅六：與回報連結

身為專業的人際駭客，我可能會試圖找上某人以讓對方洩露敏感情資。我不會單刀直入請對方提供資訊，反而往往是自願提供一些與自己有關的無害資訊。且讓我們假設我正走向接待員服務台，想要她告訴我伺服器機房設在哪裡。要是我留意到一張她與家人度假時徜徉在海灘的照片，可能就會邀請她這樣展開對話：「欸，我正想帶兩個小鬼頭來一場人生第一場海灘假期。我對海灘毫無概念，但這張照片裡的海灘看起來超棒的！」稍後，當我問起有關伺服器機房的資訊，她會比較樂意透露，因為我已經告訴她關於自己的情資了。此外，我在不知不覺中請她提供海灘建言，等同是認定她的資格，將她推升到權威等級。我既已先提供她某事，現在她就可以回饋我某物。親愛的，這就是回報。

訣竅七：有施才有得

精明的人際駭客會尋求致贈禮物給他人的機會，將回報提升到下一個層次，這種想法稱為「互惠的利他主義」：以人為首的許多動物物種都傾向於感覺到，當別人對他們好的時候也反過來為他人做點好事。即使鼠輩亦然。[10]有時候你給出的禮物可能是實體商品，但仁慈或體貼這類非物質型態的禮物常常也很管用。[11]關鍵在於確保這項禮物對他人自有價值，無論你是否剛好知道它這麼有價值。

有一次的情況是，羅賓．德瑞克和我打算租車一起參加培訓。我們租到的那款車簡直小得可笑，我的腿甚至塞不進去。我們走回櫃台要求升級。我們在等第二輛車開來期間注意到，許多顧客對他們的車子頗有微詞，有些人甚至對著這名中年女性客服代表鬼吼鬼叫。後者一貫保持冷靜，但面露疲色。

我們在隊伍裡排隊，輪到我們時，羅賓做出一個我只能說是天才的舉動。他沒有劈頭就請這名客服代表幫我們升級，反而說：「這位女士，看起來妳這一天不太好過。我們何不乾脆就只是在這裡站個幾分鐘，好讓妳可以喘口氣。」

就這樣，這名女士臉部的肌肉放鬆了。「真的嗎？」她反問，順便瞄了一眼她的上司，「你真的願意嗎？」

「當然啊，」羅賓說，「每個人都在對妳鬼吼鬼叫。」他一邊指向她身後放在桌上的水壺，「妳何不走過去倒杯水喝，我們可以假裝自己正在說話。」

此舉好似我們送她一份全世界最棒的禮物。就這樣，我們馬上建立融洽關係。幾分鐘後，當她整頓好自己的情緒便開口問我們需要什麼。我們提到想花錢買升級服務，結果她不只找了一輛超殺的豪華房車給我們，而且還是免費升級，我們甚至連開口索求都免了。我們給了她一樣此時此刻對她來說非常珍貴的禮物，在那之後，她回報我們某樣特別的服務感覺是再自然不過了。

訣竅八：管理自己的期望

社交工程界有一個駭人聽聞的名詞：滅口。你努力打「進」某人的小圈子、建立連結、打造融洽關係、一步步邁向終極目標：獲得一則情資、一段話，或讓對方放行進入某項保安設施。所謂「滅口」就是最後一個行動或發言，讓你的目標對象提供你真心想要的事物。你得一路拚命「追殺」、緊盯不放。

「滅口」聽起來冷血無情。我喜歡把自己想成和善有愛心的大好人，而非受雇的刺客。此外，這類手段完全就是適得其反。二流的人際駭客打造融洽關係時才會執迷終極目標。他們一直等著要「滅口」，結果是他們往往會倉卒急躁、過分渴望心想事成然後銷聲匿跡。他們做錯事、說錯話，最終還把「目標對象」推得更遠。這類駭客最好懂得管理自己的期望、忘掉終極目標，並且用心打造承諾讓他們因為認識你生活變得更美好的互動。

真心聆聽對方說話、尋求共識，並享受雙方的互動，讓它感覺真實。最終你待人處事才會更體貼、更有愛，也才能更迅速、更有效與他人打造融洽關係。它才會反過來提升你實現終極目標的機率。放棄這種「滅口」心態可能很困難。要是雙方互動良好，你也會感覺很開心。催產素正充斥你的大腦，有可能讓你在談話時一下子就扯太遠。你在管理自己的期望時也必須管理自己的情感。不時提醒自己深呼吸，不要貿然躁進。將雙方的體驗放在第一順位，這樣你就不會走上歪路。

從八步打造融洽關係的訣竅中挑出一項，然後找個素昧平生的陌生人練習。你覺得自己精熟這個技巧後再換一個試試看。等到你全部都上手，再同時練習混搭技巧。

道具也很重要

我熱愛偽裝與變裝，它們是專業的社交工程師的最佳良伴。在日常生活中與他人互動時，你顯然不會假裝成某個你擬好假托、正嘗試建立融洽關係的角色。儘管如此，特定類型的實體道具仍然有點幫助，遑論它們形塑你思考自身的看法。穿著打扮與造型格外重要。在一項經典研究中，研究人員要求學生穿上他們在測驗室內看到的白色外套再接受測試。研究人員告訴其中一組學生，這件外套屬於一名畫家，告訴另一組它是教授在實驗室裡穿的外套。相信自己穿上教授實驗室外套的學生在做測試時表現比較出色；相信自己穿著畫家外套的學生則比較快就完成測試，最終得到分數也比較低。正如研究人員發現，相信自己穿著畫家外套的學生降低自我期待。那句老話「人要衣裝、佛要金裝」確實有些道理！[12]

我試圖在毫無經驗的情況下爭取高檔餐廳的廚師職缺時，挑選一套可以突顯我的假托人設與努力打造融洽關係的穿著打扮，幫我加了不少分。我走進餐廳時不是穿著破洞牛仔褲加T恤，也不是穿著三件式西裝，而是扣式襯衫加西裝長褲，看起夠正式卻不會正經過頭。這整套服裝讓我感覺充滿自信，也在我打造融洽關係時很有幫助，因為我不會讓未來的老闆分心或心生懷疑。我經營自家企業時，坐在面試會議桌的另一頭和一大票穿著不得體的求職者交手，他們無法和我建立融洽關係，因為在整個互動過程中我滿腦子想的是：「這傢伙根本不懂怎麼穿衣打扮。」

這句話可能聽起來再明顯不過，但是無論如何我得在此耳提面命，因為就是有許多人砸鍋：請精心設計你整體的穿著打扮。如果你是登門造訪的業務員，或許不會想要看起來頭髮蓬亂、太多打洞穿環或是齒縫裡還卡著菜渣。如果你是有錢人，試圖和窮小子打好關係時，也許你是不該全身上下穿金戴銀，還拎著要價近十萬元的LV包包。假使你是和某人第一次約會，請先確認有沒有不小心噴了太多古龍水或香水。在許多情況下，當你試圖和某人來一場認真的談話，請避免手機鈴聲之類的惱人干擾。在任何情況下都請設身處地為對方想想，並善用實體道具讓他們盡可能感覺自在，這樣你就能讓他們因為認識你生活變得更美好。

如何破解駭客的心

我們可以將打造融洽關係的概念簡化成一個成語：寬以待人，但是千萬不要被這句看似簡單的話給唬弄了。所謂融洽關係的背後其實是精密的社交計算科學，而且必須具備某種嚴謹技巧才能駕輕就熟。當你成為箇中高手後就會發現，生活中最簡單的事情往往力量最強大。喬．納瓦羅告訴我，有一次他如何活用此處所描述打造融洽關係的原則，說服一名印地安人保留區的青少年坦承自己的犯罪行徑。這名青少年可能是在喝了酒或嗑了藥的狀況下開車撞到人，儘管喬的同事使出各種技巧誘導他開口，他仍堅持不發一語。喬感覺到這名青少年身心俱疲，因此帶他離開事故現場散步幾分鐘。

喬先是深吸一口氣、再吸一口氣，然後又吸一口氣。青少年看他這樣做，就跟著也開始深呼吸。就這樣，喬和那名年輕人在幾秒鐘內建立起了融洽關係，為背負龐大壓力因此正試圖放鬆的他們畫出一個小圈子。喬都還沒開口要求男孩告訴他真相，他就自己坦承：「我真的搞砸了。」從那一刻起，男孩清楚交代事件始末。

打造融洽關係的威力非常巨大，即使是訓練有素的駭客也沒辦法無動於衷。每年我們都舉辦大型研討會，我的公司會擬定獨家的貴賓名單並主辦規模宏大的正式派對，僅邀請我們的客戶與少數親密友人。我們的同行駭客都耳聞這場派對，每年都會派人溜進來，只為證明他們辦得到。不久前，有個傢伙在研討會上迎面來對我說：「克里斯，我們從未見過面，但我是你的超級書迷與播客鐵粉，所以我帶了一樣禮物送你，只想謝謝你為我們的社群所做的一切。」他遞上一瓶我個人最愛的格蘭花格二十五年單一麥芽威士忌。

我驚呆了，一邊檢查瓶身一邊問他：「你怎麼知道這是我最愛的酒？」

他告訴我：「是這樣的，我在聽你的播客時聽到你提起。」還指出是哪一集。他說對了，我確實提過。

我謝謝他送我這項禮物，然後突然有一股想要為他做點什麼好事的衝動。「對了，」我邊說邊遞給他一條特製腕帶，「今晚我們要舉辦私人宴會，你何不一起來？你可以戴著它進場。」

「哇，老兄，」他說，「真的太酷了。對了，有幾名朋友和我一起來。我可以帶上他們嗎？」

「當然可以，」我大叫，很開心可以回報他的好意。「你需要幾條？」

「五條。」

他不是我們的客戶，也不是我們的親密友人，一口氣要五條實在太多，不過這傢伙剛剛才送我一樣對我個人來說別具意義的禮物，所以我實在開不了口拒絕他。我不假思索地再遞出五條腕帶。他再三謝過我然後就離開了。那一晚，他和五名友人花我們的錢玩得超盡興。等他們回到辦公室後可有得說嘴了。

這傢伙是箇中老手，他完全沒有嘗試操縱我按照他的吩咐去做，而是在短短幾秒鐘內用了幾個小技巧打點好融洽關係。他先證明自己和我都置身保安專家這個小圈子，他一邊藏起自我還一邊驗證我的心意；然後他贈送一樣對我個人來說別具意義的禮物，此時催產素就像洶湧的密西西比河一樣在我腦中氾濫，打造出一個讓我想要遵從他的意願的情境。一旦我照辦，他就瀟灑離去，讓我因為認識他生活變得更美好。

這傢伙是經驗老道的駭客，精熟所有寬以待人的技藝。如果你勤奮練習打造融洽關係的技巧，也有可能像他一樣成為箇中高手，即使你還不夠熟練，也會比以前更能做到心想事成，而且讓你生命中的其他人因為認識你更快樂。你只要採用這一套重要的小技巧，就可以為了打造社群、療癒我們這個破裂的世界而做點好事。

第四章
讓別人想要幫助你

你要不著痕跡地促使別人同意你的觀點並採取行動，方能心想事成。

「如果你想要說服別人，」美國開國元勛之一班傑明．富蘭克林（Benjamin Franklin）說，「請訴諸利益，而非理性。」[1]影響力是一個某人讓其他人順著自己渴望的方式待人處事或讓動腦思考變得容易的過程。當你精熟本章的七大原則，很快就會發現自己在辯論時輕鬆佔上風、更容易結交新朋友，並說服他人遵從你的意願。

我正站在一家企業總部的停車場，目標是：進入內部，直達高階主管辦公室。我正往前門走去，有個傢伙駕著閃閃發亮的BMW新車款Z3跑車從我身旁尖聲呼嘯而過，咻地一聲滑進高階主管停車格。他正對著藍芽耳機講話，從他皺眉垮臉、揮舞雙臂的模樣看來，他正與電話另一頭的傢伙起了爭執，而且很不爽。「嗯，」我想，「我要慢慢走過車旁，聽聽他在說些什麼。」我知道我不能走太慢，那樣會看起來行蹤可疑。不過我正好帶著報紙當作假托人設的道具，假裝讀報的話就可以理直氣壯地慢慢從旁邊晃過去。我經過車旁時除了一句「今天我真的不想這樣做，這樣會傷害很多人」，其實根本聽不懂他在說什麼。出了什麼事？他是想要開除誰嗎？等等會裁員嗎？他會宣布什麼壞消息嗎？

我繼續踱步到前門然後走進去，慢慢接近接待員服務台。她面前的螢幕斜擺一個角度，我幾乎一眼就看清楚她正盯著什麼。你猜是什麼畫面？她在玩電腦遊戲。有那麼一瞬間，我卸下人際駭客身分，擺出普通、一片好心的素人模樣。要是那位怒髮衝冠、情緒激動的高階主管走進來剛好逮到她在玩電腦遊戲，誰知道接下來會發生什麼事。所以我對她說：「小姐，我說明來意之前一定要先讓妳知道一件事：我想我看到妳家老闆正好在外面的停車場，他看起來心情很惡劣。如果他看到妳的螢幕，可能會大暴走。」

她馬上關掉遊戲，客套地轉過身面對我說：「請問有什麼需要我幫忙？」說時遲那時快，怒氣沖沖的高階主管就走進來了。他穿過服務台時咬牙切齒丟下一句：「貝絲，進來我的辦公室。」

她起身追過去，轉身之際還不忘對我做出唇語「謝謝！」那一刻，我的「人際駭客」帽子又重新戴回頭上。我知道這次會很順利。

我坐下來等她回座。六、七分鐘後她再度現身，有點緊張不安地說：「啊，真是抱歉，我不敢相信你還在等。」

「喔，沒關係，」我說，「我覺得妳可以幫個忙。所以我就想說等一下好了。」她邊坐下邊問我：「我們剛剛說到哪？」。

「喔，」我說，「妳本來是要幫我開門，因為我要去人資部門開會遲到了。」她瞄了我一眼。其實不是，她慢慢瞟過來一記全神貫注的眼光。也就是那種「我知道那不是事實」的眼神。

我瞥了一眼手表然後嘆口氣：「沒錯，我真的遲到很久。」她說：「對，你說對了。」她按下門鎖按鍵放我進去。

這次短暫交手的結果是，我和同事們成功進入這家公司，滿載而歸，帶走所有客戶要求的數據與文件。

這一次我採用的方法已經不是打造融洽關係，因為我既沒有時間這麼做，也無法傳遞定義明確的假托人設。我直接使用專業的人際駭客也藏在百寶箱裡的工具：影響力原則。擬定假托人設、打造融洽關係，以便誘導其他人依照我們喜歡的方式行為處事雖然綽綽有餘，但是更多時候它們的角色比較偏向影響他人的前置作業。如果你試圖讓兄弟姊妹掏錢支付年邁母親的照護費用，或是讓員工多花點心思好讓你的團隊可以成功搞定大型專案，一旦你開展對話，就得採用特定、策略性的手法為你的要求進行溝通，這樣你的手足或員工比較可能會肯定答覆。專業駭客不會任憑機率或「膽識」決定他的努力，反而會利用深植於人性心理這門科學的可靠技巧。事實上駭客如果需要發揮影響力，而且只需要這麼做就夠的話，假托人設和融洽關係時常不需要出場。好比我現在所做的事。

我對這名助理施展的特定技巧稱為「互惠」，和上一章介紹打造融洽關係訣竅中的「有施才有得」很類似，但兩者之間有一個重要的分野。「有施才有得」很普遍：你不太清楚對方底細，所以提供人人喜愛的小確幸，希望對方也回報你的善意，你的目標是讓對方喜歡你，以便在未來某個時刻你可以輕輕推動別人朝著某個特定方向前進。然而若是互惠的話，當下那一刻就會產生影響力，對方現在正熱切鎖定你的利他主義，特定的善意舉動也正蠢蠢欲動，對於對方來說，這個舉動看起來名實相符、十分自然。你知道某些關於自己感興趣的對象的小事，也知道他們認定何事珍貴，你刻意提供對方這份珍貴的禮物，好為自己迫在眉睫的要求做足準備，這樣他們就會感覺受惠，進而想答應你的要求。

在這趟特定的任務中，我心中定下一個目標：讓接待員放我進門。我猜測自己在停車場見到的高階主管是她的老闆，因此提供一則我知道她會覺得非常珍貴的情資：避開可能被老闆臭罵的機會。雖說我壓根沒想到心中的目標，而是不帶任何自私動機去做這件事，這一點似乎難以置信，但我真的就是聽從衝動順勢幫她一把。只是我突然意識到，自己在偶然間贈送她一樣完美的禮物，這樣一來，我即將提出的要求對她來說似乎既相稱又自然，此時我開口索討後收到的正面回應，是在無意間觸發互惠機制。

你也可以善用互惠與其他的影響力原則贏取他人真心，並促使他們按照你的心意採取行動。在你的日常生活中，此時此刻可能正下意識地使用某些原則。試想一下，要是你磨練這些技巧、刻意運用，將會發生什麼事；再試想一下，當其他人試圖影響你卻被你一眼看穿，那種感覺有多棒，你可以擺脫他們試圖施加在你身上的魔咒，做出最有利於己、有憑有據的決策。

七大改變人生的影響力原則

我所採用並傳授的影響力原則並不是我的原創發明，而是取自心理學教授羅伯特．席爾迪尼（Robert Cialdini）的經典著作《影響力：讓人乖乖聽話的說服術》。[2]我拜讀這本書之前，雖然還沒有很清楚地意識到自己在做什麼，但已經直覺地實踐這些原則。席爾迪尼為我具體化這些原則，引領我進入這門科學，為此我不勝感激。若你想成為大師級的人際駭客，請拜讀席爾迪尼以及本書結尾羅列的相關著作；與此同時，請將以下七大關鍵影響力原則融入你的日常互動中，進而提升自己的溝通技能並查看成果。

一號原則：互惠

且容我強調，打破自己的泡泡，關注你所感興趣的對象這一點很重要，這樣才算是完整說明我的論述。《聖經》中闡述的黃金法則要求我們對待他人一如我們希望他人對待我們。你套用互惠原則時會想要練習企業家暨作家戴夫．可本（Dave Kerpen）所命名的「白金規則（Platinum Rule）」：對待他人一如他們所願。[3]由於你試圖喚醒他人心中的受惠之情，對方的主觀架構至關重要，你自己的則可以暫時擱置一旁。花點時間思考一下他們會覺得超級珍貴，而且足以激發他們對你的感謝或感恩之情的禮物。

請謹記，你贈送的禮物不必太過貴重也不必太花稍，有時候對他人來說，手作小物或是一個體貼手勢才是最珍貴的。禮物與要求都可能十分微妙，舉例來說，拋出一個問題會產生有必要回覆的「義務」；洩露一則情資可能激發一股回報善意的義務感；捧場別人講的笑話可能刺激對方也為你說的笑話喝采；為某人開門則有可能讓他們覺得有義務回報你同樣具有紳士風範的舉動。

在上述實例中，對接待員來說，我提供的「禮物」已經達到一種我無法想像的完美境界。那件事發生後幾週，當我聽取她與組織內部其他人匯報我們當初深入內部的始末，我問她為何讓我進門，她說：「我因為玩電腦遊戲已經被老闆站在服務台前方大吼過三次，都怪這份工作無聊得要命，而你讓我免於被罵第四次，我格外感激，因為老闆那個當下超級不爽。我回到座位後聽到你說我原本已經打算放你進門，我知道那不是真的，但是因為你之前保住我的顏面，所以我就想，『好吧，這個好心人不會是壞蛋。』所以我決定讓你進門。」我真是走狗運，送了一個只花我幾分鐘時間的超級小禮物，在她心中卻顯得如此珍貴，甚至願意打破重要的保安協定。即使她知道不對勁，卻覺得同意我再自然不過，甚至某種程度上還覺得非這樣做不可。

如果你打算向某人提出要求，請事先考慮對方的需求或渴望，也想想有沒有任何禮物可能喚醒感激或回報與你的要求等量的義務。如果你不是很確定你感興趣的對象珍視何物，那就仔細觀察他們，傾聽他們可能表達的「痛點」，這些都是你有可能出手花一點時間、精神或金錢能協助解決的問題。請不要把禮物搞得遠重於雙方關係的融洽程度，因為那樣會適得其反。在日常關係中互惠有可能是開放的過程，你送的禮物有可能讓你萃取出對方正面回應需求的結果，鋪好一條讓你給出其他更珍貴禮物的道路，並順勢提出更強烈的要求。事實上，互贈禮物的舉動會讓你們雙方循序漸進建立更高層次的融洽關係。你讓他們因為認識你生活變得更美好，因此會在對方心中建立正面積極的印象。既然他人更喜歡你，你就可以提高贈予與要求的價值。

倘使我們出門度假期間，鄰居為我們照顧房子，而且我也比照辦理，雙方就是在建立一定程度的善意與信任，也提高雙方願意為對方多做一點的可能性，好比花幾個小時幫對方檢查一下為何網路卡卡之類的瑣事，下一次就換我要求對方幫個小忙。隨著時間拉長，我們的關係日益加深，雙方可能會發現自己正在幫對方代領重要的包裹，或是願意在週末時為對方照顧毛小孩。假設我們任一方在初見面時就向對方提出照顧我家狗狗的要求，對方可能會覺得突兀又過分。我們之間會產生不信任感，使得未來合作的可能性降低。但要是我們其中一方夾帶著提出重大要求的期望送出貴重禮物，對方可能會感覺莫名其妙，開始懷疑這份大禮伴隨而來的代價可能很高。

影響力原則可以在他人心中創造正面積極的感覺，提高融洽關係的基準水位，也能夠讓你發揮更強大的影響力。融洽關係與影響力因此是相輔相成的產物。你越能打造越融洽的關係，就能施展越強大的影響力，反之亦然。

二號原則：讓步

幾年前，我們家從人道協會收養愛犬羅根，過沒幾天就接到一通募款電話。「羅根適應得還好嗎？」電話另一頭的女士問，「健康嗎？」我回覆牠活蹦亂跳並謝謝她打來確認，接著她就告訴我，協會正在舉辦年度慈善活動募款，好讓他們妥善照料動物。「今天你的多數鄰居都捐了兩百美元喔。」

「哇，」我說，「兩百很多耶。」

「對啊，你說的沒錯，」這名女士說，「我知道現在大家日子都不好過，所以大概五十美元也很有幫助。你可以做到嗎？」

「我不知道，也許四十美元還行。這樣可以嗎？」

「很完美啊，」她說，「你願意現在就刷卡或簽支票捐款嗎？」

要是這名女士來電時不是將初始金額定在兩百美元，我可能根本連四十美元都不會捐。我會腦補自己明明就已經善盡照顧這隻狗的本分了，或者是我也很有可能意思意思捐個十美元。她一開始就定下一個天花板價格，然後又讓步同意一個小很多的數字，結果是讓我覺得自己從她身上「如獲某物」，而且還以自己的條件完成一樁交易。我讓步捐出四十美元，心中還覺得舒坦多了。

正如幾乎無所不在的黃金法則所暗示，我們人類就是喜歡對待他人一如他人對待我們，但我們自己實際上是不是始終如一，那是另一個問題。[4]這個想法遠遠超越前述的贈禮這種互惠行動。若是有人對我們讓步某件事，我們就會比較可能也對他們讓步。正如社會心理學研究所示，要是我們一開始就同意比較小的相關要求，就更可能同意其他要求，這就是所謂「得寸進尺」的技巧。[5]一種潛在的管用途徑就是一開始先讓步，好讓你感興趣的對象同意一個相關的小要求，然後隨著你打造雙方的信任感與融洽關係再循序漸進提高要求的強度。既然我已經同意捐贈人道協會四十美元，如果六十美元或七十五美元才是對方的終極目標，我其實更可能會順勢同意。

另一個手法就是，對一件你感興趣的對象認定有價值、但在你看來沒什麼大不了的事情讓步。人道協會可能早就決定好，它們的捐款目標是每人二十五美元。開價兩百美元然後退讓到一百六十美元是很有效的操作手法。你在使用這一招之前請條列一張自己可能做出的讓步清單，事後再比對你希望的讓步結果，以便確保兩邊加加減減後對自己有利。

假使你為人父母時沒有讓步過，那你就錯過許多獲得樂趣的機會。我兒子柯林八歲時就使出拒吃早餐這一招，以便爭取獨立性的階段。無論我怎麼哀求、誘騙或威脅，他就是不肯屈從。他甚至開始晚起，刻意搞到校車快要到站才準備妥當出門上學，這樣他就沒有時間吃早餐。一天清晨，我想到妙招。我叫醒他然後說：「老兄，今天早上你可以自己選擇是要吃蛋、穀片還是燕麥片？」

他稍微想了一下然後說：「我要燕麥片。」就這樣，我贏了。我看起來是放棄掌控權並提供他一個選擇，對他做出讓步，因而提供他一個表達獨立性的機會。反過來說，他也對我讓步：他願意吃燕麥片當早餐。我真正關心的事只有他必須吃早餐，管他是吃什麼。我搞定他的手法就像人道協會搞定我一樣。我提供他選擇時心知肚明，無論最終他選定什麼我都是贏家。在兩種情況下，選擇讓步的那一方讓他們感興趣的對象主動同意他們所願，也因此讓他們生活變得更美好。

三號技巧：稀缺性

根據社會心理學家提莫西・C・布洛克（Timothy C. Brock）所說，商品理論認定，「評估任何商品的價值最終都會到達可望不可及的地步」。[6] 換句話說，稀缺的商品就是有價值的商品。人際駭客徹底發揮這個簡單原則，旨在解釋消費者行為心理，以便推動目標，進而實現讓人渴望的成果。你也辦得到。你打算推銷某樣產品嗎？不妨對外宣稱它是期間限定產品看看；你想要讓某人對你吐露心事嗎？告訴對方，你對著他以外的任何其他人談起這件事會渾身不舒服看看。每當我要和潛在客戶安排會議時總會祭出稀缺性的誘因。我不會告訴他們自己的行事曆是開放狀態，就等他們隨便挑選任何一天、任何時段安排我們的會面，反而會提供他們一週內幾個可以任選的相對短暫時段。我這麼做會讓他們感覺我忙得分身乏術，而且我的時間超寶貴，進一步來說我的整支團隊亦然。到了這一步潛在客戶就會更想要開會了。我沒有對他們說謊，我真的超忙，我只是在安排行事曆時選擇提供有限的彈性，以便強調這點現實。

四號原則：一致性

我們人類熱愛體驗日常生活中的一致性，還會將它與穩定、智慧和信心串連成為一體。正如研究結果發現，行為一致性有助於打造認知信任（請勿與情感信任混為一談）。[7]在商業情境中，麥肯錫的員工總是三句不離「顧客滿意度的三大特性：一致性、一致性、一致性」。[8]如果你家有小寶貝就會知道，這項原則不僅適用於顧客服務。你走進房間就發現，一只高價玻璃花瓶摔在地上碎成片片。幾個小鬼就杵在一旁。你問是不是他們做的，他們爭相回答：「不是我。」倘使你早就觀察到，他們的玩具球落在地板不遠處，十分鐘之前它壓根沒出現在那裡，而且你聽到他們在屋子裡丟著什麼東西嬉鬧，卻還是堅決否認打破花瓶。他們都說：「我走進來就看到它破了。」小孩子老是做這類蠢事，隨口撒謊到一種荒謬的程度，一心只想維持原始版本故事的一致性。

你可以輕易在日常生活中發揮我們這股一致性的動力。舉例來說，獎勵他人做出你喜歡的行為，好強化他人的內在衝動以便維持前後一致。儘管我兒子柯林妥協早餐願意吃燕麥片，我因此贏了一步，但這回成功很短暫，因為我仍得日復一日地誘哄他吃燕麥片。我獎勵他的行為好強化他內在一致性動力才辦到這一點。我毫不掩飾他這麼做會讓我開心、提供他自己變換燕麥片花樣的自主權，甚至可以加楓糖漿以增加甜味。時至今日，柯林恨透燕麥片了，那正是因為他小時候有一整年每天都要吃。這一切全拜我的駭客技巧與他自己內在的一致性。（你以為有個駭客老爸很好過嗎？問問柯林就知道，才怪！）

企業總是善用一致性原則，最知名的就屬它們的顧客忠誠度計畫了。星巴克知道它的顧客自然保持每天早上都要喝咖啡的「習慣」，因此每次只要你買飲料就送點數，要是你因此養出加購早餐三明治這類它們喜歡的其他習慣還會送更多，藉此強化顧客的諸多習慣。你可以自行設計專屬的獎勵系統，以協助生活中其他人依照你喜歡的方式表現一致性。你想要兒女發揮藝術天賦？請讚美他們的畫作，而且要張貼在牆上。你不知不覺就會發現，畫作已經多到你不知道該拿它們怎麼辦才好。要是你想要另一半和你多交流，不要開口要求對方這麼做，而是當他們開始告訴你每一天怎麼過，請主動傾聽並提出後續問題，也就是擺出感興趣的態度「獎勵」對方。當他們說完了，再以愛的抱抱提供第二次獎勵。這兩道動作有助他們打造一致性的模式。

你還可以善用談話時的一致性推動對方朝著你渴望的方向前進。如果你一開始就丟出比較簡單的問題並誘導對方說出「對」，接下來要讓對方同意要求的機率就會比較高。他們將會比較願意對你真正想要的目標說好，單單只是因為他們將會對自己以及回覆其他人的問題時表現出一致性。此外，一旦有人同意你的願望，請試圖讓對方明確對你表達。「所以，我要確認一下，」你可能會對員工這樣說，「請再告訴我一次，我們決定出什麼目標，還有你什麼時候會完成那些專案。」要是你的員工自動承諾要接手某一項行動，並對你表達口頭承諾，他們就會比較可能按部就班完成，也會因為心中渴望保持一致性而不至於退縮。

五號原則：社會認同

如果眾人相信其他人認定某一項行動或是某一個構想「超殺的」或是可接受，他們往往就會跟進。學者們從研究實驗中得到證明，社會認同在一系列行為中發揮威力，諸如行善、亂丟垃圾，「甚至是決定要不要、如何自殺」。[9]人際駭客善用同儕壓力影響他們的「目標對象」，他們也試圖讓自己看起來和他們的目標對象無異，這樣對方在順從他們的意願行事時就會感覺比較自在。在這些目標對象心中，他們是在協助自己人而非陌生人。

我的學員善用這類技巧在拉斯維加斯的購物中心從陌生人口中獲取個人情資。其中有一支四人團隊，成員之一手持 iPad 坐在美食街，假扮成成功的蘋果商店 app 開發商。他進入購物中心前先快手快腳地下載一款讓你可以自主開發簡易兒童遊戲的 app，因此他聲稱手中握有尚未發布的新遊戲。他說自己置身購物中心裡，詢問路人是否願意試玩 app 並提供反饋意見。對方若同意試玩就必須留下全名、居住地址與生日等個資。如果這名學員只是簡單地抓到誰就推銷，很可能只會吸引到幾隻小貓而已；反之，他請團隊中其他三名學員假扮成排隊等著試玩 app 的陌生人。單單是這項安排就激發旁觀者的好奇心，但隨後這三人還刻意假裝玩得不亦樂乎、「讚」不絕口。當他們被這名假扮的 app 開發商問及個資時，全都開心地一一奉上。美食街的其他人看到他們這麼做，紛紛開始排隊等著試玩，也樂意交出自己的個資。反正其他人都這麼做了，那就表示「很安全」。這就是社會認同的精彩示範。

倘若社會認同應用得當，便有能耐創造某類情境，讓甚至原本心不甘、情不願而且喜歡冷嘲熱諷的人願意同意你的要求。有一次我正試圖進入一棟保安建築物，值班警衛遞給我一張板子要我簽名。我掃視一眼後看到，當天稍早有個名為保羅．史密斯的傢伙在上面簽名。於是我假裝發現自己忘了帶識別證件，回遞板子給值班警衛，然後一再道歉並承諾當天稍晚會帶著識別證件再跑一趟。我一邊走出大門還一邊不經意地問他貴姓大名。我再也沒有帶著識別證件回來，反之，隔天我再度上門和另一名警衛打交道。「你好，」我說，「我的名字是保羅．史密斯，昨天我有來，吉姆確認我的身分。我填好所有書面文件，他就放我進去了。」這名保安警衛完全沒有檢查我的識別證件就讓我通過。對他來說，我提到他的同事名字時就已經獲得足夠的社會認同了。

六號原則：權威

我們大多數人都已社會化，因而敬重權威人士。心理學家史丹利．米爾格蘭（Stanley Milgram）在耶魯大學完成一場經典的研究後指出，一些研究受試者被要求，在協助專家更充分理解懲罰如何影響自身學習能力的預設前提下，對另一名受試者執行電擊。受試者在研究人員協助下施以不同強度的電擊當作「懲罰」，而且電擊強度明顯隨著實驗進行一再提高。米爾格蘭想知道，當眾人背後有一位所謂的權威人士撐腰，他們在加諸其他人的痛苦時可能做得多過分。四十名受試者中，占多數的二十六名持續在其他人身上執行電擊，即使電壓已經遠遠高於標示為「危險：嚴重電擊」的水準，直到實驗最終結束為止。正如米爾格蘭所評論，這場實驗顯示「服從傾向的絕對威力」。「受試者從小就學會，」他繼續說，「違背他人意願傷害對方打從根本上就是違反道德的準則。不過，竟有二十六名受試者依循權威人士指示而違背這個信條，但是所謂權威人士根本就沒有特殊權力足以強制執行他的命令。」[10]

詐騙份子總是善用權威原則唬弄他人，無論是假扮成警察、國稅局代表或是任何你想得出來的名號。二〇一九年一月至五月間，聯邦貿易委員會記錄近六萬五千份詐騙份子假扮成社會安全局（Social Security Administration）代表的報告，近兩萬份則是宣稱自己為健康暨人力服務廳（Department of Health and Human Services）服務。[11]很嚇人，對嗎？你肯定不想在日常生活中濫用權威原則欺騙他人，但是可以巧妙善用它讓自己變得更有說服力。你試圖說服一家企業老闆聘用你時，或許可以稍微壓低自己的聲調，或是端出更老練的職場語彙進一步影響對方，因為兩者做法都可能暗示你具有權威知識。你試圖與客服人員解決一個爭議時不妨提到，長期以來你是這家企業的鐵粉，並點出你相當熟稔公司的產品，有可能會讓對方更重視你的客訴內容，畢竟你已經將自己定位成重要顧客，藉此建立起自身的「權威」。

還記得我那幾名在拉斯維加斯購物中心誘騙路人揭露個資的學員嗎？我在下一門課堂中挑戰新進學員超越他們的成就。他們確實做到了，這次是權威原則派上用場。有一支團隊成員走進一家酒吧，迎著當晚登台表演的樂團主唱走去。其中一名學員對主唱說，他們是正在從事研究的學員，需要盡可能多找一些受試者填寫問卷。問卷上的多數問題都是捏造的假議題，但最後幾個問題也和其他學員所收到的要求相同：姓名、居住地址、生日。主唱同意協助。稍後當晚在樂團演奏席間，其中一名學員在主唱首肯下躍上舞台，抓起麥克風就說：「我們的主唱喬剛剛協助我完成一項碩士班的研究計畫，他也拜託在場各位出個手幫我。」主唱在一旁跟著敲邊鼓：「來吧，幫幫這個小夥子！」沒多久，單單就只是因為在這個情境下形同權威人士的主唱登高一呼，便讓酒吧裡幾十名觀眾都排隊等著填寫問卷。

七號原則：表達喜愛

如果人們喜歡和他們相似的人（即前一章提及的部落主義），那麼他們就真的喜歡那些喜歡他們的人。[12]假使你喜歡某人，油然而生真實的關愛、在意與好感便等同於雙方之間存在的融洽關係，他們就會對你回以同樣的喜愛之情，而且會竭盡全力讓你開心。當然，單靠喜歡你感興趣的對象這項舉動本身並不足以保證他們就會喜歡你。假設你原本應該是在外表整潔俐落的情境下對他們讚譽有加、噓寒問暖，並明白表達喜愛之情等具體行動，但事實上你卻是渾身散發臭味、穿著舊衣破褲，或是說你彎腰駝背讓人看了就倒足胃口，一邊還擺出防禦姿態，你感興趣的對象根本就不會回報喜愛之情。你的肢體語言與穿著打扮主動對他們澆了一盆冷水。所以，你除了喜歡某人之外，如果願意更進一步的話，還得善用這些元素打造一張「畫布」，這麼做才不會阻止對方喜歡你，反而會積極回應你的要求。

即使你氣味宜人、穿著得體、避免造成誤會的肢體語言，並採取一些讓自己討人喜歡的舉措，你感興趣的對象依舊可能無法回報你所釋出的善意。我曾經搞砸過一項堪稱史詩級失敗的任務。當時我試圖想闖進一棟建築物，走向服務台後看到桌上擺著許多加框照片，於是讚美對方在其中一張的模樣。她的兩名正值青春期的女兒在海灘度假時穿上比基尼泳裝。「哇賽，」我說，「你女兒的照片看起來真美。」我原本打算說出一句真誠的讚美以表達我對她的善意。結果她回我一記帶有敵意的衛生眼，視我為心懷不軌地盯著她那一雙穿著超少布料女兒的可疑大叔。我甚至不嘗試要求准入了，反之我摸摸鼻子離開，改派其他成員上陣。至今，就我這名專業駭客來說，那一次交手代表我職涯中最讓人不敢恭維的時刻之一。

你可能細心刻意避免任何誤解，卻還是發現你感興趣的對象橫豎就是不喜歡你。不用擔心，有可能是他們的問題，與你無關。我太太認識的一名熟人曾與某個傢伙有一段可怕的虐待關係。對方顯然長得和我很像，身高差不多、體格差不多，髮色也接近。這名熟人被對方傷透了，以至於每當我走近她身邊幾公尺就開始抖個不停。只要我願意，可以親切微笑、頭往後縮以便暗示我心胸開放、氣味宜人、對她讚不絕口，甚至直截了當對她說我還滿欣賞她，但是這一切全都徒勞無功，她就是不會回報我的喜愛之情。如果你使盡吃奶的力氣也無法讓某人喜歡你，那就代表整件事遠非你所能掌控。你與其繼續打擊自己，最好做法就是避開此人，找其他人滿足你想要或需要的事物。

打造你的影響力「肌群」

現在你已經很熟悉關鍵的影響力法則，且讓我們開始發揮它的作用。試試看以下練習：挑一名你生活中的重要對象，好比配偶、兒女或親友。你的任務就是要使出各種影響力法則，說服對方試著吃下他們自覺這一生絕對不吃的食物。這種食物不可以太噁心或對他們有害，而且你得讓他們因為認識你生活變得更美好。不過這種食物得怪異到吃下它本身就是一項挑戰。你會怎樣激發你感興趣的對象冒險嚐鮮？

我在寫這本書期間就拿化名為喬的好友練習，成功讓他嘗試原本想到就覺得噁心的日式料理：生海膽，其實就是海膽的生殖腺。我們一起上壽司餐廳用餐，十分鐘內我們就座、點完餐、等上菜。在這段時間裡我使出各種影響力技巧轟炸他，單純是覺得好玩。我們認識彼此好一段時間，也已經建立一定程度的融洽關係，而且我深知喬熱愛美食，還刻意在進入這家餐廳時對它推崇備至，把這段關係更往前推進一步。

從那一刻起，我就在喬心中留下一個印象：既是壽司專家，更是這家餐廳的鐵粉（亦即權威原則），我賣弄各種壽司知識，鉅細靡遺地描繪為何這家餐廳能端出最無比鮮美的壽司，並演得像是常客一樣與女服務生閒聊幾句（她們顯然也認得我，這一點進一步強化我的權威感）。從好的方面來說，我還抛出一些社會認同感，告訴喬有幾名他認識的友人曾經在這家餐廳吃過海膽，而且一試成主顧。喬姑且同意試試這個菜，所以我們把它放進點餐選項。好的開始就是成功的一半。

餐點上桌後，每一個都正如我所承諾一般新鮮，進一步支撐我的信譽（亦即一致性原則）。自從我誘導喬承諾試吃海膽，他與生俱來的趨向傾向也促使他有意兌現這個承諾。我提醒他，有日本血統的美食家也都很愛吃海膽（亦即社會認同），有鑑於我一向推崇喬是具備冒險性格的食客，他應該也會喜歡，於是喬用力瞪著眼前的海膽好長一段時間，終於拿起來放進嘴裡，慢慢咀嚼然後嚥下。他不是很喜歡。他告訴我絕對不會再點一次。儘管如此，他還是覺得自己勇於嘗新這一點很棒。至少他可以向朋友與家人吹噓自己吃過海膽的生殖腺。

你可以找幾名朋友試驗這個練習，測試一下七大影響力原則。你可以在單次交流中只應用自己喜歡的其中一種或是交錯混用。放手實驗就對了。祝你玩得開心。請記下來哪幾招不管用，然後以那一處為起點，尋找日常生活中其他可以有助發揮影響力的機會。如果你即將與某人談話，席間可能會向對方提出要求，請及早規劃談話內容。從你的假托人設開始，然後列出可能匹配的影響力手段。如果你的人設是以「菜鳥同事」之姿現身，有可能就不會套用權威原則；如果你的人設是扮演「兇老闆」角色，請避免套用表達喜愛原則。也請留意你自身的情緒，如果你對這次交流感到緊張不安，由於你可能缺乏說服力，或許會想避用權威原則；如果你感到難過或沮喪，有可能覺得比較難以使用表達喜愛原則，因為你可能對任何事物都不會產生太多好感。

一旦你簡化可能使用的影響力原則清單，也請勿過分拘泥於此。當你開始執行戰術時，只要隨時有必要就請放棄或修改戰術。無論你做什麼，請勿過度應用這些戰術，否則你感興趣的對象將會開始明確意識到有異，他們的批判能力就會開始動起來，也就是變得疑神疑鬼，甚至可能開始對你產生反感。你將表達喜愛原則演過頭，就得冒著被認定是在阿諛奉承的風險；若是權威原則，則會讓自己顯得傲慢自大、自鳴得意；若是互惠原則，那就會看起來格格不入。在前述每一種狀況下，你感興趣的對象都會覺得不太想助你一臂之力，有可能甚至直接中止對話。

在這些交流過程中，你可能發現無須動用自己事先規劃的影響力原則，因為你一路上不斷練習打造的融洽關係根本就綽綽有餘。在那種情況下，馬上停止！立刻中止、切莫躁動。如果不喊停，有可能最終反倒會搞砸，正如之前我和同事萊恩所遇到的狀況。你猜得到，我們正假扮成害蟲防治人員打算闖入一棟建築物，當時是晚間十一點半，而且現場空無一人。我們正循著建築物的動線前進，運氣很好：一名員工正離開大樓走向鄰近的停車場。大門在她身後慢慢關上，我伸腳把它擋下來。那名女士離開時原本沒看到我們，但後來聽到我發出的聲音。她轉身後看到我們，先是嚇了一跳，隨後便問起我們是誰。我指著我們的一身打扮說：「這位女士，我們是害蟲防治單位，正在到處巡視有沒有蜘蛛和蠍子。只是簡單檢查而已，稍後等所有人都離開就會開始噴藥。」

她說：「喔，好吧。」然後就繼續往前走。就這麼簡單。我贏了這一棋。我只花了幾秒鐘就打點好融洽關係。她確實相信我，打算就此放過這個話題。我根本應該管好自己的大嘴巴，繼續做我們的差事；但我反而開始瞎扯一通。「對啊，」她舉步離去時我一邊碎念：「每年這時候，蜘蛛到處出沒。我們決定要在三更半夜才過來，因為噴藥的時候可能很嚇人。牠們會一湧而出，慢慢死在眼前。」萊恩瞪著我好似在說，老兄，你到底在做什麼？我沒有多想，還試圖發揮一致性原則，好向這位女士表明，我們的行為與我們為害蟲防治人員擬定的假托人設一致。我無視萊恩死命地瞪著我，繼續滔滔不絕地說起有關蜘蛛與我們使用的化學噴劑等事，結果是為自己挖了一個更大的洞。這名女士轉身面對我們：「你們知道嗎？」她說，「你們就這樣跑進來這裡，我不知道這樣對不對。」

「沒事，沒事，」我說，「我們很快就會離開。不用擔心，妳可以繼續走妳的路。」

她搖搖頭。「不對，我覺得不太對勁。我要你們離開，不然我就要報警了。」她往後退，迅速走向座車。我們就差臨門一腳，事實上是腳已經踩在門裡面，但是現在我們得閃人了，全因我在毫無必要的情況下還試圖發揮影響力原則。一旦你已經讓感興趣的對象出手相助，讓他們接手就好，不要再繼續插手！每每談及駭進人心之道，通常少即是多。

下週開始的每一天，請挑選一個不同的影響力原則，挑戰自己將它套用在小小的互動中。每天開始之際都花點時間腦力激盪各種你可能用作戰術的做法，要是你試圖採用權威原則，那就列一張清單寫下你如何在不同的社交場合中投射適量的權威，好比是挑選一套你認為散發權威感的服飾、用一些專家知識掉書袋等諸如此類的技巧。如果你試圖採用表達喜愛原則，或許可以挑戰自己親近職場中某一名經常和你意見不合的同事，透過讚美與其他手段以便了解他們。可能性永無止境！

地表最強的保安警衛

當你運用這些影響力原則積累出越來越豐富的經驗，也將它們搭配本書其他策略一同應用時，就發覺它如此容易讓他人遵照你的意願行事或順從你的方式思考，而且不是因為他們必須這麼做，而是他們想要這麼做。影響力就是你獲取免費的事物、聘用、讓同事支持你的決定、誘哄兒女吃早餐等大、小事情的通行證。事實上，隨著你成為更善用影響力的高手，風險在於你會對這份全新的超能力變得自信過頭，並假設它可以帶給你任何心想事成的事物，在這種情況下，你免不了會遭受一次重大的挫折才能覺醒。即使妥善運用這些原則也絕對無法擔保成功，真正的大師級人際駭客即使心存最好的希望，但也深諳自身能力有其限制。有些人堪稱心理層面的神級高手，而且對於影響力的作用十分警覺，以至於無論你怎麼做都無法動搖他們一絲一毫。這些人雖屬少數，但就是會遇到。

我曾經交手過的地表最強保安警衛是在執行駭客工作的過程中遇到的。某一次的任務是要對付一座企業園區裡三棟獨立建築物，於是我們假扮成深藍維修公司（Big Blue Repair Company）員工，被派來修理這家公司的幾間機房。即使我們根本不在授權訪客名單上，卻毫不費力地通過保安系統搞定前面兩棟建築物。到了第三棟，我們和一名年輕警衛交手，他的舉止堅定、剪了個平頭，而且強健體格好似剛從軍隊退役下來。我告知姓名後他回覆：「你們不在名單上。」

「這就怪了，」我說，「因為我們才剛去過你們其他幾棟建築物，那裡的保安人員沒多問就讓我們進去了。」

他搖搖頭並說：「我不是其他兩棟建築物的保安人員，而是這一棟。抱歉，但你們必須列在名單上才可以。」

我試著釣出一些資訊所以回問：「應該是誰可以把我們放在名單上？約翰嗎？」

「不是，」他說，「是資訊科技部門主管佛瑞德．史密斯。」

「那就對了，我可以發誓，我們的辦公室說他有這樣做。讓我打電話問一下現在是出了什麼狀況。」

我們留給他一張假名片後離開警衛室，然後回到我們的車上，上網迅速肉搜一下這位名叫佛瑞德．史密斯的老兄。我們找出他的背景也找到他的連絡資訊。我們冒充他的電話號碼打去剛剛拒絕我們的保安櫃台。「你好，我是佛瑞德．史密斯，」我對這名年經的保安警衛說，「你剛剛拒絕兩名保安人員進入嗎？是這樣的，他們只是要上來十五樓完成簡單的維修服務。所以我等等會打去他們的辦公室請他們回頭。麻煩你把他們的名字加入清單。」

警衛說：「沒問題。」

我心想：搞定了！問題解決了，我們終於准入。

大約四十分鐘後，我慢慢踱回到保安櫃台。「嘿，」我說，「我接到一通辦公室打來的電話，說我們被放回名單了。我猜現在我們可以進去了吧？」

「這個嘛，」保安警衛皺著眉說，「先讓我問清楚一個問題再放你進去。我拿到你的名片，順手查了一下你的公司名稱。我在這一州任何地方都找不到深藍維修公司。你們到底是打哪來的？」

「哦，」我說，「那是因為我們是這一區的新人。我們才剛搬來而已。」

「這就奇怪了，」他說，「你們的名片上說你們是二十年的家族企業。」

現在我一整個慌到不行，開始結結巴巴。「是啦，我們現在狀況不太一樣。」

「什麼狀況？我要查驗一下。就算你在名單上也不代表我一定要放你進去。」

我們從未攻下最後這棟建築物。這傢伙太敬業了，抗拒任何我們所能使用的影響力戰術。我們假冒成資訊科技部門主管，試過權威原則；我們端出名片並穿上完美契合假托人設的工作服，試過一致性原則；我們告知保安警衛先前已經進入其他兩棟建築物，而且他的同事也准許我們進入，試過社會認同。全都行不通。這名保安警衛的隱形「力場」實在無比強大。他天生就是守衛神，這也是後來我們建議他的公司提拔他負責培訓所有保安警衛的原因。

要是每一家企業的保安警衛都像這傢伙一樣機敏，而且所有企業員工都能警覺犯罪份子可能試用的影響力手段，我的團隊和我就會找不到工作，只能在街上喝西北風了。但多數人的腦波都遠比這名警衛還要弱，對組織來說，這一點很遺憾，但對我們來說很幸運。他們的腦波遠比自覺更容易被影響力原則所干擾。對我們那些深諳這些原則而且知道如何善用它們的人來說，這一點意味著大好商機。你練習影響力戰術便能心想事成，還能贏得他人支持。隨著你精進技巧，就會心滿意足地發現自己也讓他們因為認識你生活變得更美好，即使你的所得已經超越所需程度。你會在與他人互動的過程中馬上辨識出影響力戰術，當你越清楚意識到它們存在就越不受到動搖，而且越能掌控自己的決定。你被好言拜託時是真心想要捐錢嗎？你真的會讓陌生人進入家中嗎？你真的會引進一名看起來話術超強的傢伙加入團隊嗎？可能會，但也可能不會。

在某些情況下，你可能會發現自己提供根本沒必要多說的資訊，那些懇求你說出來的對象有可能是駭客，而且有些資訊也許極度敏感。很有可能的情況是，這些陌生人運用某些特定影響力技巧，讓你的抑制作用發生短路並開始侃侃而談。如果你精熟這些技巧，就可以在不傷害其他人的前提下善用它們，在關係中培育更深度的親密感，也有助維護你深愛的對象安全、健康與茁壯。你怎麼做才可能讓醫師將診斷結果翻譯成人話？你怎麼做才可能誘使老闆說出她對你的表現有何真正評價？下一章我們將談到更進一步的指引。

第五章
讓別人對你無所不談

讓別人對你敞開心門，甚至在你開口索討之前就和盤托出。

上一章說明如何讓別人照着你的命令行事，現在我們要聚焦另一種影響力的特定形式，那就是慫恿他人洩露原本可能深藏在肚子裡的秘密。你將會很驚訝地發現活用這種影響力的顯著成效，更能在置身社交場合時信心加倍，而且人際關係突飛猛進。要是你一想到參加雞尾酒派對時得和陌生人閒聊就頭痛，這一章非讀不可。

先給你一個挑戰：找個完全不認識的陌生人聊天，在一段合理的時間範圍內讓對方全盤托出從未對他人傾訴的私事。你能辦到嗎？要怎麼做？如果那項任務讓你望之卻步，那就試試看你能否要到對方的姓名、生日或居住城市就好。我的學員很輕易就能搞定這一類他們視為家庭作業的挑戰，只要稍加練習就能手到擒來。請謹記，許多學員並非社交花蝴蝶，有些人甚至相當害羞、內向。對他們來說，找陌生人攀談根本像是想攻克天險。但是為期一週的課程接近尾聲時，他們幾乎都豁然開悟，蒐集資訊十分拿手，而且置身各種社交場合時變得比自己所知更怡然自得。他們接下來幾週或幾個月繼續加把勁練習後搖身變成聊天大師，很懂得如何吸引機緣巧遇的對象。

媒體經常將駭客描繪成臉色蒼白的書呆子，整天只會盯著電腦螢幕，根本不懂如何與地球人互動。任何看過美劇《駭客軍團》（Mr. Robot）的讀者都很清楚我在說什麼。我敢打包票，有些駭客或許正好和這種成見不謀而合，但一般來說成功的詐騙份子、騙徒與間諜都是你所認識最親切有禮、容易親近、最擅於和旁人打成一片的代表。他們不只是深諳如何通過假托人設與打造融洽關係開展一段對話，更清楚一旦打開話匣子，如何刻意影響對方採取預期的行動。同時他們很明瞭，如何刻意操控對話以便獲取自己尋找的敏感情資。事實上，他們是超級高竿的聊天大師，以至於「目標對象」根本在意識到對方別有用心之前就全盤托出。從他們的目標對象視角來看，自己只是很享受和對方開展這段愉快、好玩又「安全」的談話。

十年前，無線射頻識別（Radio frequency identification，RFID）技術才剛蔚為流行，

我參加自己鎖定的目標企業舉辦的雞尾酒會，目標是：打聽一下它最近才安裝好的保安技術。我站在擠得水洩不通的酒吧，一名這家企業的員工迎面走來。以前曾經有人介紹我們認識，但基本上我們對彼此十分陌生。我給他一記典型「老兄，好久不見」的招呼，問問他是不是想喝杯飲料。我們開始閒聊，好比問他是不是真心喜歡參加這種活動，或者他是被老闆押著來。他說自己還滿喜歡跑趴的。我們開了幾分鐘玩笑，然後我提到我在一家企業服務，姑且就說是全錄（Xerox）好了，最近我們剛剛安裝一種全新的技術。「我搞不懂那是什麼東西，」我說，「就是一堆奇怪的卡，」我接著又說，「其實我不應該談這個話題，但你知道，實在是太怪了。你說我老派也好，但我就是寧可帶一把正常的鑰匙在身上。」

我的新酒伴傾身向我靠過來，「欸，」他說，「你想聽更勁爆的內幕嗎？我們公司現在有一項超級秘密專案。它是一套全新的系統，你刷卡穿過前門，然後再用它穿過金屬圍欄柵門之類的鬼東西。」我們繼續閒扯一通，再過幾分鐘我就到手所有和那家企業安裝的塑膠鑰匙卡片系統（也就是RFID卡）相關情資，好比安裝在哪裡、主要漏洞是什麼等。我彷彿聽到了錢掉進口袋的聲音。

在我的酒伴看來，我們只是友善、「安全」閒聊，但事實上我緊抓著所謂「受到信任的信心知識」原則行事。人類天性顯示，如果你談話的對象也願意吐露私密情資的話，討論私密情資就是一件可行之事。心理學家們針對這種現象提出不同解讀，有些人相信，當某人吐露私密情資時我們也會回報秘密，為的是維持這段關係的平衡態勢。所謂的社會信任假說則認定，我們回報分享私密情資的好意，為的是我們想要建立信任並與他人連結。[1]無論是哪一種情況，我的酒伴覺得對我吐露私密情資很「安全」，因為我就像他一樣擺出一副樂意討論自家公司保安系統的態度。我不可能是帶有其他動機的駭客或居心不良之輩。

但我偏偏就是。

讓別人對你無所不談

我公司的員工用一個詞彙形容這種無須蓄意開口提問就能獲取資訊的舉動，我們稱為誘哄（elicitation）。壞心人無時不刻都在耍弄這一招。社群媒體網站充斥著各國間諜，他們打造假身分和渾然不察的用戶連結，並與他們開展看似無害的談話。他們冒著輕度風險、付出些許努力就能獲取珍貴情資，有助他們吸收這些用戶分享秘密或鎖定其他人。[2]間諜也善用親口誘哄的技巧試圖擷取敏感情資，無論是政府資訊或企業機密。你在機場時拿出政府部門專用的筆，或剛好配戴某家企業的識別證，結果被友善的陌生人盯上，問起你是在哪個單位服務，有可能他只是閒聊幾句，但也有可能對方是間諜，企圖套出敏感情報。[3]恐怖份子也倚賴這套誘哄技巧協助規劃攻擊行動，找員工開展看似無害的對話，以便知道哪幾棟建築物的大門深鎖、保安系統如何運作、一天之內哪些時段整體設備最繁忙等諸如此類的情資。二〇一九年，密西根州立警察局警告公眾留意「試圖擷取軍事行動、裝備或人員資訊」的舉動。[4]其他執法機構也發出類似警報。

雖說人人保密防諜很重要，但我們絕非真正安全無虞。當誘哄落在技巧高明的從業人員手中，威力無與倫比，很難抗拒。如果你自認為有哪一則情資是打死絕對不會洩露，銀行帳戶密碼肯定名列前茅。我們在發想這些密碼時都明確選擇其他人一定不會知道，但自己絕對記得的數字。自動櫃員機已經在鍵盤上方加裝特殊防護罩好強化這則訊息：不要讓任何人看到你的密碼，但是有一名朋友和我曾經在餐廳裡讓素未謀面的陌生人自動對我們洩露密碼數字。我們完全沒有操弄或強迫對方這麼做，反而讓他們覺得這麼做沒有什麼問題。

我們沒有打算竊取對方的財產，只是出於好玩想試試看是否辦得到。當時我們置身華盛頓特區一家古色古香的義大利餐廳，每一張桌子都排得很近。一對夫妻正在我們的隔壁桌用餐，「欸，」我的朋友依照我們先前排定的計畫對我說，「你有看到《今日美國》的新聞說，有六八%的人都用自己的生日當作銀行帳密嗎？」

「其實呢，我完全相信，」我回答，吸了一口番茄義大利麵，「我的意思是，好比我的密碼就是○七七四。」當然那不是我的生日，也不是我的密碼，但是反正周遭食客不會知道。

我朋友拭去嘴角的番茄醬，「老兄，這樣做很蠢耶，別人可以猜得到。我就不會這樣做。我會結合老婆和我自己的生日，我用一二○四。」

我們鄰桌的食客忍不住偷聽我們的談話。他對妻子點點頭說：「我告訴過妳，用自己的生日真的很蠢。」

「對啊，」她說，「但真是的很好記啊：一○一八。」

我差點被食物噎住。我簡直不敢相信。這名女士就這樣給了我們和周遭每一名食客她的密碼。但是更勁爆的內容在後頭。這名女士對她的先生說：「沒有人記得住你的密碼：二四三七一四。」

「茱莉亞，不是這樣啦，」那名男士說，「是二四三七九四。」

這時，正在為我們倒水的服務生插話了：「我跟你們說，我在美國銀行開戶，它們讓我們選擇使用文字或數字，所以我就借用我女兒最愛的毛絨玩具當密碼：PANDA。」

這場對話繼續了好一會兒，最終我們拿到兩、三組密碼。假若我原本是對鄰桌夫妻說：「抱歉，但不知兩位是否願意提供在下你們的密碼？我很好奇你們是怎麼想出來的。」他們絕對打死不說。這種問法會啟動他們大腦的批判性思維，進而喚起心中的猜疑。但正如對話是在前述背景下展開，他們脫口而出那些數字時當下的感覺對得很。我們獲取原先鎖定的情資，同時也稍稍讓他們因為認識我們生活變得更美好。他們繼續開了一些無傷大雅的玩笑，發現這種小道消息很有趣。

還記得第一章提到推動 DISC 評估的心理學家威廉．莫頓．馬斯頓嗎？其實他也是發明「神力女超人（Wonder Woman）」這個角色的原創者。你回想一下，神力女超人可以拋出「真言套索（Lasso of Truth）」捆住壞蛋，讓他們吐露情資。精通誘哄之道就像背包裡裝著一條魔法套索，你可以讓他人幾乎全盤托出，欲罷不能。

我的學員和我正置身拉斯維加斯熙來攘往的購物商場裡，我出於好玩的心態要他們任意挑選自己設定的「目標對象」，然後我會想辦法要到對方的全名、工作地點和家鄉。他們盯上一名絕對稱得上正妹的近三十歲輕熟女，正站在美食街等著她點的沙拉。正妹穿著短到不能再短的短褲、牛仔靴和法藍絨襯衫。我的學員推估，這名充滿吸引力的輕熟女可能是特別難搞的目標對象，因為她應該很習慣冷處理男士的攻勢。由於我是陌生男性，她只要一看到我走近就會擺出防禦或自我保護的姿態。「吼，拜託，」我說，「換個對象吧。」但他們堅持。

我不知道該如何接近正妹。我得說什麼話才能討她歡心，好讓她全盤托出？我觀察她的外表，聚焦在她的靴子上，它是我可以快速建立連結的最大希望。

我走向她站立的據點，隨手抓了一只托盤，然後在她身後找個位置排隊。過一會我開口：「不好意思，方便打擾妳一分鐘請教一個問題嗎？」

她轉過身說：「好啊，我能幫上什麼忙？」不過她的肢體語言在在暗示她確實充滿防備。她賞我一記小白眼，好像是在說：「現在你是要用哪一招撩妹？」

事情當然不會如她所料。「我剛好來這裡出差，」我說，「下星期正好是我的結婚紀念日。我老婆很愛牛仔靴，但我一竅不通，甚至不知道要怎麼買牛仔靴。我看到妳穿著一雙，也覺得很好看。妳可以告訴我是在那裡買的嗎？要是剛好就在這家商場裡，或許等等我就可以去買一雙。」

她的態度馬上一百八十度大轉彎，雙眼發亮，露出燦笑。「沒問題啊。就是這裡沒錯，而且剛好是我工作的門市。」她當場業務魂上身，進一步告訴我有關這雙靴子的所有細節，然後還帶我走向門市。她問我：「你是從哪裡來的？」當我告訴她是佛州，她就說：「是喔，我來自亞特蘭大地區，那不遠耶。」

「哇賽，那妳在拉斯維加斯工作以外的時間都在做什麼？」

她又說了更多有關生活的瑣事，然後我對著她複述一次到門市的走法，以便確認我聽對了。我不小心搞錯，她馬上說：「不是啦，阿呆。過來這邊，我告訴你怎麼走。」她抓著我的手，往前走了大概十五公尺，然後指向購物商場的走道複述一次走法。

我誠摯地謝謝她並告訴她我馬上就去幫老婆買一雙。我將托盤隨手放在周遭的桌面上，假裝要邁步走開。我走了一、兩步以後回頭對她說：「欸，妳知道嗎？或許我應該等妳午休結束好了。」

「不用，不用。告訴店員是珊曼莎介紹的。他們會幫你打折。」

「謝啦，我會照辦，」我笑著說，「謝天謝地，妳救了我一命。」我瞄了一眼聚在一旁瞪大眼睛看的學員，然後轉頭對她說：「對了，在下是克里斯．海納基。我會很樂意告訴我老婆是誰幫了我大忙。妳說妳的名字是珊曼莎，姓什麼呢？」她說：「庫柏。」

「太棒了，」我說，「再次感謝大力幫忙，珊曼莎。」

我轉身離開，陶醉在勝利的喜悅。然後更讚的是，她竟然在後面追著說：「欸，你可能不知道該買什麼樣的靴子。你或許應該先拍一張我這雙款式的照片然後傳給她看，這樣她至少可以先看樣式才知道自己喜不喜歡。畢竟你不是住在附近，假如她不喜歡，你要退貨就麻煩了。」

我的學員聽不見我們的對話，但他們看到的下一件事就是，這名正妹在為腳上的靴子調整姿勢，好讓我這個徹頭徹尾的陌生人拍照。全名、家鄉、工作地點，我全都到手了，甚至還加碼一張靴子照片。除了她的姓氏之外，我並未要求提供任何私人資訊。我只是用一種會讓她自然全盤托出的方式精心打造對話。

人人都需要魔法套索

手握一條「魔術套索」或許可以在家中玩一套巧妙的把戲，但是對你的日常生活有什麼幫助嗎？這個嘛，當然有囉。如果你和某人第一次約會，大可玩連續提問的遊戲，單刀直入問對方：「你想要小孩嗎？」「你是做有薪工作嗎？」「你和我有任何共同興趣或嗜好嗎？」「你有什麼我應該知道的陋習或怪癖嗎？」或是諸如此類的問題。有可能他們會據實以告，但也可能不會。幾乎可以肯定的是，這段對話會變得比較緊張或尷尬。如果你使用誘哄技巧，或許可以一點一滴地蒐集對方的所有資訊，但同時讓對話輕鬆、愉快。姑且說你在找只想生一、兩個小孩的結婚對象，你若想知道約會對象對此有何觀點，或許可以這樣說：「你知道，我的兄弟姊妹全都是大家庭，大概都生了四、五個小孩。我真的不知道自己能不能搞定這麼多個。感覺上壓力超大。」類似這樣的說法有可能是在邀請對方回應，但你無須直球對決。當然，如果你不是真的有生了好多小孩的兄弟姊妹，那就應該稍微改變說法，不需要說謊。或許可以這樣說：「我的成長過程中，隔壁鄰居家生了四個小孩。我不知道那對夫妻怎麼辦到的，但我個人覺得實在太多了。」

誘哄在商業環境也行得通。姑且說你是軟體業務員，協助企業客戶管理部分的人資功能，你正好參加一場布建人脈活動時結識潛在顧客。你不是很想賣軟體產品給員工總數少於兩千人的小企業，你可以對認識的對象解釋這一點，然後直截了當地問對方公司規模有多大。要是他們是來自大企業，你就可以積極跟進，詢問對方有沒有可能對你家的軟體產品感興趣。這類問題可能不至於格格不入或令人反感，但也不是特別有趣或讓人覺得有感。如果你得到自己不想聽到的答案，可能會不自覺地皺眉或匆匆結束對話，傳達出負面的回應。

另一種做法是，你或許可以就只是簡單開展對話，友善地請教對方服務企業的型態並盡最大努力建立共識。要是對方透露他們的雇主是保險公司，而且你早些年有一段時間剛好賣過保險，你或許可以說：「喔，很酷耶。我不太懂保險，但我念大學時賣過六個月保險。真的很難賣。我不知道你們怎麼做得來。」對方可能會這樣回應，他們實際上不是真的保險業務員，而是在資訊科技部門工作。「是喔，」你可以這樣說，「你們公司要是有成立資訊科技部門，那一定很大。」接著對方可能告訴你，他們公司成長迅速，目前員工多達五千人。真是太完美了。現在你知道眼前正是一頭大肥羊。所以你大可繼續推進對話，找出他們是否可能想要或需要你們家的產品。你可以探查他們是否遭遇到你的軟體專門解決的各種問題。「在我的上一家公司，」你可以這樣說，「我們光是想要維持員工滿意度就搞得快要累死了。我聽說保險公司也差不多。」無論你最終是否可以爭取到一名新客戶，都將會有一段愉快的談話，最終並以友善、有趣而且讓人超有感的方式劃下句點。

當你使用誘哄手段，便能有目的地進行對話，進而以一種你原本可能辦不到的方式更順暢、有耐心地互動。你這麼做是出於私利動機，因為體認到多數人不太回應迎面而來的直球對決。不過你也表現得更友善。無論我們是否有自覺，但其實我們所有人與他人互動時都會遵循自己追求的某些目的。你可能正在探問某人感受的資訊，或是他們是否喜歡你，或是他們正在與什麼人交談，或是就即將展開的計畫而言他們是不是適合的夥伴。你使用誘哄手段就可以清楚了解自己的目的，但又不會孤注一擲、不惜一切代價地追求到手。你花時間與其他人交談、進一步認識他們、與對方連結並傾聽對方的心聲。你依照他人所願而非自己所定的條件與對方互動，將想法融入自己的談話中，這樣一來對方就會感到更自在，願意對你敞開心門。

在我的經驗裡，多數人都不知道如何誘哄他人提供資訊。當他們都不積極提出問題擷取資訊時，就會以笨拙的手法推進談話，結果只是亮出自己的底牌，讓別人退避三舍。我懷疑這是因為在我們多數人成長的過程中，父母想要探知資訊時往往傾向開口質問，他們多半不會與我們並肩而坐，用一種比較和善、中立的方式說話。所以，我們也從來沒學會怎麼做。我們是抱持著別人自然都會擺出防禦姿態的假設長大，獲取資訊的唯一之道就是千方百計榨出來。事實上，我們的事業夥伴、上司、兒女、長輩、朋友和鄰居都遠比我們所知更樂意供出資訊。他們只要自己感覺過得去就好。我們若想討好他們就得暫時擱置自己的需要與渴望，先深吸一口氣，然後釐清他們從何而來，放慢腳步推進一段更豐富、更充實的互動。我們得和他們對話，不是和自己對話。

七大有效的誘哄步驟

與他人展開對話有一套簡易流程，這樣你就可以透過誘哄技巧將需要的資訊拿到手，也可以讓他們因為認識你生活變得更美好。首先，請架構一個預期的目標。你打算從這段談話中挖出什麼資訊？你心中的目標越清晰，就越能引導你找到交流對象。但請留意：你無法選定任何目標，你所尋求的資訊必須與你的假托人設、與你和自己感興趣的目標對象所打造的融洽關係大致相符。當我們使用電話語音釣魚技巧打電話給某家企業的隨便一名員工時，如果宣稱自己是來自資訊科技部門，想請對方提供社會安全號碼，一定會讓對方心生懷疑，打死不肯提供；但是如果你說自己是人資部門代表，對方可能比較願意開口說。他們理解為何人資部門同事會需要社會安全號碼，畢竟人資就是在處理預扣所得稅與其他稅務相關的事宜。但是資訊科技問這問題要做什麼？雖說還是有可能啦，但我們得更費心思才想得出合用的假托人設。

其次，你心中鎖定好目標後就觀察一下你感興趣的對象。這一步至關重要。無論對方是素昧平生的陌生人或是與你親近的熟人，如果情況允許，請觀察他們最多三十秒，這個長度足以讓你看到關鍵細節，但不至於讓你看起來怪怪的。觀察他們可以讓你逮到切入的好時機。他們是否看起來急著離開？他們已經和其他人聊得欲罷不能？他們戴著耳機只管沉浸在自己的小天地嗎？要是這些徵兆預示前景不妙，請暫緩對話。如果看起來是有談話可能性，請盯緊他們的肢體語言，留意是否有可以上前搭訕的線索。倘使他們看起來困惑苦惱，搞不好你有方法可以出手相助；若說他們看起來沮喪不已，或許你可以表達慰問；假設他們身旁已經有他人陪伴，請想想他們的「小圈子」將成為你這趟任務的資產或障礙。

如果你未能透過觀察進行正確的判斷，就有可能會搞砸下一步：架構出一個「邀請式」的問題與退場策略。你正接近一名陌生人，你會希望一開口就提出的問題可以「邀請」對方參與談話。它至關重要，因為倘使你無法在第一次接觸的前三秒就打點好融洽關係，對話終將無以為繼。我可是吃足苦頭才學到這個教訓。有一次，我的幾名學員挑戰我在一家飯店酒吧露幾手誘哄技巧。我帶著滿滿的信心走向一名坐在相鄰大廳的傢伙。我完全沒有預先觀察或思考自己的問題就快步走向這名傢伙，結果靠得太近又說得太大聲：「老兄，可以問你一個問題嗎？」對方轉過身來，原來是一名紳士大叔，整個身形小我好幾號。我大喇喇地貼在他身側把他嚇了好大一跳，以至於他整個人坐在椅子上往後仰翻，大字形跌在地上。我整個糗大了，趕快奔到椅子後方，試圖把它扶正。哪知道這張椅子比我以為的還要輕，結果我反而用力過頭，把老先生推向一公尺遠的地方，還讓他整張臉栽進沙發附近的植栽裡。飯店工作人員全都跑過來，以為我在攻擊老先生。這下子糟了。我最終有打聽到他的全名、生日和居住城市嗎？當然沒有。專家提醒：別犯我做的蠢事。

你在架構「邀請式問題」時，第一步請自問，能否接近並進入他們的私人空間。「你好，」你可能會這樣說，「可以耽誤你一分鐘嗎？」且讓對方稍微降低武裝防備。接著請確保你提出更實際的後續問題有望開展進一步談話。大家犯下的最嚴重錯誤就是提出一個封閉式問題，結果什麼都沒得談。要是你試圖以這一句話開展對談：「你好，我想在附近找一家好餐廳，你可以推薦一下嗎？」你感興趣的對象或許會說：「抱歉，我不是這裡人。」但也可能會說：「好啊，再往前走大概一、兩公里就有一家很棒的秘魯餐廳。」無論哪一種結果，你想要繼續這段對話都很難。他們會期望你道謝然後就分道揚鑣；但要是你反而丟出額外問題，他們就會開始起疑。

你的開場白問題應該要隱含著退場策略。以下是人人在互動最初會想知道的四大關鍵問題之一，如果可能的話，你會需要備好答案：要講多久？所以，請改成這樣說：「你好，請問可以幫我一個小忙嗎？只要一分鐘就好。」或是「我差不該走了，但是得再問一聲……。」這類開場白暗示著對話真的很快就會結束，務請確保簡短。如果你想要爭取更多時間，就需要對方提出邀請。你要是讓他們心中感覺被占用太多時間，就得冒著他們開始疏離的風險，你的誘哄手段也就全都白費工夫。

一旦你提出邀請式問題，請接著提出更多問題好推進談話（四號步驟）。多數人認為，談話主要是讓自己有一個暢所欲言的機會。在一段誘哄式的談話中，你提出問題是要引導對談的方向，讓對方可以滔滔不絕說個不停。既然你想要讓對話延續下去，直到你獲取所需資訊，那就請繼續提出開放式問題。這一點很重要。當然，提出問題好讓你感興趣的對象侃侃而談，意味著你在這段談話中的多數時間都要洗耳恭聽（五號步驟）。多數人很難做到這點。要是你無法專注聆聽自己感興趣的對象正在說些什麼，就無法讓自己就定位提出下一個跟進的問題。

你若想增進專注聆聽的能力，請挑戰自己在談話席間提出更多反思性問題。你構想反思性問題時，請複述自己感興趣的對象說出口的最後三、四個字眼，把它當成一個問題。假設你們正在討論旅遊，你感興趣的對象說：「對啊，秘魯是我去過最酷的國家。」你的反思性跟進問題就應該是：「真的嗎？秘魯是你去過最酷的國家？」反思性問題往往會讓你感興趣的對象聊起隨時想到的話題，不過挑戰自己提出這些問題可以讓你養成深度直搗談話核心並專注聆聽的習慣。你懂得提出反思性問題就是在對感興趣的對象發出訊號，顯示自己真的有聽進去。

不懂得專注聆聽的話將會讓你無法成功闖關「記住細節」這個步驟。你可以完美打造一段談話，巧妙誘使你感興趣的對象洩露重要情資。但是如果你不擅長記住細節，那麼你的誘哄功夫完全白搭。我實在沒辦法告訴你，有多少學員完成本章開頭所提到的任務，也拿到了所需資訊，卻無法記牢並複述給我聽。你大可宣稱自己記憶力不強，所以無法像專業駭客一樣記下細節，但千萬別相信！我以前記憶力也是差得一蹋糊塗，但不斷練習後就進步到不只可以記住他人告訴我的一字一句，更可以記住許多周遭環境的細節，好比肢體語言與衣著打扮。提出反思性問題可以改善你記住細節的能力，因為你得強迫自己重複資訊。當然，你不會想要做過頭，畢竟這樣一來就是在冒著讓聽眾無聊的風險或是讓自己聽起來像個大白痴。請和自己玩玩以下小遊戲，好協助自己改善記住細節的能力：

你壯起膽子走進一家咖啡店、飯店大廳或是其他的公共場域，請事先挑選一群自己想要專注研究的特定對象，無論是白種女性、非裔美國人、老年人或亞裔女性等都好。挑戰自己記住你在這群人裡面第一眼看到的對象身上所穿襯衫或上衣的顏色。當你盯上這群人裡面某一名對象，就說對方穿著灰色襯衫好了，請對自己複述幾次「灰色襯衫」，然後等到你離去前再測驗自己是否還記得。一旦你玩得很上手了，請挑戰自己一次聚焦團體裡面的數名對象。舉例來說，你走進一家星巴克，或許可以挑戰自己記住觸目所及第一名白人女性的毛衣顏色、第一名非裔美國男性的襯衫顏色，以及至少一名櫃檯後方服務生的名字。你演練這一招一、兩個月看看，會驚訝地發現自己的記憶力竟然突飛猛進！

誘哄資訊的最後一步是以某種方式在某個時間點結束對話，讓他們因為認識你生活變得更美好。多數時候，你最初設定的「請問你有空嗎？一分鐘就好」將自然地導引談話在某個時間點結束。但務請小心。你的誘哄努力有可能遠比自己所想更成功，得以引領你感興趣的對象更深入你編織的故事中。要是你因為資訊已經到手就立馬打斷談話，會讓自己看起來很沒禮貌，而且關注自己的目標過頭了。對方會覺得不受尊重，認識你感覺糟透了。請耐著性子聊下去、繼續洗耳恭聽，甚至在心想事成後更友善回應。所謂聊天要兩個巴掌才拍得響。

誘哄和本書探討的其他策略毫無二致，只需熟能生巧。每天都找生活中遇到的對象練習，全然的陌生人、朋友、家人或同事皆可。一開始先試圖獲取相對無害的資訊，好比星巴克咖啡常客的全名，或是你家青少年平日念書時候都在做什麼。隨著你變得更有自信，請伺機善用誘哄手段，引導生活中遇到的對象洩露有意義的資訊。你的另一半究竟如何看待雙方的關係前景？你的上司對你的績效表現真如表象那麼滿意嗎？你的最佳顧客打算明年加碼還是減碼它們的訂單？你家青少年上週末去參加派對時發生什麼事？你都將找出答案！

將誘哄昇華到新境界

隨著你對於帶有目的性地開展對話感覺更自在，可以適時添入一些額外技巧改善成果。我們在本章一開始就看到其中「受到信任的信心」這項技巧。我與聯邦調查局前任行為分析專家羅賓．德瑞克合作期間發展出五種其他誘哄技術，可以協助你吸引他人注意並對你「透露」資訊。

一、做出明顯不合事實或不合邏輯的論述

如果你不嘗試本書其他技巧，那就善用這一招。人們有一種天性，喜歡糾正看似不正確的論述，特別是他們如果正好對當前聊到的主題懷抱強烈信念。[6]假設你正置身一家雜貨店，聽到有人針對你熱愛的美式足球隊胡扯一些屁話，你就會生出一股想要糾正對方的強烈衝動。至少你會心癢難耐，滿腦子想著：「這些傢伙根本不知道自己在胡說八道什麼！」你在誘哄資訊時也可以利用這種天性發揮自己的優勢。你若想搞清楚某人是否真的對某一個主題感興趣，刻意說些渾話通常會刺激對方出聲糾正你，並在這個過程中提供一些你原本沒有的資訊。你甚至可以拋出荒謬或無厘頭的論述，好讓他人端出正確資訊糾錯。我有個學員就會選在別人吃午餐時上前攀談，還能讓對方送上自己的出生日期。「你好，」他對其中一人說，「你正在吃草莓。那一定代表你的生日在二月。」

顯然，吃草莓和生日落在二月毫無關聯，但對方無論如何都會糾正他：「不是，是七月。」

「是喔，七月四日？」

「不，是二十一日。」

他說：「欸，很酷耶。」然後就大步離開。

二、給對方一個台階

如果你試圖讓某人提供一個精確數字，不妨先試圖提供對方一個高、低相間的數字範圍，有可能你感興趣的對象會確認這個數值區間是否合用，甚至還告訴你答案究竟為何。[7]買車高手總是這麼做，以便判斷下一步還有多少談判空間。「請告訴我，」他們可能這樣說，「如果我打算買這輛車，而且我想要折扣，我的買價可以比標價低五千至一萬美元嗎？」要是業務員很想和你談生意，有可能就會回覆你：「最多可能少算你四千五百美元。」現在你比較清楚自己可以從談判中得到多少好處。假使你一開始就只是告訴對方：「我的買價必須比標價低四千美元。」業務員通常就會說他們沒法這麼做，因為他們只想向你虛報低價。但你若先打好一個對雙方而言很實際，又稍微對自己比較有利的台階，那麼你要不是建立一個有利談判的可靠出發點，就是發現業務員不會同意給出讓你滿意的價格點。

三、協助他人腦補你知道某件事或認識某號人物

要是你宣稱自己知道某件事或認識某號「知情」人物，有可能會讓對方進入談話更自在。有一次，我試圖闖進一棟建築物，先將手機上同事的名字修改成那一家企業的副總裁。我請同事在車子裡等我，然後透過車窗觀察我如何和那棟建築物的保安警衛互動。在某個時間點，他會看到我把狀況搞得一團亂，到那時候他就得傳送以下簡訊給我：「你到底在哪裡鬼混？我們已經等你十五分鐘了。」

我們已經事先在玻璃門（譯按：Glassdoor，開放鄉民評論企業的網站）肉搜過這家企業，所以知道副總裁臭名在外，所有人一說起為她工作都會大動肝火。我記住這一點，手中拎著大型文件夾就大膽走進大廳。我迎著保安警衛走去，完全沒有停下腳步，反而是像是疾風橫掃般加速前進。「欸欸欸，」值班警衛把我叫住，「停下來。你不能

就這樣大喇喇地走進去。」

「你是說真的嗎？」我說，「前幾分鐘你不是才看到我走出大門，回車上拿我的文件嗎？」

其中一名警衛說：「我聽不懂你在說什麼。」

「拜託，」我說，「我沒時間了。你要是當班時打瞌睡，我只能說很遺憾，但是我再過幾分鐘就要開會了，而且我只是回頭去拿這些文件而已。」

警衛搖搖頭：「我得檢查你的識別證。」

他在說這些話時，我同事的簡訊就再次傳進來了。它出現在我的手機螢幕上，搞得像是那家企業的副總裁發的。

「我說真的，」把手機轉向遞到他眼前，這樣他就可以看清楚發訊人是誰。「你想要我打電話跟她說，為什麼我到現在還在大廳嗎？」

他向我揮揮手。「千萬不要。好啦，你進去吧。」

在這種情況下，我撒謊了，讓整個情況看起來像是我知道內情，或是說我認識某號人物，但事實不然。在日常生活中，你會希望自己坐得正、行得直，不只是因為撒謊不道德，更因為你可能會被冠上騙子之名，然後怎樣？在另一次情況下，我試圖從物理學教授口中誘哄出資訊，用來接近他的假托人設是宣稱自己熱愛他發表的量子物理學論文。從以前到現在我壓根就不懂什麼量子物理。當他問我自己最喜歡整篇論文的哪一部分、有沒有覺得哪裡不對勁時，我支支吾吾答不出來。他知道我撒謊後整張臉都拉下來了，對著我說：「你讀完後再來找我。」然後轉身就走。這真是漫天大謊。

四、裝出一副懷疑的樣子

如果你暗示不相信自己感興趣的對象所說的話，有可能刺激他們為自己辯護，接著就在過程中洩漏資訊。請小心操作，因為你不想質疑自己感興趣的對象誠信有問題結果惹毛對方。如果你正和某人聊天，對方對你說他們正在寫小說，千萬不要脫口而出：「我不信你辦得到。」可以稍微修飾一下這麼說：「哇，你在寫書？真的嗎？」第二句回應雖然不是真的在說「鬼才信你」，但差不多是在說：「你說的話真是出人意料之外，不妨多說一點。」通常他們的話匣子就會打開了，透露不只有關手中這本小說的細節或是他們的寫作進度，更會扯到你可能感興趣的私人生活部分。

五、引用已知事實

我只不過是引用一段有關行為的有趣事實，就讓整間餐廳的食客供出自己的銀行帳密，還讓他們爭相洩露自己的私密資訊想要「試試看」。我們引述的數據是真實的數據點，不是自己掰的。如果你想要使用這一招，請先自我教育，以便找出有助談話的事實。一般來說，你在開展對話之前可以蒐集到越多相關資訊越好。倘使你打算參加一場針對特定主題的產業研討會，好為自家企業建立存在感，請先熟讀相關主題，同時也蒐集一些可能有助你打開話匣子的有趣事實。

請在鄰近的雜貨店找個對象攀談。在這段談話中你得完成的挑戰就是套用一、兩樣上述工具找出對方的出生月份。假設你是第一次接近對方，卻能夠只說完一句話就到手，那真是大加分。如果你只打算試用一招，請故意說錯話。效果會好到讓你吃驚！

你練習這些技巧並贏得一些初步成功後，將會開始對自己擔綱誘哄者的身分更有信心。不過千萬別太過志得意滿。我的學員就是因為自我感覺有能耐找出不在設定範圍中的資訊，總是搞到前功盡棄。你越貪心就越容易越線做過頭。你感興趣的對象察覺到你在施壓他們的那一刻，就會感覺自己被利用，從此閉上尊口，還會覺得認識你真是倒了八輩子楣。這種結果完全非我們所期待。臉部表情與肢體語言可能有助你發現自己使用的技巧行不通。若有必要請及早收手。並不是人人都會提供你正在尋求的資訊，也不是每一次都樂意照辦。你感興趣的對象也許正好心情惡劣或行事匆忙，也有可能是對方根本對你提出來的問題無感。

最重要的是，盡己所能專注在對方身上，並與他們對齊焦點，這一步已經超越你說些什麼，更涵蓋你怎麼說。我忘了我是在哪裡發現這招小技巧，但我都會告訴學員們，與自己感興趣的對象打交道時得時時警惕四大要點：節奏、速度、音量和語調。一方面，前述四大要素發生變化時就是在暗示你恐怕已經無法與你感興趣的對象連結，而且對方的不信任感益發強烈；另一方面，你可以觀察對方的四大要素配合演出，一般來說你們之間就會建立更緊密的連結。要是你遇到某個人並試圖模仿對方的口音，或許會讓自己看起來像騙子，還留給對方一種你在嘲笑他的印象。不過你可以試著更貼近對方的四大要素仍不至於顯得冒犯，特別是音量與速度。比方說，如果對方來自大城市，你說得快一點、大聲一點會讓他覺得這段對話更自然，他們會在渾然不察的情況下更願意對你敞開心門。

一路駭進對方內心深處

大家都說酒精是社交潤滑劑，一點也沒錯。不過本章所提到的諸多技巧亦然。我們有些人與生俱來就是「能言善道」之輩，其他人則得下功夫磨練。無論是老手或新手都一樣可以掌握談話的技巧並融入自身優勢中。你得到的回報不僅是更能掌控對話、獲取更多資訊，也更能讓對方享受你的陪伴並覺得你和善可親。這是更深度與他人連結的機會，有時候對象甚至是在毫無預期的情況下偶遇的全然陌生人。

還記得我在本章一開始就提到的練習嗎？要你找個全然的陌生人對你說出他們不曾告訴別人的秘密。由於我們經常在拉斯維加斯舉辦培訓課程，有一次我的一男一女兩名年輕學員就找了一家飯店試驗這項挑戰。他們周旋在賭桌與吃角子老虎機台之間，最後相中一對六十多歲老伴，於是上前攀談。他們很快就和對方建立融洽關係，沒多久四人小組就聊成一團，暢談自己的生活、家庭甚至自己最珍視的信仰。在這場愉快卻不太精彩的談話開始二十分鐘後，男學員決定，雙方關係已經十分堅固，因此他可以提出任何問題並獲得認真的回覆。於是他丟出這個問題：「今晚我一直在這裡晃來晃去，想要和陌生人交個朋友，」他說，「我發現，最佳做法之一就是直接丟出非常深刻的問題，好比『可以告訴我一個你從來沒有對別人說過的秘密嗎？』所以，我想知道你會怎麼說。」

夫妻倆對看一眼，淚水突然盈滿眼眶。妻子開始輕聲啜泣。

男學員嚇死了，完全搞不清楚自己做了什麼好事。

丈夫看著他說：「一年前，我們的兒子尋短自殺。這一整年我們悲慘到不行。兩個星期前我們才達成一項協議，我會先殺了她，然後我再朝自己開槍。」

我的學員們啞口無言。

丈夫舉起衣袖揩了揩眼，妻子則是努力回復冷靜。「我們計劃好一切，但是到了最後一分鐘卻下不了手。這樣做有什麼意義？我們決定奉獻自己的餘生協助其他被憂鬱症及自殺念頭困擾的年輕人。這是我們最後一次來到拉斯維加斯好好玩個夠，回去以後就要拿出畢生積蓄完成我們的使命。」

我的學員們為這對老夫老妻送上愛的抱抱，接下來的半小時他們繼續閒聊、大哭又大笑。最後他們還一起共進晚餐，互換電話號碼。我們的培訓課程結束，這對伴侶回家之後依舊與這對老夫老妻保持聯絡。我不知道他們的關係是否更進一步開花結果，而且現在是否還有聯絡，但我確實明白，應用誘哄技巧就是會帶來非常獨特的親密時刻，也會催生意義重大的關係。

我的學員們不是單單找上這對老夫老妻，劈頭就要求他們傾訴從未對別人說過的秘密。他們先是打造融洽關係才「掙來」提出問題的機會。他們採取友好的方式接近這對老伴，對他們的生活表現出無傷大雅的興趣，傾聽他們說話並循線提出深思過後的問題，時時刻刻留意對方在談話過程中自然流露的情緒，然後據此自我調整。這兩名學員設定自己的目的，但是整個追尋的過程卻讓他們推翻原本的設定，反而更步步為營地設想自己在說些什麼、怎麼說才好。誘哄技巧貨真價實是一種超能力，你若是出於道德考量善用它，將可以不只是主宰、命令他人洩露情資，更能創造實質但有可能是曇花一現的關係，這樣一來對方就自然而然願意對你敞開心門。你越經常練習誘哄技巧與本書提到的其他策略就越可以熟練使用它們。你建立的所有關係都會變得更融洽。

至今我們討論包括假托人設、打造融洽關係、誘哄技巧與影響力的諸多主旨，全都屬於社交工程領域中正向、有益社會的面向。雖說惡棍總是濫用它們造成傷害，我們其實卻可以用來協助他人，同時也追求自己的目標。不過，駭客的工具箱裡面總是有些法寶應該在日常生活中完全禁用，它們都具備強大影響，一旦派上用場就不可能不造成任何傷害，甚至在某些情況下還會帶來嚴重損害。我說的是人為操控的暗黑藝術。要是曾經有人採取強制手段讓你放棄金錢或其他的珍貴的事物，你就知道操縱的傷害力道有多強大。下一章，我將告訴你如何遂行操縱，但不是想讓你學會濫用它強化自己的優勢，而是讓你可以在遇到騙徒、惡棍、間諜與其他壞人時提高警覺。世界上有許多專走旁門左道的傢伙，最佳自保之道就是搞懂他們怎麼耍弄這些花招。

第六章
避開社交操縱陷阱

你得釐清、摸透一心想當操縱者的人在玩什麼把戲，這樣才能自保。

許多人認定駭進人心是一種「操縱」他人的手法。恕我無法同意。當你採用前述幾章描述的技巧發揮影響力時，他人就會想要遵循你的意旨，而且是心甘情願助你一臂之力。操縱則大不相同，而且黑暗得多。你操縱他人時會狡詐地花招百出，甚至強迫他人違背自己所願，在整個過程中往往會引發大規模的傷害。我的團隊鮮少使用操縱技巧，我也力勸你完全避免使用它們。但是，你確實必須知道何謂操縱，這樣才能保護自己不被窮凶極惡的準操縱者侵害。

幾年前，我大學畢業後到成為餐廳主廚之前，曾經仗著自己具備人際駭客的技巧兜售失能險給以農夫為主的客群。我對務農與農村生活的了解程度就和佛州西岸來的二十歲衝浪小屁孩一樣多，但是對保險的理解程度甚至更低。不過這家企業冒險聘用我，指派當地通訊處的頂尖業務員訓練我兜售失能保單給貧困小農的藝術與科學。

那次的經驗讓我大開眼界。姑且稱呼這位頂尖業務員為葛瑞格，他教我如何厚顏無恥地對農夫撒謊，讓對方買下比實際所需金額更高價的保單。在一通典型的推銷電話中，葛瑞格可能會認識一名可能在下田時受傷，或許有必要保一張十七萬五千美元失能保單的農夫，實際金額端視農地價值與他從農場獲得的收入而定。但是葛瑞格會繪聲繪影地說，要是農夫不小心受傷了，而且完全沒有保險理賠的話，生活將會陷入多麼可怕的愁雲慘霧，藉此說服他買下一百萬美元的保單，對方也因此每月必須付出更高額保費。「你的家庭將會失去你們的農地，」葛瑞格一邊說，一邊輕易地舉出他想得到的數字，「你會一貧如洗，不僅兒女都念不成大學，全家的生活也將毀於一旦。」

葛瑞格為了強化這種情境的可信度，自己腦補一則據說是真實故事的經歷，講述一名農夫的雙腿被機器絞斷之後，全家生活頓失依靠，農夫之妻此際正在沃爾瑪工作，時薪六美元；兒女紛紛被迫輟學，有些得做一份吃力不討好的長時苦差事，其他則是染上毒癮。那名農夫被迫向自己的年邁雙親借錢，只為了支應每月開銷。全家人根本負擔不起健康保險。這一切都是因為那名農夫選擇買下幾萬或幾十萬美元保單，而非一百萬美元。若是顧客想驗證真實性，葛瑞格就會出聲懇求為客戶保密。他都這樣說：「我確信八、九個月前你就已經在報紙上讀過這則新聞了。」敦促多數顧客點頭同意。

正如我們所見，發揮影響力需要誘使他人採取和你相似的思維，這樣一來，遵循你的意願就變成他們自己的念頭，也符合他們自己的最佳利益。相較之下，操縱涉及掠奪他人情感，迫使他們遵照吩咐行事，無論它是否影響其他人。正如葛瑞格傳授的技巧，加上從那時起我自己親眼目睹過無數次類似戲碼，儘管以葛瑞格的作為而言，操縱不必然完全是欺詐性質，但它確實既簡單又高效得讓人害怕。我們感到恐懼、痛苦、渴望或其他強烈情緒時，理性功能就會短路，有如核桃一般大小的灰色物質就會接管一切，它的正式醫學名稱是杏仁核。哈佛大學心理學教授丹尼爾．高曼（Daniel Goleman）將這段過程稱為「情感劫持（emotional hijack）」[1]。葛瑞格精通此道，厚顏無恥地一用再用，隨心所欲地觸發情感劫持反應。他的目標對象進入「戰或逃」模式，進而迅速做出不理性的決定。雖說極少數顧客設法掙脫這類陷阱，提出批判性問題，最後還將葛瑞格送出家門外，但多數仍被葛瑞格的忠告擺布。他拿下交易；他們則是每個月都收到沉重的保費通知單。

像葛瑞格這樣的操縱者隨處可見。雖說我很想要認同多數業務員、政治人物、律師、記者與宗教領袖都能守德自持，但是其實不難發現，這些人都會對著我們的恐懼、仇恨與欲望等諸如此類的情感火上加油，以便遂行他們的目的。操縱在商業世界也很常見，從拉斯維加斯賭場禁掛時鐘並阻斷自然光線，讓我們迷失在二十一點的牌桌上[2]，到零售門市大量噴灑誘人香氣，好讓我們流連忘返、瘋狂血拚[3]，再到斥資幾十億美元猛打廣告玩弄我們的情感，好讓我們失心瘋狂買自己不需要的產品和服務。也就是說，雖然沒有犯罪操縱者介入其間耍詐，但無數不請自來的電話、電子郵件與文字簡訊都在威脅你，要是不提供特定資訊、支付費用或採取其他措施，就會採取各式各樣恐怖的法律行動、失業或其他災難性後果。操縱性的騙局除了每年都產出幾兆美元的不法收益，也為受害者帶來嚴重的情感傷害。在一起駭人聽聞的個案中，一名男性成為勒索軟體駭客的犧牲品，他獲知下載色情內容被查獲，必須支付兩萬美元罰款。他根本付不出這麼一大筆錢，因此心煩意亂到極點，最終選擇先了結四歲幼兒的生命然後再尋短。

我身為社交工程師，總是採用操弄技巧侵駭資訊科技系統與辦公大樓，但唯有在應客戶要求時才這麼做，而且一向遵循他們劃定的界線範圍。雖說這些作為並未讓目標對象因為認識我生活變得更美好，它們引發的輕微壓力卻肩負重要的目的：協助企業保護自家安全，不被犯罪駭客侵害。在本章，我將描述駭客與他人善用的心理操縱技巧的關鍵形式，以便採取犯罪手段而且往往是嫁禍於你的方式心想事成，進而協助你保護自己、常保安全。

不再被操縱

理解操縱技巧還有另一個原因：這樣一來你就可以避免自己在不經意之間將它們派上用場。個人與企業利用這些暗黑技藝以便實現目標並不是敗德無恥的表現，我們所有人時不時都會下意識地耍弄一點小手段，或是以微妙手法做一些小動作。我的體型比較龐大，每次搭飛機都會被安排坐在窗邊，搞得中間座位乘客得蜷縮成一團，總是苦不堪言。如果我是第一個登機的乘客，而且機上無預訂座位，我會焦慮地緊盯著魚貫登機的乘客，祈禱沒有人坐在我身邊。我實在不願承認，但我有時候不只是祈禱而已。我曾經將外套或某樣個人物品擺在機位上，讓它看起來像是已經有人坐了；我曾經攤開雙手、雙腿仰躺，暗示任何膽敢在我隔壁座位坐下來的傢伙絕對享受不到舒適的個人空間。我也曾經戴上耳機，假裝自己正在聽音樂，這樣一來走過去的乘客就比較不會問我隔壁機位有沒有人坐。

如果我打算要發揮影響力，讓同班機乘客選擇其他機位，我就會先客套地和他們聊幾句，再請他們換坐其他機位。不過在這些情況下，我都是先引發對方不愉快的情緒，強迫他們在毫無事實根據的謬誤要求下做出決定：「違反規則」的恐懼，或是如果已經有人乾脆就一屁股坐下來，我就刻意表現得粗魯無禮；或是讓對方發現自己竟然坐在汗臭四溢的大胖子旁邊，而且對方看起來冷漠無禮，完全不尊重他人的個人空間。我的操縱手段自私、不顧別人而且不把別人放在眼裡。雖說這麼做並未造成嚴重傷害，但確實讓相同航班乘客的旅途比較難熬。

在陌生人彼此爭搶座位或是搶購某種稀有商品的情境中，這種行為屢見不鮮。不過我們與朋友、親戚及生活中其他的重要人士打交道時，也會玩弄一點操縱的小手段。你想要伴侶採取某種方式待人處事時，難道總是以一種直接、友善的方式直球對決？還是說你有時候會喚醒他們的情感，暗示他們倘使不採用你預期的方式待人處事，後果會有多恐怖，或是一旦按照你預期的方式待人處事，結局有多美好，藉此推他們入坑？

某天我真的很希望晚餐能吃牛排，但是那段時間我太太正在跟風「無肉飲食」。我們正好開車去某處，我開始試著在她心中植入美味肉類大餐的影像。「昨晚妳有聞到烤肉的味道嗎？我的媽呀，真是有夠香的！」我滔滔不絕地聊起烤肉經，提醒她我們最愛的烤肉大餐。稍後，我隨意問起她晚上想要煮什麼。「我不知道，」她說，「但我想吃牛排。」那一晚我們真的就吃牛排了。我操縱她把自己想要來一頓蔬食大餐的念頭擱置一旁。她沒有為此遭受不良後果，但如果情況截然相反，好比是假設她的心臟不好，必須遵從醫師囑咐避吃動物性蛋白質，那麼後果可能就不堪設想了。無論如何，我表現得很自私，利用她的情感脆弱遂行一己之願，完全沒有考慮到她的需求或渴望。

如果你是父母，有可能訴諸操縱手段好讓兒女循規蹈矩。兒女不準時上床睡覺、不做功課或是不完成自己的份內家務，我們可能會找他們聊聊，鼓勵他們照規矩行事。一旦我們自己累積過多壓力或是累得像條狗就很難這麼做。所以，我們會提醒兒女，自己為他們付出所有，就是想要讓他們因為無法遵循我們簡單的願望而感到內疚。我們威脅，要是他們不照辦就剝奪特權，讓他們心生恐懼；我們也賄賂他們，如果照辦就能獲得甜頭。無論所有這些標準的為人父母手段看起來多麼微不足道，都屬於操縱的形式。我們強制對方聽從我們依規行事，而非懷抱同情心循循善誘。

避免操縱手段可以改善你們雙方的關係，你得多想一步、多盡一分力，但是你選擇在日常生活中發揮影響力而非強加自己的意志，就會變得更和藹可親、更有同情心。你會更仔細傾聽、更充分理解他人、提供對方更多他們所盼、所需的事物，而且會用心耘融洽關係與信任。你與伴侶制定共同決策時卻巧妙削弱她發揮自由意志的能力，是能建立多融洽的關係與信任？你承諾兒女如果乖乖做功課就發糖果又能建立多親密關係？我戴上耳機、大字仰躺，肯定是不打算和同班航機的乘客建立什麼良好關係，但要是我解釋自己的情形，和顏悅色地請他們改坐其他機位，就能提供他們機會表現善舉，也給自己機會表達感激之情。

心理學家J．史都華．艾布隆（J. Stuart Ablon）在著作《人人都可以改變》（*Changeable*）中描述他稱為協作式問題解決法（Collaborative Problem Solving）的關係打造手法，父母、師長與其他坐擁權力的人採用這套做法，不會只是因為自己有能耐強迫他人遵循己意就這麼做，而是出於「更良善」的動機，讓他們加入一場富有同情心的談話，以便達成一套協作的解決辦法。正如艾布隆所評論，學校、精神病院和少年監獄擱置傳統紀律，改採協作式問題解決後顯著看到行為改善。在一種為年輕病童準備的精神病治療情境中，工作人員經常被迫監禁行為不良的孩童，單一年度就執行二百六十三次。他們導入協作式問題解決後一年內只執行過七次。本書描述的影響力技巧不同於協作式問題解決，後者是一套非常具體、結構化的手法，不過它的成功顯示，無論我們是採用操縱技巧或是紀律手段，都不必強迫力量遠小於我們的其他人依照我們的願望待人行事；其他的既有選項讓我們可以尊重他人，雙方共同打造強大、有信任感、富同理心的關係。[5]

雖說在社交工程領域中操縱技巧威力強大，但影響力技巧亦然。在許多情況下，它們經常都比直接操縱更高效。還記得我那名滿口胡說八道的保險業務員師傅葛瑞格嗎？當時我開始跟著他工作，他是這家跨國企業首屈一指的超級業務員。我任職那一年就把他踢下寶座，穩坐冠軍整整長達半年。雖說我從葛瑞格身上學到許多寶貴經驗，但我還是很早就決定要採取守德的手法做生意。我誠實告訴顧客他們有何保險需求，而且只說千真萬確、經得起考驗的故事，即其他在地的農夫曾向我們買保單因此得以申請理賠。我賣的這些保單金額往往遠低於葛瑞格，但我賣出大量這類保單。最棒的是，我知道自己協助他人實現真正的需求並改善他們的生活，晚上我總能酣然入睡。

我當然可以想像，在極端、生死交迫的關頭，操縱他人迅速遵循你的意願採取你所渴望的行動，很可能實有必要。假設我是置身人質險境，需要攻擊者放下武器，我確實會拋開顧慮，描述特種武器與戰術部隊（Special Weapons And Tactic，SWAT）的神射手與他們致命的準確度恐怕會激發對方心中強烈的恐懼。但除此之外，你還是可以遊刃有餘地同步追求自己的目標與他人的福利，一邊也對那些可能試圖採用操縱技巧對付你的傢伙保持警覺。

易感性原則

你可能認為自己十分擅長一眼看穿即將出手的操縱者，畢竟你每天都接到詐騙電話與電子郵件，早就把他們摸透了。你心裡明白得很，所以冷眼看待廣告與賊頭賊腦的業務員，沒有什麼事可以騙得過你！是這樣嗎？事實上他們就是騙得到你。隨處可察覺的操縱讓我們沾沾自喜，反而因此變得更脆弱。假使我們接到一通機器人用不流利的英語講出的語音訊息，警告我們如果不趕快撥通一組特定號碼並支付一筆天價費用，就會出於某種不明理由被捕入獄，當下我們根本懶得回應，但詐騙集團總是會設計日益精巧、讓人信服的技巧，讓我們大開眼界。

二〇一九年，英國巴克萊銀行公布了一場騙局，線上犯罪份子聲稱擁有美麗的度假別墅可供租用，他們用超低優惠價格提供物件，誘來一票毫無戒心的度假客群，他們亮出從其他網站偷來的實景照片，並展示英國專業旅行社協會的商標。諸多受害者被驚人低價而且看似真實的交易所迷惑，連想都沒想就付錢預定，結果損失幾千英鎊。巴克萊調查兩千名顧客才發現，這些人都超級脆弱，多數人坦承就算商品「好到不真實」，心中覺得有問題，還是會搶著付錢預定。[6]

在另一種日益普遍的騙局中，犯罪份子會隨機撥通電話，劈頭就說自己綁架他們的家庭成員，要求立即支付贖金。他們採用來電顯示欺詐技術，讓這通電話看起來像是從對方家人的手機撥出。[7]「虛擬綁架者與傳統的誘拐手法不同，」聯邦調查局說，「他們實際上沒有綁架任何人；反之，他們通過欺騙、威脅手段迫使受害者在詭計被拆穿之前就迅速付清贖金。」[8]假使你不清楚這些詐騙手段，但某人似乎是拿起妳女兒的智慧型手機打電話給你，宣稱如果你不在一小時內付他們兩千美元，到時你的女兒就會成為一具屍體，很可能你會因為意外而過度驚嚇，或許會選擇馬上付錢。

除非你從事保安產業或執法單位，否則不會熟悉不斷增生的每一場新騙局。但無論詐騙份子的具體陰謀為何，你還是可以深度理解他們詐騙無辜民眾的手法，進而降低自己成為受害者的機率。

犯罪份子利用操縱手段誘發壓力、焦慮或不適感，這樣一來受害者就會做出違反自身最大利益的決定，我稱這一招為「易感性原則（susceptibility principle）」。先前所述那套導致一對父子之死的勒索手段就是採用這項原則設計。不計其數威脅不合規範將導致某種可怕後果的騙局亦然。在特別常見於鎖定銀髮族的詐騙術中，駭客先表明是國稅局來電，並宣稱你的社會安全密碼被停用，因此在它重獲啟用之前你將不會在收到任何支票。當然，你得付錢了事。這些詐騙份子十分老練。他們事先在網路黑市收購被害人的個資，然後在電話中指名道姓並確認地址及其他細節。受害者將會聽到背景噪音，好似詐騙份子真的是從忙得人仰馬翻的政府機關辦公室來電，而且來電顯示欺詐的區碼則是華盛頓特區。接到這類電話的老人家有可能馬上嚇呆了，由於他們倚靠社會安全支票應付每月開銷，因此忙不迭答應付錢。

請花半小時看看商業廣告，分析它們如何利用操縱戰術實現目標。

易感性也可以通過比較正向積極的情感發揮作用，好比前述的租用別墅詐騙手法，或是父母試圖賄賂兒女做完家庭功課，或是宣稱你贏得大獎，只需要點擊一個連結就可以要求認領的電子郵件、簡訊與電話。另一個例子就是典型的誘捕系統（honeypot，又稱蜜罐）技術，亦即操縱者在他們的目標對象心中誘發實現某種自私目標的欲望。電視廣告善於利用這種招數，將鏡頭特寫極具魅力的主持人，並以袒胸露背的方式打扮得花枝招展，操縱觀眾花錢購物。我們都聽過「性就是好賣」的說法，企業兜售速食、美妝、酒類產品與低俗娛樂都是千篇一律特寫帶有性意味的挑逗影像，以期吸引觀眾。[9]對那些販售人們會出於衝動就掏錢購物，而且產品本身沒什麼風險的企業來說，這類宣傳手法看似有用。對比較複雜而且昂貴的產品來說，研究發現，帶有性意味的挑逗廣告實際上沒有這麼管用。就速食這類產品而言，以前對企業來說行得通的挑逗廣告，在我們這個 #MeToo 的年代可能會失去有效性。[10]

有些廣告在投放過程會同步引發正面與負面情感。你正在看電視，一支廣告插播進來，特寫一隻正在捱餓的狗躺在一攤污物中。此時一陣悲傷的音樂響起，你聽到口白：「難道你不願意每天只要捐幾分錢就能拯救瀕死動物嗎？」接著你聽到一陣歡快的音樂，看到一幕幕小狗們健康嬉戲的畫面，全是這家組織靠著你們這些善心人士慷慨解囊才搶救下來。你感受到這股想要幫助那隻瀕死的狗，並將牠健康養大的驚人衝動，因此撥打顯示在電視畫面上的電話號碼捐出善款。但是，對一批渴望真實性與真實世界影響力的精明觀眾而言，這一招與性行為召喚的衝動無異，現在已獲證明不再那麼管用。[11]某些專家認為，展現創造力、幽默感與經過強化的結果，也就是說，善用打造影響力技巧而非操縱情感，才可以真正為重要的慈善事業引燃更多同情心。12

易感性的四大途徑

老練的操縱者玩弄人類心理學的各種面向，創造成功機率。以下是我時常使用的易感性原則四大途徑，你在日常生活中應該也要始終謹記在心：

途徑一：環境控制

正如研究人員所示，實質環境對我們具有強大掌控力。被稱為「正向心理學之母」的哈佛大學心理學家艾倫．蘭格（Ellen Langer），正是引領這類學術研究的先驅。13 一九八一年，她完成一項前所未見的開創性實驗，測試究竟單單只有細菌和基因能否闡明老化過程，還是說其他的心理因素也可能產生影響。當年蘭格還是一名年輕的學者，在新罕布夏州召集八名七十歲至七十九歲男士。這些男士進入一間改建的修道院之際，每個人或多或少都有一些老年人特有的腰酸背痛小毛病，但是在此處他們被召喚回到二十多年前的一九五九年，那時他們還很年輕有活力。他們的穿著打扮、娛樂選擇、時事談話與家居擺飾在在反映出二十世紀中期他們的青年熱血感。他們用現在式聊起這些老話題，甚至被當作年輕人一般對待，被命令進入處所後得自己扛著行李上樓。

僅僅五天後，這些男士的生理狀態便顯著改善，結果甚至讓人目瞪口呆。從他們的姿勢、視力、毫無預警地決定拋開手杖，再到與其他人玩起美式觸身橄欖球比賽，每一件事都改觀了！遺憾的是，這場後來被稱為「逆時鐘研究（counterclockwise study）」的實驗，如今已成經典之作，卻因為成本堪稱天價難以複製，加上走在時代太前端，以至於無法在學術界與公共意識圈引爆迴響。直到幾十年後的二〇一〇年，已是許多研究的共同作者及作者的蘭格與英國廣播公司完成一場協力合作，才因為她對我們理解身心關係做出卓越貢獻而廣獲認可。[14]

如同蘭格的研究顯示，我們規劃環境的方式可以讓自己與其他人獲益，駭客、騙徒和其他人也會修正環境，好讓目標對象往往在侵害自身利益的情況下遵循他們的意願行事。在極端情況下，情報機構會用近似酷刑的環境控制技巧迫使恐怖份子屈從，進而洩露情資。二〇〇一年九月十一日恐怖份子襲擊美國後，總統喬治・W・布希（George W. Bush）政府協助開展加強版的審訊程序，將恐怖行動嫌疑犯置身諸如不絕於耳的噪音、水刑、又小又黑的「監禁籠」，並採用制伏手段將身體扭成痛苦難耐的姿勢以剝奪睡眠等環境技巧中。[15]這類處置具有爭議性，有些人堅稱酷刑既野蠻又無效，無益激勵目標對象洩露敏感情資；但是有些人認定「酷刑管用」，當局應該重啟甚至比加強版的審訊程序更具懲罰性的技巧，進一步打擊恐怖主義。[16]在情感光譜的另一端，我們在拉斯維加斯賭場就是運用了環境控制技巧，這些地方不僅剝奪顧客的時間感，吃角子老虎機台發出的巨響聲和明亮的燈光也衝擊他們的感官，預示著一旦獲勝將會欣喜若狂。賭場提供的免費酒精飲料與身上布料少得可憐的女服務生在在加強感官超載的程度，進一步暫時癱瘓顧客的批判性思考能力，讓他們超越應該小玩一把的程度，進而放手豪賭。

賭場和遊藝場利用以下幾招，讓你主動從口袋裡把錢掏出來：*

- 玩吃角子老虎拉出大獎時總是會迸發喧囂不止的噪音，讓你產生一種周遭賭客都在贏的錯覺。
- 使用紅燈照明可能會慫恿人們掏出更多錢。
- 幽暗的燈光可能會讓人更專心下注賭博而非社交互動。
- 宜人的氣味可能會讓賭客更投入賭局。
- 場布看板避免使用帶有汙名的「賭博」這個字眼，傾向選用諸如「試試你的手感多高明」這類「減輕罪惡感並導向放鬆休閒感的說法」。

- 賭場內設的自動提款機刻意擇地安置，引誘賭客玩更大，舒適座椅、免費酒精飲料、美麗的女服務生與近在咫尺的廁所亦然。
- 賭場將餐廳設在賭博區的中心地區，這樣一來飢腸轆轆的顧客勢必得穿門而過。

操縱者企圖強迫我們行動時，我們環境的社會面向往往顯著地扮演重要角色。為何立誓加入兄弟會的成員自願承受猥褻、痛苦的霸凌儀式？沒錯，他們通常喝到爛醉如泥，但這也是因為置身社交壓力一面倒的環境中不得不然。試想一下這幅畫面，一間房裡塞滿幾十名鬼吼鬼叫而且瘋起來毫無顧忌的兄弟會成員，音樂震耳欲聾、酒瓶唾手可得，而且沒有任何代表權威的人士在場。其他立誓成員正在接受洗禮，任由他人拳打腳踢。那一幕慘不忍睹，不提為妙。箇中隱喻不言自明：假使你沒法像他們一樣撐過去，

---

* 資料來源：英國認證心理學家馬克．葛瑞菲斯（Mark Griffiths）與賭博領域專家強納森．帕克（Jonathan Parke）合著〈博弈的環境心理學（The Environmental Psychology of Gambling）〉，收錄於《博弈，誰贏？誰輸？（*Gambling: Who Wins? Who Loses?*）》論文集。

你就是個魯蛇，別想進入兄弟會。在這類境況下，個別立誓成員的理性嚴重當機，幾乎不可能拒絕「隨波逐流」。隔天他醒來後發現自己病懨懨的，這才可能回頭思考：「我怎麼會做出那種事？」簡單得很，他的兄弟會成員利用周遭的社會脈絡大力遊說，讓他更容易被說動。

途徑二：強制重新評估

易感性的另一個途徑即為所謂強制的重新評估，這種技巧就是製造他人與矛盾事實起衝突，進而懷疑自己過往所學或是自以為所知之事。你可能聽過煤氣燈效應（gaslighting），亦即其中一方激發自己感興趣的對象不只猜疑特定事實或想法，更懷疑自己的精神是否正常。那就是強制重新評估的極致表現。矛盾經歷帶來龐大的不確定感：你以為全世界是以一種特定方式運作，但突然間你的基本認知全都站不住腳。那種不確定感會反過來引發焦慮甚至恐慌，促使你採取可能最終證明將有違個人最佳利益的方式行事。

研究已經證實，未來前途不明會讓我們筋疲力盡，遠甚於知道某件壞事正在隱隱逼近。一九九四年，一群加拿大學者設計出無法忍受不確定性量表（Intolerance of Uncertainty Scale，IUS），結果證明，無能處理焦慮會表現出「認知脆弱性」，它與焦慮或飲食失調等負面後果息息相關。[17]但是在二〇一六年，一些學者發表被記者稱為「有史以來最精密複雜的不確定性與壓力相關實驗」的結果，[18]要是許多遊戲玩家的體驗變得更栩栩如生、更有「實驗感」，他們肯定會愛死這場實驗。以下說明它究竟多有實驗感：研究人員要求受試者玩一種翻山越嶺的電動遊戲。有時候會有毒蛇出沒在巨石下方，要是牠現身，研究人員就會啟動超強電流猛擊受試者。

研究人員追蹤風險存在感（或是研究名稱所說「無法忍受不確定性」），並與志願者自我呈報的壓力及瞳孔放大、出汗程度等生理指標互相比較。[19]你可以想像得到：壓力與不確定性呈現正相關，一旦電擊的不確定感驟升到五〇%，也就是盡可能接近完美的不確定性，壓力程度就激升到頂點。[20]事實證明，一旦我們無法預測一起事件的結果，大腦內部那處與釋放多巴胺的相關部位就會保持高度警覺。[21]

我們無需統計學家與大腦科學家告訴我們不確定性帶來的壓力有多大，我們人人都親身經歷過。你念高中時曾經臨時抱佛腳硬著頭皮應付艱難考試嗎？你一確知自己拿到六十幾分的當下可能就停止焦慮了，或至少是沒那麼焦慮；反之還會開始設法解決難題，好比試圖搬救兵或是動腦想想怎樣告知老爸、老媽。不過在你得知分數之前只會越來越焦慮，一再腦補自己得意洋洋地坐在晚餐桌旁，向父母宣告自己考了八十幾分；或是頹喪就坐並透露自己考壞，惹得雙親滿臉失望。[22]

當操縱老手正逼催你質疑自己以前深信不疑的信念（亦即強制重新評估），由此產生的不確定性有可能超級強烈，足以減輕你的焦慮感，你會遵照對方的意願完成自己原本不會做的事。姑且假設某個十月的週二晚間，你以為正在念大學的女兒安全地待在學校宿舍裡，隨後你接到一通來電，告知她已經被綁架，要是接下來十分鐘內你沒有在蘋果禮品卡匯入兩千美元，犯罪份子就會姦殺她。你女兒被威脅的畫面可能把你嚇得魂不附體，發現自己的女兒未如假設安全地待在宿舍裡，而是置身某個未知、不安全的地方，這個驚嚇也有相等力道。這起明顯是意外的事件迫使你重新評估女兒在自己心中的所有形象、她的處境乃至生活本身。你或許猜疑這通電話是詐騙來電，但在當下那一刻，前途未卜的不確定感如此強烈，你根本不知道該相信什麼。於是你寧可花錢消災也不會選擇碰運氣對賭。

我們看到強制重新評估在企業情境中發揮作用。姑且假設你在一家企業的資訊科技部門工作，必須遵守極度嚴格的揭露資訊規範。假設有個傢伙來電，說是執行長要求你提供資訊，起因是過去兩天發生兩百起資安外洩情事，有些高層即將辭職負責。你可能會推估，這家企業並非真心要求你在這麼緊迫的情境下謹遵揭露資訊的企業政策，於是照辦。其中的矛盾讓你惴惴不安。現在你再次不知該相信什麼。你向自己的焦慮投降首開先例，而非冒風險惹毛執行長。

有時候企業對自己的員工施行強制重新評估，只為了讓他們加倍努力工作。企業會提早幾個月宣布即將裁撤一定數量員工，卻硬是不點名對象，也不會速戰速決動手做。想想這類舉措對個別員工的影響就好。直到公司發布政策之前，他們可能自行腦補，這家企業做得還不錯，自己的飯碗很安全。沒多久他們就聽說公司不好過即將裁員。就算他們自己的業績表現強勁，也不免在心中種下一顆懷疑的種子。他們心中認定的企業形象這件重要大事突然變得很不真實。還有什麼也會走鐘？他們心中浮現焦慮，出於不怕一萬，只怕萬一的心態，只好加倍努力工作。極可能這就是這家企業刻意提早發出裁員風聲的預期結果。

途徑三：高漲的無力感

第三種極端有效的易感性做法就是奪走個人的力量。人人都想擁有掌控感。在某個深度、原始的層面，我們這個物種視控制等同權力、視權力等同生存。[23]掌控的核心正是選擇。人類與動物同樣都偏好擁有選擇，即使它們無益改善結果。[24]正如一項恰如其分命名為《生而選擇》（Born to Choose）的研究結果指出：「人類相信，自己發揮環境掌控力、產出渴望結果的能力攸關他個人的福祉。」[25]成功企業深諳這一點，因此對員工擴展自主權，進而提升他們的生產力、幸福感與績效。[26]正如哈佛大學商學院教授藍傑·古拉地（Ranjay Gulati）所觀察：「領導者深知他們必須提供員工實現最佳自我的空間、追求非常規的創意想法，並能在關鍵時刻做出明智決定。這些話太常聽到，以至於被視為陳腔濫調。」尤其是數十年來的研究一貫顯示，員工「想要在工作中獲得某種形式的選擇和發言權，這些可以激發他們更深刻的承諾並改善自身績效」。[27]

如果某人有能力奪走你的選擇感（通常是在假想層面）並進而掌控它，你所感覺到的恐懼與迎面而來的苦痛有可能讓你無力招架，甚至逼你做出自己原本不會嘗試的輕率決定。隨著時間過去，如果你失去掌控的感覺沒有消褪，有可能你安於現狀，於是直接舉白旗投降。這種結果就是心理學家馬汀·塞利格曼（Martin Seligma）與史帝芬·F·梅爾（Steven F. Maier）所稱「習得性無助（learned helplessness）」理論。[28]一九六〇年代中期，時為賓州大學碩士生的塞利格曼正在攻讀犬科動物的迴避學習反應。塞利格曼與團隊成員對受試狗群施加電擊，狗兒不是選擇忍受虐待就是攀爬圍籬逃脫厄運。有些狗兒歷經反覆受虐後便停止企圖逃脫，垂頭喪氣地屈服於虐待酷刑。研究人員修改實驗，重新施加電擊並提供狗兒逃生路徑，但是結果如出一轍：很大一群狗兒依舊舉白旗認輸。塞利格曼絕不是怪咖：他想要逆轉人類與犬科動物都具備的習得無助困境，因此奉獻傑出的職涯餘生，致力通過習得的樂觀主義克服習得無助。

途徑四：懲罰

操縱者有時會懲罰他人或是威脅目標對象施加處罰，以便誘出強烈情感，亦即害怕或甚至是恐懼感，好讓對方更容易被說服。最顯而易見的例子就是酷刑。研究顯示，酷刑用於誘出招供極端有效，用在誘發真實資訊卻全然無效。《科學人》雜誌刊出的文章標題宣稱〈四百年來我們早知酷刑無用〉（We've Known for 400 Years That Torture Doesn't Work），文中引述過去歐洲獵巫熱潮期間審問者施加的酷刑，證明所有我們直覺已知的事實：人人為了停止疼痛都會不惜招供一切。[29]但是人們仍然堅信明智審慎地施加酷刑自有神力。在熱門美劇《二十四小時反恐任務》中，基佛・蘇德蘭（Kiefer Sutherland）扮演明智的審訊者傑克・鮑爾，他採用一切必要手段從恐怖份子口中榨出情資，因此從痛苦和混亂中拯救大都會地區。「這是好萊塢幻想情節，」《科學人》總結，「在現實中，被俘的個人可能是也可能不是恐怖份子，可能具備也可能不具備恐怖攻擊的精準情資，而且可能或不可能心不甘、情不願地提供有用情資，特別是如果他或她的動機是出於中止酷刑。」[30]

犯罪份子通過不一而足的騙局在可怕的小範圍內動員懲罰途徑，無論是封鎖你的電腦並要求贖金的勒索軟體，或是不計其數要你承認罪行的詐騙手法，威脅你如果不償付罰金就會鋃鐺入獄。不折不扣正是這類威脅導致可憐的羅馬尼亞男性弒子後自殺。

懲罰的威脅不一定必須特別嚴厲或誇張，才能強迫對方做出回應。記得我之前提到銀行要求我們試行操縱技巧，以便從它們的員工口中逼問出敏感帳戶資訊嗎？我們派出一名女性團隊成員打電話給客戶專員，宣稱自己是為那家銀行某一位顧客工作的助理，最終搞定那項任務。這名助理解釋，她的老闆正好懷孕，而且很快就要分娩，因此亟需客戶資訊以便解決手上最後一項工作的問題。客戶專員提出一般性驗證問題以確認對方老闆的身分，但每次他才問出口就感覺到對方老闆更接近分娩時刻，因為不斷在電話中聽見她大聲呻吟、痛苦哀號。

客戶專員深表同情，卻還是解釋他真的無法提供資訊。最終，雙方周旋二十五分鐘後我們只好送「老闆」進產房分娩，臨走前她還對著助理狂吼：「妳沒要到客戶資訊，有膽掛電話看看。除非妳要到客戶資訊，否則別想拿到薪水！」助理假裝嚇得花容失色、不知所措，最後一次跪求客戶專員提供她需要的敏感銀行帳戶情資。對方終於屈服了。顯然，他十分同情那位女老闆和驚惶失措的助理。我們採取隱喻手法加以威脅的「懲罰手段」就是，一旦他掛上電話，將這兩位亟需協助的女士棄而不顧，就會感到內疚。我們助長這股內疚的恐懼，以及隨之而來的精神痛苦，最終我們心想事成。

我描述的四大途徑往往彼此重疊，我們也經常發現，程度不一的操縱實例同時一次到位。試想一下某家企業宣布擱置裁員的情況，正如我所討論，這種舉措不單單只是迫使員工出於強制重新評估必須加倍努力工作；裁員隱喻未來丟飯碗並失業這種「懲罰」的威脅感也操縱員工加倍付出。一股對自己職涯命運與日俱增的無力感也會伴隨著不確定感而來：某一位已經爬到核心管理階層的資深主管會做出改變你一切的決定。職場環境的各個層面也有可能會改變，加劇你的恐懼並敦促你更加勤奮工作。雇主宣布未來即將裁員的同時，也可能削減辦公室的奢侈品和差旅費用，一夕之間，你周遭的每一名同事都帶著自己的零食來上班、加班趕件，一心期盼不要成為少數丟飯碗的倒楣鬼之一。你每天坐在辦公桌前承受這一切，很容易就會看到自己對當前的恐懼舉白旗投降，開始跟著熬夜加班。

試想一下未來幾天或幾週你必須對某人提出要求。先拿起一張紙在中央位置畫出一條線。在一邊，你記下幾個可能如何善用影響力策略以達成目標的想法，在另一邊，想想本章所探討的易感性途徑以及相關應用之道。對自己承諾，將採取更積極的行動方針並發揮影響力。如果你是兒女不願做功課的家長，一般來說會使用什麼操縱策略？又如何獲得你想要的結果同時避免它們派上用場？

擁有清醒的核心信念

幾年前，就在我掛出專業人際駭客的小招牌後，一家超大企業就聘我對它們無所不用其極地展開攻勢，從網路釣魚、電話語音釣魚到硬闖它們的實體設施等所有你想像得到的攻擊方式。我們照辦，它們的保安系統有如銅牆鐵壁，我們一點辦法也沒有。我一整個黔驢技窮，已到應該喊停並承認失敗的地步。但是我反而是受到這股外力激勵，策劃出一套操控全程的計畫。

我找了一名女同事和我一起坐在這家企業位於戶外的員工餐廳中庭，這裡毫無保安設施，進出輕而易舉。我們假裝是這家公司的人資部門員工，採用的假托人設就是要求員工填妥關於自身醫療保健政策的資訊表單，其中涵蓋我們希望取得的員工全名、出生年月日與員工編號情資。我們可以反過來使用這些資訊破壞這家企業的電腦系統。依照我們預設的計畫，我同事對著我宣告她沒有在我指定的最後期限內完成工作，接著我就起身，將整疊表單往後推翻，然後扯開嗓門怒斥她搞砸我們的專案。「妳這沒用的死女人，」我說，「難怪妳的工作都保不住。要是妳今晚不能搞定這個問題，明天就不用進來上班了。」我氣沖沖地離去，鄰桌兩個傢伙目睹全程後也跟著跳起來向我跑來，我心想，他們打算衝過來賞我幾記老拳。

我假裝沒看到他們，我同事急忙攔下他們並為我辯護。「沒事啦，不要這樣，」她說，「大哥，拜託，不要這樣。他的壓力很大。他和老婆有點問題。而且我本來就應該完成這項專案，這都是我的錯。他本來就有權利吼我。」她的聲音隨著整個句子慢慢減弱，換眼淚上場，肩膀也垮下來。此時她演出斯德哥爾摩症候群受害者角色。

「沒有人有權利吼妳，」其中一個傢伙說，「任何人都不該這樣對妳。」

此時一名路人甲剛好是這家企業的資深經理走過來問清事情始末。

「她的老闆剛剛對她大吼，」其中一名好撒瑪利亞人說，「還說今天要開除她。」

第三名路人甲說：「今天誰都不會被開除。」說著便拿起表單下令坐在餐廳裡的每一名員工都要據實填寫。十分鐘內我們就到手七十份完整填妥的表單，比我們破牆而入所需的資訊量更多。

大獲全勝，對嗎？才怪。我們全程操弄人心。員工不是心甘情願行事，而是受制於我們引燃的負面情感。我們採用懲罰途徑衝撞自己的目標對象，讓他們親眼目睹別人受到羞辱、幾近丟飯碗的難堪窘境。某個程度來說，我們也採用強制重新評估，創造直接挑戰職業操守規範的上司與下屬互動關係。我們的行動讓目標對象為自己目睹的這一幕深感厭惡，馬上為我的同事抱不平，看到我就有氣。他們沒有因為認識我們生活變得更美好，反而更糟。這家企業再也沒有和我們合作。這不是巧合。

一旦我們確定所有普通招數都失敗的當下就應該取消測試，然後恭喜企業客戶公司的保安有成。當時我們原本可以建議對方採用這類操縱技巧，以便證明保護他們避免受到最不道德的密謀者所害的正當性，並進而獲取對方同意。唯有走到這一步，我採用這如此極端的作法才能心安。

這起插曲發生在我的職涯早期，代表我這個人當時的道德觀念薄弱，至今我仍然對此深感遺憾。不過我很開心地說，它是一個轉折點，從此以後我都試圖將對他人造成的傷害降至最低並做出正確的事。當時我並未多加考慮自己所堅持的道德標準，我沒有捫心自問自己想當一名什麼樣的駭客，也就是說，我的目的究竟是什麼？都是為了錢嗎？還是我願意奉獻職涯行善，並試圖改善他人的生活？如果我圖的是錢，那麼用這種招數或許說得過去，畢竟沒有造成太大傷害；但如果我想要行善，那麼除了少數例外，即使我知道它們很管用，也應該避免故技重施。

由於那一起事件，我反省自身的核心信念，也想了很多關於兒女的未來。要是他們曾經為我工作，我不會希望他們看到我視操弄人性為日常，更別提自己參與這種行為。就算他們從未為我工作，我也不太確定，如果我經常對待周圍人士如此麻木不仁，我到底能成為什麼樣的榜樣。這類想法已經證實十分有助我想清楚，現在我知道自己是想要行善。我明白操縱取勝的感覺糟透了，我想要盡可能避免這種情況發生。

我幾乎翻修了我們公司的一切基礎手法，諸如我們如何設計自家業務、如何培訓團隊、如何和客戶打交道等。我們為了保持專注，採用羅賓．德瑞克格言「讓他們因為認識你生活變得更美好」當成我們的指引格言。就連我的私人生活也變得非常注重道德，一旦可能在不經意之間就操縱起他人，就會警惕自己改變或避免那種行為發生。人非聖賢，但我已經有長足進步。我的人際關係更深化，我也變得更快樂。你可以牢牢地將自己的行為準則固定在光明面，同時對操縱這碼子事保有足夠的彈性以便自保。你將可以更遊刃有餘、更安全，而且也將更能心想事成。

如果你希望提高心想事成的機率，同時避免操縱行為，我樂意分享一些額外技巧，一旦它們被善加利用，就可以激發影響力技巧的有效性。稍後，我將探討你如何正確理解社交互動的細節，這樣你就能形塑真誠、自然的觀感。但首先且讓我們探索你如何善用自己對肢體語言的基本理解，大幅改善自己與他人的互動。犯罪份子和專業駭客可以迅速、準確地解讀你的肢體語言，直探你的內在、情感地帶。他們也知道如何善用自己的肢體語言並以有益的方式召喚情感。你讓自己更理解肢體語言，就可以更善解人意其他人經歷的感受並意識到自己的存在，這些特質都有助你建立關係，也誘使他人想要幫助你。

第七章
善用你的非口語表達能力

不一定要透過言語才能改善人際關係。

專業的人際駭客是掌握他人非口語溝通的高手，包括對方如何比手畫腳、勾勒臉部表情等。他們本應如此，因為正如心理學家所示，我們多數人是透過非語言方式溝通。本章依據夙負盛名的肢體語言專家保羅．艾克曼（Paul Ekman）完成的研究成果與我自己在這方面所學，介紹一些非口語溝通的要點。

幾年前，我受雇闖入一座政府承包商名下保安森嚴的辦公大樓。這家企業為了防杜惡意軟體，嚴格禁止員工將外部隨身碟插入它發給他們使用的電腦。辦公室裡的每一部電腦都黏著一小張「不准插入外部隨身碟！」的貼紙。我的目標就是試試看能否引誘服務台接待員插入內嵌惡意密碼，可以和我們家電腦連動的隨身碟（這一招我們稱為反向外殼程式，意指往遠端機器傳送為使用者提供使用者介面命令的技術）。

我駕車駛入停車場，下車時拿出一份裝著偽造的個人履歷表的文件夾，並故意拿起熱咖啡在上面倒出一片咖啡漬。我捧著這份文件夾進入前門。接待員帶著微笑問我：「您好，請問我可以幫什麼忙嗎？」但我沒有報以微笑，反而是戴上一副混雜傷心、沮喪、壓力和惱怒的表情。「啊，真是太糟了，」她說，一邊朝著我這個方向瞥了一眼，「發生什麼事了？」

我速速瞄一眼她服務台桌面上的照片，看見其中有一名孩童、一名可能是她先生的男士，還有一隻拉不拉多犬。「妳看，」我說，「我開車來這裡，因為大約再過十分鐘就要和人資部門面試。我真的很想要得到這份工作。有一隻狗從我的車頭前方竄過去。我很愛狗，不想撞傷牠，所以緊急踩煞車，結果咖啡就從架上掉下去灑了滿車，也浸濕我的履歷表。但我再過十分鐘就要面試了。」

「啊，真是太糟了，」她說，「我可以幫上什麼忙嗎？」

「我不知道，」我說，「我已經失業六個月了，真的很需要這份工作。我一直到處面試，但今天一整天好像都沒有贏面的感覺。我猜全世界都在找我的碴。」

「其實呢，這條路走到底有一家安心印刷。也許你可以快跑過去重新印一份履歷表再趕回來。」

我搖頭，「時間不夠。他們要求的面試時間很嚴格。他們說一定要準時，而且要做好準備才來。我不想製造面試就遲到的第一印象。」

她連連點頭：「也是，你說得對。」

我從口袋裡拿出一支隨身碟。「不好意思，那妳能幫我嗎？只要印一張封面就好，它就存在這支隨身碟裡，只要印出來就可以了。」

我把隨身碟交給她。她收下來時，我大可告訴她再多想一下是否真的要違背公司規定。所以，就在尷尬時刻即將到來的那一瞬間，我的眉心皺起來、揚了揚眉，同時癟癟嘴，做出一幅傷心欲絕的表情。我這麼做的當下是希望激發對方心中產生決定性的同情心。果不其然，她彎腰打算將隨身碟插入電腦，一邊盯著「不准插入外部隨身碟！」的貼紙，然後停頓整整一秒，接著就逕自插入。她說：「啊，我看到有兩個資料夾。」

確實是有兩個。上面那一個是惡意檔案，下面那一個是我的履歷。

我說：「上面那個可能是最新的檔案，所以妳就點那一個。」她照辦。一秒後，我的手機大響，團隊成員傳送簡訊告知他們已經進入她的電腦。

我瞥了一眼手機。「啊，這是提醒我面試快要遲到的設定鈴聲。」

「要是這樣的話，我們最好快一點，」她說，「但是這個檔案打不開。」

我說：「那就試試看下面那個。」她照辦。她印出我的履歷，還幫我放入嶄新、乾淨的文件夾，然後提議帶我去見人資部的亨利女士。

「等一下，」我說，「這裡是ABC公司嗎？」

「不是啊，」她說，「那是隔壁。我們是XYZ公司。」

「妳是在開玩笑吧，」我說，「啊，我的天啊，有夠丟臉的。」

「你今天真的很不順耶。」

我急忙衝出辦公室，大聲說我要趕去隔壁公司了。任務搞定。

有好些技巧在這則故事中登場，但關鍵轉折是我一進門就戴上筋疲力竭、無精打采的面具。光是這副模樣就不必再多做解釋，並為隨後的每一個步驟定調。它激發接待員想要幫助我的心情，我說的故事只是證實我臉上表情反映的真相。

假設你精熟這門非口語溝通的藝術，就能遠比單單只是碎念更輕而易舉就讓其他人遵從你的意願；你也可以從其他人的臉部表情、肌肉輕抽、雙手抱胸的方式等動作偵測到對方的心理狀態。聯邦調查局審訊員、間諜與其他保安領域人士接受大量肢體語言培訓。諸如我的好友喬．納瓦羅這些箇中好手幾乎可以立即察覺全然陌生人的情感狀態，隨後更在雙方談話席間從對方做出細微但重要的改變追蹤情感變化。

我希望本章可以幫助各位讀者有如忍者一般的掌握度，但是真抱歉，辦不到。非口語溝通是一個博大精深的話題，在此附帶一提，甚至還可以追溯到演化論之父查爾斯．達爾文（Charles Darwin）的著作。[1]你身體的許多部位都會傳達情感或想法，包括頭、臉、雙手、四肢、軀幹等，而且你可以採取各式各樣的手法善用每一個部位交流。有一系列其他元素也藉由非口語方式傳達情感，好比你穿戴的衣裳、珠寶；你是否、如何與他人眼神交流；你說話的語調、你選擇與他人做出（或拒絕）肢體接觸的精確方式等。文化差異所蘊含的因素內嵌於肢體徵兆與信號的意義中，因此你確實必須看清其中錯綜複雜的全貌，有可能得花上好幾年琢磨才能與頂尖的保安專業老手並駕齊驅。

倘使精通此道是你的目標，第一步就是要針對相關主題博覽群書，最知名的著作出自納瓦羅與保羅．艾克曼教授之手。[2]你應該也要開始練習非口語表達並在社交場合觀察他人，但無須精熟臉部姿態、手部動作等這一類技巧，好讓自己躋升人際駭客的賽局玩家。針對我們的身體如何「發言」培育額外的察覺力可以顯著改善你影響他人的能力。且讓我們檢視一些此時此刻你就用得上的基本技巧，主要聚焦臉部表情，好讓你可以辨識出並誘發情感。你花幾個小時練習這些技巧就會發現，自己在社交交流過程中變得更易感，言行舉止也將更從容不迫，你執行本書其他章節所描述的能力更會反過來大獲提升。

助益無窮的小技巧

現在你幾乎可以完全不用練習，就能直接使用我教你的技巧改善自己的社交互動。你與某人談話時，能夠從對方流露的神色判斷對方是從容自在或惴惴不安。你可以從觀察肢體語言中的細微怪癖看出來。舉例來說，如果對方的上身後傾，重心壓在臀部，導致小腹對著你凸出，這種現象被喬・納瓦羅稱為「腹面朝向喜愛的人（ventral fronting）」[3]，有可能意味著從容自在。「腹面」這個字眼意指人或動物的底側內面，也就是最脆弱的地方。當友善的狗狗翻過身來背貼地板，將自己柔軟的內腹亮在你眼前希望你抓搔時，就是一個門戶洞開、裸裎脆弱、對你有好感，而且急切想與你建立連結的強力暗示。人類則是會利用其他的方式表現，例如我們會任由小腹凸出，同時雙手向外一攤，而非手掌朝下。如果我雙手對著你攤開，開口邀你一起共進午餐，我就是採取一種比較溫和、被動的方式開口邀約，意味著我很想要認識你；倘若我的手掌朝下，則表示我屬於比較強大、好發施令也更中規中矩的人；頭部稍傾一邊露出頸項與笑容，是另一種顯示從容自在的訊號。

每當我進入一種社交情境時，都會立即拋出這些非口語的暗示。我看到與我打交道的人展現的姿態就能分辨出對方是真心願意與我互動，或是刻意試圖擺出這種姿勢來迎合我，以便誘使我對他們敞開心門任憑擺布。你真的必須對刻意外露腹面這一招提高警覺，有些史上最惡名昭彰的騙徒與犯罪份子別具魅力，他們毫無顧忌地展現友好態度，以便吸引毫不設防的受害者。多數情況下，外露腹面將暗示一種真正的從容自在、樂意與人為伍，若再加上重心壓在臀部有可能會促使你再加把勁建立融洽關係。在談話期間你留意到某個人收起外露腹面，採取比較保護性的姿態，便意味著這場談話可能大逆轉，朝向比較不妙的方向前進。請改換其他手法或是完全中停談話。

值得你花時間搞懂的「七大基本情緒」

我們大致上已經恰當理解肢體語言，且讓我們回顧人類如何表達特定情感，最主要還是表現在臉上。科學家區分出兩種臉部表情：大動作表情，亦即我們有意識喚醒自身感受的姿態；另一種是小動作表情，亦即我們不由自主扯動肌肉，通常是我們經歷某種情感時渾然不察的反射動作。大動作表情會持續幾秒鐘以上，但小動作表情極迅速地一閃而過。且讓我們假設，你沿著辦公大樓的走道往前走，一名對你恨之入骨的同事正好站在前方角落的拐彎處。他認出是你的那一刻臉上閃過一絲輕蔑的神色。他的一側臉頰或嘴角微微揚起，露出一抹假笑。那就是所謂的小動作表情。再過幾秒鐘你們倆越走越近，他堆出一副虛假微笑，略略頷首並說：「老兄，看到你真好。」那抹微笑與頷首就是大動作表情。4

小動作表情至關重要，對保安專業人士與人際駭客來說皆然。一名精通此道的執行者可以立即在他們察覺自身感受前就先揣測出他人的情感狀態。不過對一雙未經培訓的生嫩雙眼來說，小動作表情很難一眼看穿。如果你對臉部表情很陌生，最好是先學會如何判讀並利用大動作表情。即使是大動作表情似乎也構成巨大挑戰。我們經歷無數情感，包括愛、慾、情、仇、自滿、憂鬱、剉折、興奮、沮喪、友善、有趣、不滿、幻滅、掛念、狂喜、懊悔等說也說不完。我們如何無需分類所有這些情感並研究它們在人臉上精確展現的前提下就讓自己變得更易感？

很簡單，聚焦七大基本情緒。研究人員發現，人類縱使情感豐沛，最終可以歸結於一小組「基本」或基礎情緒，正如畫家的調色板上儘管陳列繽紛色彩，理論上總結為黃、紅、藍這三種原色。基本情感有幾種，科學家眾說紛紜，但包括艾克曼教授在內的許多科學家相信總共只有七種：憤怒、恐懼、驚訝、厭惡、輕蔑、悲傷和喜悅。試想一下，如果你能立即辨識他人臉上這幾種關鍵情感，將會是多麼高明的溝通好手。你將可避免淪於猜測別人有何感受的超大困惑，而且可以更有成效地建立融洽關係，而不是在對方火冒三丈或是悲痛難抑的時候帶著一種出於利己的要求涉入其中。

你學會如何對自己展現基本情感，也就可以在運用影響力策略時輕輕推促別人朝著有利於你的方向感受情緒。且讓我們假設，我正打算闖入一棟建築物，而且已經與接待員展開談話。當那個對她提出要求的時機來到，我就可能會賣力演出讓她感覺到一點悲傷，這種情緒與同理心之感息息相關。要是她真的同情我了，就比較可能答允我的請求。但是我該如何讓她心生悲傷？簡單得很：我壓低兩側嘴角演出悲情漢。我還會大膽做出臉部表情之外的舉動進一步表達傷痛，也就是雙手插在口袋裡、雙肩下垮然後低語說話。

研究結果發現，我們可以在臉上流露那些情感，進而刻意喚醒其他人的情感，科學家將這種現象稱為「鏡像（mirroring）」。[5]我們這種能力源自存在腦中所謂的鏡像神經元（mirror neuron），套一句一對研究人員的說法，這種特殊細胞會在「我們觀察到其他人採取行動後做出反應」，而且「一旦我們自己實際重新創造那種行動後，會採取同樣方式出擊」。[6]有趣的是，我們可以單單只是在臉上顯露情感就喚醒內心的情感。在一項吸睛的研究中，科學家發現，一般人沒戴上太陽眼鏡就走入艷陽高照的大街上比較常生氣暴走，原因全出在他們必須瞇起眼睛。我們多半是在生氣的時候瞇起眼睛，所以一旦當我們為了其他原因瞇起眼睛，我們的大腦會察覺到這種表情，進而實際上觸發憤怒的主觀體驗。[7]你把太陽眼鏡忘在家裡時會比較常在路上發火嗎？現在你知道原因何在了。下一次你必須向某人提出請求時，務請確保不要瞇起眼睛，反而試著通過臉部表情打出悲情牌。這一招真的很管用！

理解七大基本情緒表達的第三個原因就是變得更善解人意自己的習慣，特別是那些不利於你的習慣。所謂「天生臭臉（resting bitch face）」的概念在流行文化中變得十分普遍，有些評論家認為它是一種性別歧視的說法。[8]研究人員確定，天生臭臉實際上「很有事」，而且與語意截然相反，也完全不僅限於女性。在一項研究中，研究人員採用臉部辨識技術區分情緒中性的臉部與和天生臭臉之人。他們發現，天生臭臉看似傳達輕蔑的暗示，這是一種高度負面情感，被定義成「某人或某事不足為道或不值得尊重的感覺」。[9]天生臭臉相當微妙，但已傳達足夠的輕蔑之感，讓目睹的對方具體感受。[10]當他們這樣做，對社交情境的影響可能相當負面。

輕蔑並非我們可能無意間自然流露的唯一一種負面情感。我有一名學員蘿莫娜是生性和善、極具吸引力的年輕德國女性，平日以教授尊巴舞（Zumba）謀生。我第一次見到她時，不覺得她會對我指定全班學員完成的家庭作業有疑問，但我錯了：每一次她試圖開展一段談話打算實現某道目標時總會功敗垂成。蘿莫娜完全搞不清楚何以如此，請我就近觀察她在公共場合中如何和陌生人打交道。我只盯場幾分鐘就找出癥結。蘿莫娜渾然不知自己會在臉上流露出生氣表情，讓對方覺得疏離也促使他們做出負面回應。

我們向她簡報時發現這些任務讓她緊張得要命，因為她一心想要做好，結果這種高張的情緒在她臉上卻化為憤怒神色。一旦蘿莫娜開始刻意在臉上召喚出快樂而非憤怒的表情，其他人也就對她回以溫情，最終她搞定任務。我們的課程結束後，她將這種調適手法導入日常生活中，結果效果奇佳。這套課程結束多年後，她寫信給我，極力讚揚她看到自己的人際關係大不相同。很長一段時間以來，她總是心懷憤懣之情，同時會偽裝成一副渾然不察或甚至主觀感察這種情緒的模樣。既然她已經養成傳達幸福的習慣，人人看待她就是溫暖、和善又平易近人的對象。

看清並表達七大基本情緒

且讓我們逐一闡述七大基本情緒好讓你進一步熟悉它們。我在說明每一種當下討論的基本情感時，將會描述它如何活靈活現地在外顯在我們臉上，交織出某些超越臉部表情的額外語言，進而傳達情感。在此我的討論將會大量借鑒艾克曼教授的研究成果，他曾與我合撰前一本關於非口語溝通的著作《揭開社交工程師的神秘面紗》（*Unmasking the Social Engineer*）。我也將擷取自身經驗提供一些建言，教你在日常的防駭情境中如何應付這些情緒。

一號情緒：憤怒

個人感覺憤怒時，臉部肌肉往往先收緊、眉毛皺起、嘴唇拉緊看不見皺紋，而且會怒瞪惹他們生氣的目標。身體其他部位也跟著緊繃起來，尤其是握緊的拳頭和下巴。接著是胸部鼓起來，頭與下巴都往前推。要是他真的怒髮衝冠、好鬥成性，就會收起下巴，聲調也變得更嚴厲，通常還會放大聲量。

美國作家馬克．吐溫將憤怒比喻成一種酸質，指出它「傷害儲存它的容器的威力遠大於任何接觸它的物體」。[11]散文家拉爾夫．瓦爾多．愛默生（Ralph Waldo Emerson）則點出：「你花在生氣的每一分鐘就是捨棄六十秒內心的平靜。」[12]所幸，人際駭客不太需要顯露或變得生氣。雖說你可能奢望採取策略性手法引發其他情感，但最好是避免投射憤怒，因為這種情感往往會扮演一種人身暴力或嚴苛話語的守門人角色。倘使你在他人身上看到熊熊怒火，可能會試圖消氣，同時也做好萬一扛不住大局就溜之大吉的準備。「哇，」你可能會稍微後退，壓低肩膀與雙臂並說，「你看起來真的是火冒三丈。出了什麼事？」你表達關切，但不要採取敵對或挑釁之姿戳破對方的憤怒行為，因為這樣有可能讓對方惱羞成怒，反而是火上加油。請自我檢視以確保你沒有在不經意間或無意識中擺出怒容，畢竟即使是細微的非口語表達都可能惡化大局。如果你看到某人收起下巴，到那時才想逃之夭夭都嫌晚了。走到這一步通常已經不只是生氣而已，迫在眉睫的暴力也呼之欲出，不是即將出拳就是更糟糕的結果。在那種情形下，你若是受困無法立即躲開，先動手先贏，然後快閃。

二號情緒：恐懼

當我們面對具有威脅性的刺激作為，往往是先愣在當場動彈不得；我們的眉毛往上挑、雙眼圓睜，好將一切盡收眼底；我們張口結舌，雙唇扯到耳邊，幾乎像是在叫喊「哎呀！」多半情況下我們會大聲喘息、大口吸氣，臉頸部位的肌肉與雙手收緊，加速血液流入這些部位；腎上腺素灌注血流中，所有這一切都是恐懼的生理表徵，讓我們做好遁逃或奮戰的準備。

我們這些人際駭客可能經常發現，在他人心中灌注些許恐懼十分管用。如果你正試圖說服手足協助你負擔母親的醫療帳單，引發可視為同理心的悲傷或許是最佳做法，但你也可能希望引發一絲擔憂母親健康狀況的情緒，所以就會說出類似：「我想要為老媽做出最好的安排，要是我們沒有讓她得到最妥善照顧，我會擔心她的生活品質。」但是，如果你喚起過多恐懼，好比說出類似：「如果你不幫我出一萬美元，老媽搞不好撐不過三個月。」而且還得冒著操縱手足的風險。你將他們置於一種極不好過的狀態，知道他們單單為了減經痛苦感會採取幾乎任何一種行動，即使必須違背自己最大的利益也顧不得了。

在許多其他情況下，倘使你試著不要傳達恐懼感，結果會好得多。假設你走進老闆的辦公室提出休假三週的要求，你所感覺到的任何一絲緊張情緒都可能化成恐懼在臉上表露無遺，這可能反過來觸發老闆心中的恐懼感。他們會開始聚焦自己的擔憂，好比你休假將會為客戶與同事帶來什麼影響。恐懼將會形塑他們的決策過程，有可能歸結出負面回應。

請謹記在心，假若你是真的很害怕，最佳舉措有可能是不要試圖遮掩，否則就算是傳達恐懼也不是理想選擇。科學家在一項吸睛的身體研究中發現，我們感到害怕或「情緒壓力山大」時，無論自己是否願意公開承認，其實周遭人士都察覺得出來。我們的身體會通過發汗釋出化學訊號，正如研究人員所記錄，周遭人士的某個大腦部位會活躍起來發出回應，警示可能的威脅。[13] 如果你在試圖影響某人時感覺害怕卻又假裝堅強，其實會損害自己在對方心中的可信度，因為有可能在非意識層面他們都知道你其實剉得很。

你最好是採用一種不會破壞假托人設的方式承認自己有何感受，進而誘哄出一個保護性的回應。假設你打算要求手足協助分攤母親的醫療帳單，你採取的人設是充滿關愛、有同理心的家庭成員，那就不要脫口而出這樣說：「我想要找你聊一下老媽的狀況。但老實說我真的很緊張，因為你常常大發雷霆，而且我不知道你會怎樣反應。」反之，可以這樣說：「我想要找你聊一下老媽的狀況，但我很緊張，因為我覺得很難說出口，而且我又太容易情緒激動。」

假使你去找某人提出要求卻發現心中充滿恐懼，請重新思考自己的做法或是採取行動減輕恐懼感。多年前，我正好在超市停車場目睹一名老婆婆往座車方向走去途中一疊鈔票從口袋掉出來。我趕緊跑過去，一把撿起紙鈔然後走向她把錢還給她。我向她走去時，她正好背對我把雜貨一一塞進後車廂。我沒有事先發聲警告，直接輕拍她的肩膀，不假思索地說：「不好意思，這名女士。」她轉身只見一名彪形大漢矗立在眼前，一整個驚呆了。她不只是一臉驚懼，還扯開嗓子尖叫：「我被搶劫了！我被搶劫了！」

附近有三名穿著獵裝身材魁梧的路人聽見她求救，全都跑過來打算對付我，搞得我皮皮剉，因為我不知道他們是否身懷武器。要是有誰置身我當下的處境很可能會想要採取防禦性行動，他或許會一打三語帶挑釁地說：「你們幾個傢伙給我站後退點。」但我選擇降低衝突性。我沒有轉身面對這幾名路人，繼續對著老婆婆說話，還一邊比手畫腳試圖減輕她的恐懼。我先後退一大步，壓低我的雙肩以便稍稍暗示順從。我說：「沒事，請先冷靜下來。」我一手將紙鈔舉至與雙眼齊高的位置，另一手則是放在顯眼處。我壓低聲音說：「女士，我真的很抱歉嚇到妳。妳剛剛走出店門時這樣東西掉出來。我只是想要把它還給妳。」她伸手摸了摸口袋才明白自己掉錢了。她從我手中拿走紙鈔並再三向我道謝。直到那時我才轉身面對三人組然後說：「看到了嗎？我不是要搶劫。現在我要慢慢走開了。」這是千鈞一髮的緊急時刻，不過我意識到非口語行動讓我解決一樁原本可能荒腔走板的誤會。

三號情緒：驚訝

我們會挑眉、雙眼圓睜並大喘一口氣表達驚訝之情，就和恐懼如出一轍。不過我們傳達恐懼是將雙唇扯到耳邊，表現驚訝時卻是呈現下巴掉下來的O型嘴。我們感到驚訝的第一時間往往會整個背往後傾。如果我們是感受到驚喜，好比親朋好友突然蹦出來大喊「生日快樂」，我們就會整個背往後傾，張嘴大笑；否則就是繼續維持後傾姿勢。許多感到驚訝的人也會高舉雙手做好採取行動的準備、雙手摀胸或是雙手抱頸（鎖骨附近部位）。

驚訝的情緒常常站在有利於人際駭客那一方。我曾經在闖入一棟建築物時撞見接待員似乎正在掉淚。我是從她紅腫的雙眼看出來。當她出聲問我可以幫什麼忙時，我反問她還好嗎。結果這句話引起對方痛苦地長嘆一口氣，於是我跳脫駭客模式，問她發生什麼事了。她講述自己才剛與先生歡慶二十週年瓷婚紀念日，先生送她一對超級貴的鑽石耳環，「他為了買這副耳環存錢兩年，」她說，「我今天還特地戴上它們炫耀一番。但是我搞丟其中一只了。」她說到這裡突然開始抽泣，哭得肩膀抖個不停。

「這樣啊，」我說，「那我們來找找看。」我在她的桌旁雙手、雙腳伏地。

她說：「我已經找過那裡了。」

「那是一定的，但也許換一雙新的眼睛再看一次，結果不一樣喔。」

她也和我一起趴在地板上找起來。幾分鐘後，她的身上閃出一道光，我看到有個東西閃閃發亮。「等等，」我說，「我不想太唐突碰觸妳，不過妳有沒有檢查過妳穿的毛衣？我剛剛看到妳肩膀後方有個東西發亮。」她同意我伸手碰她的後肩，耳環當然就在那兒，卡在衣料的皺褶裡。我把它挑出來送到她眼前。她欣喜若狂、樂不可支，嘴巴因此大張成O型。

她給我一個熊抱，然後我們就一起站起來。「哇，」她一邊處理耳環，「我們花了十五分鐘找這個小東西。」就在那一刻，我不由自主切換回到駭客模式。我從她的驚喜反應推斷出自己已經送出一樣讓人難以置信的大禮物。我大可要求任何回禮，而且或許也會收到正面回應。「啊，糟了，」我說，瞄一眼手表，「我和人資部門的會議要遲到了。」我一把抓起自己的東西準備進門，心中希望她免了公事公辦拿識別證換訪客證這一關，直接按下門鈴讓我進入。果不其然，她就這麼做了。

如果你發現自己和生活中某人互動時帶有驚訝，假設那是正面的驚喜感，那就有可能代表是你的好機會。如果它是你引發的負面驚異感，務必重新評估自己的手法，看看你是否以某種方式引發對方心中的恐懼。你也可以投射自己的驚喜感進而產生良好印象。假使有人分享一則趣聞，你希望對方覺得自己被認同了，或許會像多數人一樣產生一股想要加碼更好笑的趣聞以便附和對方的衝動。請壓抑這股衝動，並改成換上驚喜神色，然後這樣說：「是喔，哇塞，我還真的不知道有這件事。好酷喔！」對方得到認同感後將有可能加碼助你一臂之打造融洽關係，最終讓你心想事成。

四號情緒：厭惡

我們扯動鼻翼兩側肌肉以皺鼻方式表達厭惡感。在極端情況下，我們可能也會做出八字眉並嘟起上唇。有時候人們會斜眼引出厭惡感，不過說到底真正派上用場的部位是鼻翼兩側肌肉。你收縮那些肌肉時將會發現呼吸有點困難。那是因為你的身體正在阻擋那股直衝嗅覺感受器令人作嘔的氣味。人們若想表達厭惡感也會將頭轉向一旁、隔開自己的雙眼，並以雙手遮嘴或遮鼻。

你在處理他人引發的厭惡感時請小心為之。這是一種極端強烈的情感，事實上它真的太強烈了，有可能即使多年後仍如影隨形。通常，引發厭惡感對你毫無助益，但有時候會有點效果。如果你正好在幫其他小孩穿衣服，改請母親協助你幫小嬰兒換尿布，有可能一想起小傢伙裹在臭臭的尿布裡就觸景生情感到不快，此時厭惡感在你臉上一閃而過。之後，等小傢伙換好乾淨的尿布，你一想到嬰兒身上的香味和那股想要抱緊處理的感覺，厭惡感馬上就切換成微笑。你會描繪自己的母親以一種發揮十足感性力的方式帶來正面影響力，讓她更可能願意出手幫你為小嬰兒換尿布。

五號情感：輕蔑

許多人會混淆厭惡與輕蔑兩種情感。我們通常對一項行動或目標感到厭惡，對人則永遠是輕蔑。輕蔑不像厭惡，它隱含道德判斷與一絲對可憎對象的優越感。關係專家約翰．高曼（John Gottman）博士的研究發現，輕蔑是預測已婚夫妻是否會離婚的最重要單一因素。伴侶之間可能會有憤怒、怨恨或沮喪感，光是這樣就已經夠糟了；但是假若其中一方的道德優越感激發出對另一半的強烈嫌惡感，這段婚姻注定失敗收場。你花點時間細想就會覺得很有道理。你嫁給一個自以為道德上比你優越的對象，或是反過來自認比對方優越，怎麼可能幸福快樂？正如高曼學院官網上的貼文所稱：「輕蔑是所有關係殺手中最毒辣的代表。我們再怎麼強調也不為過。輕蔑破壞身心靈健康。」[14]

輕蔑是七大基本情緒中唯一會引出所謂單方面臉部表情的情感。我們心生輕蔑感時就會以扯動一面臉頰肌肉這種十分幽微的方式誘使它發生。我們的下巴也會向上抬高，讓我們看起來像是「用鼻孔看人」；與此同時，我們的身體變得像是膨脹起來，姿勢也會更高高在上、充滿霸氣。

輕蔑超級負面，我想不出來人際駭客會想要在生活中的什麼情境喚出這種情感。這種手法幾乎是不可能讓他們因為認識你生活變得更美好。如果有人對你流露出輕蔑神色，請務必當心：輕蔑就像憤怒一樣，經常是通往暴力的門戶，一如我們經常會在仇外心理、種族主義、反猶主義和其他形式的部落仇恨中看見。

六號情感：悲傷

悲傷與諸如憤怒、恐懼這類收緊臉部肌肉的情感相比之下，反而是必須鬆弛或軟化肌肉。我們低垂眼皮、下壓嘴角，進而喚起輕微的悲傷以及與之相關的焦慮或擔憂；與此同時，我們的眉心還會皺成一團。至於身體其他部位，悲傷會讓我們的身體看似小了一號。我們低下頭、垂下肩膀、緊抱雙臂或甚至看起來像是環抱自己的身體，讓我們整體姿勢看起來更無力、更沉靜。

如我們所見，在人際駭客付諸應用期間，我們可以利用悲傷增添自身優勢，但至關重要的一點是，由於悲傷或擔憂會觸發他人的同理心，因此我們要限制自己僅僅喚出輕微的悲傷感或擔憂感就好。皺眉、熱淚盈眶或出聲抽泣會顯現極端悲傷模樣，將惹得他人極端不自在，我們也很難做到讓他們因為認識你生活變得更美好。要是你察覺他人的悲傷感，請試著將心比心。放低你的聲量、壓低你的雙肩、放慢說話速度，因為所有這一切都有助於表達關切與關心。你從人道主義、人際駭客的立場出發，在試著確立原因以及自己能否提供幫助時也不至於犯錯。至少你與某人建立一層融洽關係，讓對方知道你在乎。你可能將自己置於一個為對方生活帶來良好影響的位置，這樣一來，如果你進入駭客模式就可以充分利用這種情勢心想事成。

七號情緒：喜悅

我們簡扼說明七大基本情緒時，刻意讓喜悅這個最重要的正面情感壓軸出場。我們當然是以嘴角上揚、露出微笑的方式表達喜悅。我們的臉頰跟著往太陽穴方向抬高之際，雙眼就會擠壓出魚尾紋。再者，我們傾向讓身體像是膨脹起來或是大了一號、站得更挺直、下巴抬得更高、用力挺胸，而且說話節奏、速度、音量與聲調全都加快。當我們開心時，每一樣生理表徵看起來都有一種飄飄然的感覺。世界超美好！我們超幸福！

在許多情況下，你試圖實現目標之際也讓他們因為認識你生活變得更美好，會喚醒你自身心中的幸福感。然而，如果你遇到某人正傷心欲絕，自己卻還能一臉快活、熱血樂觀，那你可能就遇上麻木不仁的危險了。剛剛失去深愛父母悲痛欲絕的人聽到「往好處想」這種元氣滿滿的規勸，還附帶「我知道你現在有什麼感覺」這類善意的體己話時，根本就不覺得深感安慰。你真的知道對方有什麼感覺嗎？此時此刻對方真的覺得心情上已經做足準備打算往好處想嗎？

你與其建議悲傷的人開心幸福，不如拋出問題，讓對方回想自身曾經擁有過的幸福記憶就好，像是「你爸最熱愛的嗜好是什麼？」或「你媽最愛看的電影是哪一種類型？」有時候個人若是痛不欲生，即使這一招也將完全無濟於事。在這種情況下，請不要再試圖推促對方努力尋找幸福。坐下來陪他們就好。要是你建立的融洽關係到達一定成熟度，請在他們抽泣或痛哭的當下張臂擁抱提供安慰。你可以輕柔地這樣解釋自己在做什麼：「我只是要坐在這裡陪你，因為現在我可能也說不出什麼中聽的話來安慰你。」

如果你正尋求某人相助，對方的非口語表達正在散發幸福感，那就請喚醒自身的幸福感以便建立連結。沉浸在幸福中的人通常當下都會感覺自信，對其他人的需求比較沒有同理心。如果你在提出請求的過程中喚出些許悲傷與同理心，可能會被視為掃興鬼。請先與開心的對方同樂一會兒，對他們提出幾個問題，讓他們回想起所有自己經歷過的臨頭好事。分享他們的喜悅，真心真意地樂在其中。稍後當對方問起你的事情，便可乘機輕推談話朝著你的要求方向而去。你正試著讓他們因為認識你生活變得更美好，要是你無法協助他們維繫初見你那一刻所體驗到的幸福感，他們根本就不會因為認識你生活變得更美好。

讓七大基本情緒發揮作用

你若想讓七大基本情緒發揮功效就必須練習。請始自觀察他人，務必格外關注他們如何善用身體，以及他們如何特別善用臉部表情表達自我。

第一步就是稍早所說的腹面招數：請前往一處熙來攘往的公共場所，舉例來說，萬頭鑽動的美食廣場、公園或人滿為患的星巴克。你暫緩觀察臉部表情，務先留意人們彼此之間的相對姿勢。當人們對彼此興致高昂，無論是否為性吸引力，都會完全面對面朝向彼此，而且還會傾身向前。你可以先找到擺出這類姿勢的對象嗎？也找得到那些沒有正面對著彼此談話的例子嗎？

當你找到之後再繼續觀察臉部表情：請遠距觀察人群，這樣你就可以看到他們但不會聽到他們的談話內容。看他們如何開口說話。他們的嘴巴微噘嗎？有舔唇嗎？有收攏唇瓣嗎？若請你猜猜，你會推論他們在聊些什麼？他們正經歷什麼樣的情感？當你覺得自己已經非常善於解讀臉部表情，請將觀察距離縮短至聽得到談話內容的範圍。你正確解讀他們的臉部表情嗎？有可能一開始是錯誤解讀，好比你以為收攏唇瓣是一種生氣表徵，但事實上只是其中一方認真思考某事時會出現的表情。時間一久，仔細觀察的做法有助你更精確分辨非口語的情感表達。

接著要求自己練習發送七大基本情緒的訊號：本週每一天都請選一種七大基本情緒，花十五分鐘左右對著鏡子練習。每天都要選擇不一樣的情感，這樣一週過後你就能全體完整練習過一遍。你在練習表達時請留意自身的內心感受，好比花了幾分鐘讓悲傷感浮現臉上與身體其他部位後是否真的突然感到一絲悲傷？當你試著召喚出憤怒時感覺如何？當你變得更關注非語言表達與情感之間的連結，就能「訓練」自己在某些特定情境中表演得更到位。舉例來說，知道自己赴約之際會覺得緊張，或許就可以在碰面之前下點功夫喚出幸福感。

如果你即將上台簡報或期待某種其他類型會面，屆時你有必要針對某一個特定主題長時間發言，舉例來說推展業務或面試一項職缺，請試試以下做法：會面前一、兩個星期，請事先為自己錄影以便觀察並修正非口語表達，因為它們有可能無法傳達你渴望的情感。你的雙肩下垂嗎？你的拳頭握緊嗎？你看起來是滿臉怒容或是輕蔑不屑？你對即將登場的會面、簡報的對象與自己打算傳遞的構想真實感受如何？如果你事先為自己錄影，有可能會被自己目睹的畫面嚇到。一旦你開始調整這些情感的細微差別，你的簡報效果突飛猛進的程度將會讓你同樣大感意外。

隨著你變得更熟悉這些非口語表達，請留心這些知識的局限性。儘管你變得善於辨識各種情感，仍然可能無法透徹解讀他人心聲。非口語表達可以用某種方式告訴你其他人的感受，但無法告訴你為何有這些感受。如果你看不清現實面，就會開始在解讀時連連出大包。

有一次我在課堂上教學時，有個名為麥可的學員全程猛做鬼臉。我解讀成他是在不爽，因此想要試著搞清楚我到底踩到什麼雷惹毛他。最後我在課間空檔時問麥可究竟是怎麼一回事。結果他根本不是在生氣；反之，他是因為扭傷背部痛得齜牙咧嘴。我或多或少正確解讀麥可的情感，亦即我知道他正為了某件事不爽，不過如果我沒有開口問就不會知道結果。我自己的假設錯得離譜。

如果你的生活中有人正對著你表達七大基本情緒其中某一種情感，直接開口向他們問個清楚而非逕自猜測才有助你了解箇中原因。不過務請採取一種審慎易感、尊重對方的方式提問。如果我是公然在課堂上點名麥可，有可能會讓他尷尬難堪。我們的感受都是非常私密，我將有可能硬把他拖到眾目睽睽的公共世界裡。請找一處私密場所，採取帶有好奇心、同理心的問法提出你的問題，而非侵門踏戶、非難意味濃厚的方式。

如果我們打算直接跳到結論，就必須體認到，個人可以基於自身迥然不同的理由採取獨特的方式使用非口語表達。我提供的七大基本情緒普遍原則很簡單，就是規則而已。但也有例外。假設你遠遠就看到某人雙手抱胸疾步朝著你走來，臉上大喇喇地掛出想找碴的臭臉，可能會假設他正怒火中燒，不然就是滿肚子不爽。不過假使他只是冷到縮起脖子呢？假使他只是覺得累得要命或是身體微恙呢？假使他只是肩膀受傷，縮著身體走路反而比較舒服呢？假使他只是襯衫衣袖太短，而且自己也察覺到這樣不太體面，所以乾脆抱胸遮醜呢？

有一套簡單招數你可以用在任何人身上，確保你更準確解讀臉部表情或其他的肢體語言。你第一次認識某人時，請暫勿評判對方的情感狀態，只要觀察他們的行為就好，包括臉部表情、如何移動身體以及說話的節奏、速度、聲量與音調等整體語感。這些會成為你的基準值觀察。隨著你開始與對方交流，請留意各種偏離基準值的改變。就前述男子當著你疾行而來的例子來說，倘若他看到附近有一名女性後突然打住，然後轉身面對她，你可能相當有把握地認定，無論是否出於性吸引力，她都算是成功引起他的興趣與注意力。假使他並未停下腳步，那就是興趣缺缺。

這套基準值技巧不僅有助你用在陌生人身上，就連熟人也適用。姑且假設我下班回家就看到老婆坐在桌前瞪著自己的電腦螢幕，雙手抱胸、眉頭緊蹙。這些非口語表達有可能暗示著她在生氣不然就是在不爽，但另一方面也有可能她只是很專心在閱讀眼前素材。我留意著她的基準值，觀察好風向後便迅速決定如何拿捏可以與她產生共鳴的說話或行動方式。假設我好整以暇地開口：「老婆！我今天大走運！過得超棒的！」倘使她在生氣或不爽，我這麼興高采烈可能只會激怒她。我可以預期看到她的眉心皺得更緊。也許她的雙臂會抓得更緊。這時我就會提醒自己：「我剛剛搞砸了。她是在不爽。」反之，如果我比較沉靜地走近她然後低聲問今天過得如何，有可能會看到她鬆開雙臂，眉目之間的慍色換上悲傷之情。這時我會提醒自己：「啊，糟了，今天有壞事發生。」有可能會讓我開口追問幾個問題，進而釐清什麼事出狀況。

如果你養成留意他人基準值的習慣，也有可能幫自己找到更有利的地位，可以找出潛在的不實假象，單單只是因為你現在更貼身觀察他人。且讓我們假設此際你和我正好面對面，我問你喜不喜歡我買給你那一盒包裝精美的巧克力，如果你搖頭稍微暗示「不喜歡」，嘴上卻說著：「喜歡啊，那些巧克力很棒耶，有些還是我吃過最美味的口味。」你表現得口是心非，但你算是在說謊嗎？雖說你的反應明顯有差異，這是一個警告訊號，但其實我沒有十足把握。有可能你喜歡多數口味，但就是受不了內含橙皮酒那種口味，如此便足以說明你的訊號模糊不清。我若想確實知道你究竟是不是在說謊，就會繼續順著橙皮酒的話題聊下去。如果我聽到你說：「喜歡啊，但橙皮酒那幾顆不是我的菜，我分給幾個小鬼吃了。」心裡就更有譜你心口不一的原因何在。假設我都問過一輪了還是搞不清楚你為何言不由衷，很可能你就是在撒謊。

練習觀察他人、培養技巧，但切勿過度解讀對方的肢體語言看似在說些什麼。許多經驗值都取決於你提出的後續問題。要是你不開口提問，往往會錯誤解讀，損及你影響他人的能力。

更善解人意的你

非口語表達在概念上很直截了當，但是你可能會發現，它們的實際應用比起本書所述其他技術難度更高。我們多數人對如何影響他人至少有一定程度的理解，但是從我的經驗出發，極少人會調整成非口語表達。我們小時候不管是在家裡或是接受正規教育期間，都不會接受大量非口語表達的訓練；隨著我們長大成人，智慧型手機與其他裝置激增則導致我們許多人花費更大量時間盯著小螢幕看，觀察他人、解讀情感的時間反而驟減。尤有甚者，我們許多人疲於應付日常生活各種需求，與自己的身體及情感日益不和諧，而且不再思考兩者之間的關聯。

若說配合非口語表達讓你覺得很彆扭，還是請你試著堅持下去。任何人都能學會這招技巧，你只需要費時練習、用心改進。

且容我以一則我個人最愛的故事為例來說明這一點。多年前，也就是我女兒艾瑪雅八歲那一年，有個機會可以親自拜訪艾克曼教授。她對他的研究很感興趣，因此拜讀他的著作《心理學家的面相術：解讀情緒的密碼》，自學書中的技巧。當時，我不知道這些技巧竟然從此牢記在她心中，畢竟當時她才八歲。我的天啊，我真的對此感到震驚不已。

有一天我們一起開車出門，時速大約六十五公里，沒多久艾瑪雅輕拍我的肩膀。「爹地，」她說，「你剛剛有看到我們開車經過路邊一名女士嗎？她看起來傷心欲絕。」我沒有留意那名女士，因此第一個反應就是繼續前駛。「爹地，」艾瑪雅說，「你教我如果看到別人有難就要出手相助，你應該要開車回頭看看她發生什麼事了。」

我怎麼開得了口拒絕？於是我掉頭轉向往回開。果不其然，我看到一名年約六十出頭的女士坐在長椅上。之前我的心思都放在路況，沒有真的注意到她。我看到她穿著乾淨的T恤、毛衣與牛仔褲，推想她不是遊民；但她的面容布滿所有典型哀莫大於心死的表徵，像是充血、浮腫的雙眼。我沒有看到血跡或是任何暗示她處於生理苦痛的跡象。這時艾瑪雅說：「我得去和她聊聊。」我試圖勸阻她，深怕這名女士情緒不穩或是做出危險動作，但艾瑪雅一再堅持。

我把車停在路旁艾瑪雅便說：「爹地，我要自己一個人走過去喔。讓我試試看。可以嗎？拜託！」她接近那名女士時我稍微往後退，雙眼緊盯，做好一旦看到麻煩的徵兆就要即刻出手的準備。艾瑪雅接近那名女士，然後開口解釋我們剛剛開車經過，留意到她看起來很傷心，接著便問：「一切都還好嗎？」

女士抬頭看著她，突然放聲大哭。當她稍微冷靜下來才開口講述，她的先生離她而去，還把她踢出家門。她身無分文，淪於破產。她向一間生活援助機構爭取住宿機會，但也不得其門而入。她坐在路邊是因為她已經無計可施，她的人生看起來毫無希望。

我們問她有沒有什麼事我們可以幫得上忙，但她婉拒，還說她得自己想辦法解決問題。不過她確實有個要求：可以抱一下艾瑪雅嗎？我點頭同意，於是這一老一少彼此張臂擁抱。「謝謝妳，」她對艾瑪雅說，「謝謝妳注意到我，而且還這麼有大愛。妳讓我今天過得比較快樂一點。這一點非常重要。」

如果一名八歲孩童可以熟練掌握非口語表達，足以在時速六十五公里時留意到路旁一名女士，你也可以熟能生巧。正如艾瑪雅的故事也告訴我們，熟練掌握非口語表達可以幫助我們每個人變得不僅更擅長影響他人，還可以更敏於體察、同情他人。艾瑪雅走向這名女士時並無意從她身上得到什麼，她離開時卻感覺很棒。她花時間留意其他人的感受，然後依據自己所見情形採取行動，就讓對方感覺到那一天更充滿希望。

儘管非口語表達很重要，倘使我們想要把握與他人連結並一如己願影響對方的最佳機會，我們尚且需要其他技巧。你深諳影響他人並讓他們因為認識你生活變得更美好的基本原則，但是真的用心留意過自己言行舉止的諸多細節嗎？這樣做能讓交流過程大不相同，究竟是感覺真實、難以抗拒，或者是假掰、尷尬又處處利己。你搞砸細節，可能會淪於奢望自己根本沒淌入這趟社交渾水；你搞對細節，就可以從容不迫地踏上心想事成之路，同時也讓其他人更無入而不自得。且讓我們看看怎麼做才好。

第八章 讓你的表現真情流露

微調你的手法，讓社交交流「真情流露」。

你即使擬定最合乎邏輯的假托人設，社交互動照樣可能一敗塗地，因為你穿衣打扮、音容笑貌或是言談舉止的微妙細節都會讓你的行為看起來超假掰或是難以取信他人。你若想最大化成功機率，首要之務就是心中常存真善美，避免搞出關鍵的「敗筆」。聽似「真實」、可信度高的精彩故事每一次都能奏效。你的社交交流亦當如是。

不久前，我的團隊和我飛往某個開發中國家，試圖闖入一家大型銀行總部。它們當地的行事風格和我們在美國境內迥異。這家銀行有一部分的保安措施就是聘用強壯魁梧、面目兇狠的大漢手持自動武器騎摩托車巡視建築物周圍。幸運的是，我們則是具備人際駭客技巧。我們發現，這家銀行正在進行一系列技術測試，以便確保符合國際標準。我們深入探索後得知測試廠商是哪一家企業，因此利用它的企業商標打造一套專業行頭。我們聘用一名當地人在正式行動之前混進總部，先和駐守的保安警衛打聲招呼，就說自己是來執行一些工作，順便問問應該帶上什麼文件才能准入。

當他們還在對話時，一名同事和我穿著我們自製的制服走向前去。我邊走邊對著手機說話，而且我倆都手持看起來很正式的手寫板。

我照著計畫設定，將手機貼在耳上邊走、邊講還邊點頭，「沒錯，沒錯，我們現在正要上樓了。幾分鐘就會完成測試。」我們就這樣走過保安警衛身邊，他們一句話都沒說。我們進了總部到處查看，迅速確定自己的方位。時間很緊迫，我們不想被逮個正著。我們找到一扇標示「自動提款機測試中心」的大門，正當一名女性走進來之際，我們朝著它走去。她刷卡進門，我們趕緊尾隨而入。她開口說：「不好意思……」

「哦，對，」我們說，「我們正在進行支付卡產業的合規性測試。」

她說：「喔，那沒問題。」

她完成自己進門後打算做的事，一分鐘後就離開。搞定。接下來十五分鐘，我們輕鬆駭入整間銀行。

儘管有那些手持自動武器的守衛，這項任務還是順利完成，因為我們為自己建立一個貼切的假托人設，不過如何執行這個人設也至關重要。我們精準拿捏自己穿衣打扮的細節，而且還加以微調，讓它們扛得起我們的人設並以我們希望的方式架構出意義。我們穿上制服、手持手寫板，但這還只是起頭而已。倘若我走近保安警衛時露出一臉緊張兮兮的模樣，或是花太多時間解釋自己來歷，還得主張自己的正當性，保安警衛將會開始起疑。假使我不是看起來很明白該往哪裡去，或是很清楚測試員都在做些什麼，或甚至我還得直接開口詢問保安警衛伺服器機房在哪裡，他們也可能會懷疑我們，覺得我們不太對勁或根本是騙子。

我理解這些細微差別後，採取一套仔細校準的極簡主義式做法。在保安警衛被當地人拉著講話分心之際，我反而不多說廢話，直接演得像是我如魚得水，對著手機講話裝忙並一路往前走。我確實大聲說出自己正打算上樓，就是為了讓保安警衛聽到，這一步就是在暗示我如魚得水，正如我自顧自走過保安警衛身邊的事實一樣，演得好像是以前我就經常這麼做。一次派出兩人行動而非單獨行動對我們有利，一家企業執行大量測試得多派人力的考量本來就很合理。所有這些細節加總作用就打造出一套有意義的架構，昭示著「這些傢伙理當在此，讓他們進去吧」，所以保安警衛就這麼做了。

技巧熟練的說故事老手關注自己講述故事的細節，會緊盯著讓它們始終如一地有可信度而且自然。電影製片人和小說家都知道，犯下一個錯誤就會冒著把觀眾推開的風險，讓他們意識到故事有詭計。在那種情形下，整場體驗就失去魔力了。你若想成功發揮本書所呈現的人際駭客技巧，就必須採用說故事老手的心態，關注社交互動的細節時心中常存真善美。你必須充分了解自己的「聽眾」，並預先考慮到，照著假托人設演出、善用誘哄與一般性影響力技巧時，哪些說法聽在對方耳裡才真實、自然。

我在本書數回提及真實性，但這個主旨至關重要，我們必須採取更有條理、聚焦的方式深入闡述。我無法提供你一本規則手冊，好讓你使出人際駭客技巧時每次都完美自然。社交互動實在太複雜、多元，我所能做的事就是聚焦駭客們觸犯的幾個最大錯誤，亦即「敲醒」自己的目標對象，開始警覺對方的騙術。請謹記這些錯誤並盡力避開它們，你影響他人的努力將會變得更真實、取信於人而且引人注目。

五大真實性「敗筆」

在我的經驗裡，五大關鍵「敗筆」足以說明絕大部分試圖影響他人的悲慘命運所為何來。犯下其中任何一項都會促使你感興趣的對象提高警覺，提防你隱而不宣的動機與技巧。他們或許無法完全看穿你的目標，但會感覺到這類動機確實存在，而且正在形塑你言行舉止。光是這一步就會讓他們全副武裝，並干擾你引導對話朝著有益方向所付出的努力。人們在日常言談之間總是會不小心犯下這些錯誤，打壞自己原本可能讓對方著魔的布局。

敗筆一：你太直接了

「動手秀，不要動口說」是說故事的古老格言，箇中概念就是具象描繪主角的動作進而呈現主旨或寓意，不要讓他們自己或旁白公然點破。如果你採取單調乏味的方式娓娓道來一則訊息，觀眾就可能真的會視它們為一則訊息，整場演出將魅力盡失。套一句語言學家喬治．雷可夫（George Lakoff）的說法，你要吸引他們的注意力用來「架構」你試圖打造的意義。雷可夫這麼寫，架構「就是形塑我們看待世界方式的心理結構。結果便是，它們形塑我們追尋的目標、我們制定的計畫、我們行動的方式，以及我們採取行動後的良好或不良結果」。[1] 我們經常對架構渾然不察，它常常對我們起作用，而我們就只是信以為真。就算我們確實察覺到架構，只要我們不覺得它是被用來對付我們自己或他人，有可能它依舊對我們起作用。一旦我們察覺到惡意念頭，批判性思維就會啟動，這些架構的力量就瓦解了。

回想一下之前我試舉你試圖請姊姊協助你為年邁母親的健康照護出資的例子。正如我所建議，漸進採用影響力技巧的其中一招可能是，找她下班後沒那麼累或充滿壓力的一天，相約去她的愛店共進晚餐。點一個對方喜歡的開胃菜或一瓶酒，然後試圖建立融洽關係再進一步開展對話。稍後，當你打算進入假托人設的情境時，或許可以這樣說：「我跟妳說，我找妳晚餐是因為我需要妳幫忙。老媽的健康每下愈況，再也沒辦法自理生活。我不太確定要怎麼處理這種情形，但我很重視妳的意見，所以想先問一下我們應該怎麼辦才好。」

從這一步起，你可能發揮影響力技巧，輕促姊姊朝著她應該為你們母親的健康照護盡一份心力的方向前進。你可能會使用社會認同，因為觀察到另一名值得信賴的親戚或朋友為母親的照護做出貢獻。或者你可能使用表達喜愛原則，也就是表達自己對姊姊一向是大孝女的敬意。你不該做的就是說出或做出一些蠢事，讓對方意識到你所做的一切都只是為了影響她。當服務生送上姊姊愛喝的酒，你不該這樣說：「欸，妳看，我點了妳愛喝的酒。」稍後，當服務生送上主菜，你也不該這樣說：「我知道妳喜歡這個菜。我想在這裡用餐就是因為我知道這家餐廳是妳的愛店。」這類看似無害的評論可能會使妳妳抽離好好體驗的情境，反而將注意力聚焦在原本無感的事物，亦即你和你的潛在動機。因為你實際上正是這樣對她說：「妳看，我想要為妳做點好事，是因為我想要妳遵照我的某些要求。」這樣一來就會好事多磨。

我假扮成電梯維修工潛入建築物時，絕不會對保安警衛脫口而出：「欸，這是我的維修裝扮、這些是我的維修工具。我是個電梯維修工。」警衛看到我的穿著打扮和我手上的工具就知道我是維修工。我不是在建議你，絕不該公開承認自己的假托人設或是採取用以影響他人行為的行動。姑且假設，我假扮成奧的斯電梯（Otis Elevators）維修工，身穿印上企業商標的襯衫。如果想要隨口聊兩句的保安警衛對著我喊聲：「老兄，你在奧的斯工作喔？」這時順勢承認就變成這段談話的自然發展途徑。但是如果這個問題沒有出現，就表示我的目標對象邏輯上不覺得我有必要對他們說明我的工作內容。我如果多此一舉就會敲響警衛的警鐘並開始仔細盤查我。

敗筆二：你否定「架構」

有些菜鳥駭客笨手笨腳的程度甚至更讓人心驚膽跳。他們闡明自己為感興趣的對象做了些什麼事還覺得不夠滿意，非得進一步明確地再三保證自己沒有做出任何有害情事。我聽過有學員試圖潛入一棟保安設施時亮出自己偽造的識別證並說：「看到沒？我是員工。這張識別證說得很清楚。」接著他們繼續說出此地無銀三百兩的蠢話：「我的意思是，這代表我不是駭客之類的怪咖。」

有事嗎？千萬不要這樣說！假設一名稱職的說故事高手想要一針見血地指出人生毫無意義好了，也絕對不會脫口而出：「我沒打算捏造整起故事，就只是為了讓你相信生命毫無意義。」這類舉動反而會炸裂敘述者努力建立的真實性。正如雷可夫觀察政治講談的脈絡後提出知名觀點：「我們否定架構時，就是在召喚架構。」[2]我們否認一個概念時，遣詞用字會將它植入對方腦海中，反而延續它的存在。

假設你打算對姊姊說：「我今晚找妳晚餐不是一心想叫妳幫老媽出錢。」她心中其實更會往哪方面想？可能原本你腦補的念頭她壓根沒想過。不過現在你已經埋下這個念頭的種子，它可能在你們雙方談話席間萌芽，然後長成啟人疑竇、滿心猜疑的討人厭雜草，結果反而與你的初衷背道而馳。不要否定你通過假托人設、建立融洽關係的努力，加上使出影響力技巧所打造的「架構」或論述。一點也沒必要。

敗筆三：完美過頭

你可能講述的故事需要鉅細靡遺的枝節，否則看起來含糊不清、過於抽象而且毫無意義；尤有甚者，你在提供多種、肯定的細節以傳遞一個假托人設的同時也必須強化意義的架構。我假扮成害蟲防治人員時會穿上制服、帶上噴霧器，還會手持夾板筆記，上頭條列著捏造的工作指令，它們加在一起就合理化我的人設。不過做到這一步就夠了。我不用喋喋不休地對保安警衛上課，說我打算噴殺哪些害蟲，就連透露自己用哪一個廠牌的殺蟲劑也免了，更別提告訴對方那一週我已經噴灑過許多其他設施。我為了做到「盡善盡美」所以交代過多細節，反而會讓目標對象猜疑所有細節以及究竟還有多少細節。他們會對這則本該被聽信的故事變得十分警醒，不願埋單。我很容易看起來焦慮、不安而且一整個假到不行。

我的團隊和我闖入前述那家銀行時，事先爬梳大量關細節。我知道自己會怎麼被稱呼、服務企業名稱、為什麼會出現在銀行、我們要做哪一種合規性測試、銀行內部哪些單位正在接受測試。但我不會大喇喇走進銀行巡自宣布，我的老闆是芝加哥分公司的拉費克．賈利利，他在六月十七日開會時告訴我要飛來這個國家完成一場支付卡產業的合規性測試，最初預定在九月十三日進行。我不會告知保安警衛，過去六年半以來一直在做合規性測試，而且我是在我們公司馬里蘭州巴爾的摩郡的據點接受培訓。根本沒人在乎這些細節，但我一股腦地想要全盤托出反倒會讓保安警衛覺得有鬼。

駭客通常不會提供太多細節，反而是供出一些太極端的枝微末節。有時候他們扯謊以便製造「完美」的殺手級細節，進而讓目標對象埋單。我最近與一名商業夥伴安排開會，對方知道我的愛團是搖滾樂團離合器（Clutch）。這名夥伴其實和我不太熟，但他預先下載離合器的曲目，並在接我上車去開會的路上放給我聽，努力想打造融洽關係。我評論起音樂選擇時他接話：「喔，對了，有一次我聽到你說他們是你的愛團，所以我想不妨就下載一張專輯放給你聽。」我的夥伴並未聲稱自己一夕之間秒變成離合器的狂粉，也沒有號稱自己知道這支樂團釋出的每一首新歌或新專輯。要是他這麼做，我反倒會懷疑他說話究竟有幾分真實性，因為他的言行舉止絲毫沒有透露出自己特別中意離合器或他們的音樂風格。如果我繼續隨意探問，我們正在聽的這張專輯他最愛哪一首歌，或者假設我有跟進提出幾個關於這支樂團的必知問題，他可能會尷尬回應，不知該說些什麼。就他試圖在建立融洽關係時展現真實性而言反而是砸鍋了。

你若試圖讓社交互動「盡善盡美」，請將幾千年前古羅馬皇帝馬可斯・奧理略（Marcus Aurelius）評論的一個觀察謹記在心。「麵包在烘烤時，」他說，「表面出現某些裂痕。這些如此裂開的部分具備某種不含麵包師目的的形式，但在某種意義上仍然是美觀的，而且正以一種特殊的方式刺激我們的食欲。」[3]我們多數人重視不完美，發現它不只是美麗、誘人，還因此更渴望它具有真實性。這正是一名研究人員所說「理想的現實（aspirational realness）」。[4]每當論及麵包與許多其他的消費性產品，這一點所言不假，套用在社交互動亦然。因此，請勿強逼自己上場後事事完美到位。「夠好了」這種道德準則最管用。

敗筆四：你自己破壞假托人設

菜鳥駭客不單是鉅細靡遺而已，還會搞錯細節，用一種偏離假托人設甚至反向牴觸的方式說出或做出蠢事。就說你的人設是要你扮演心胸寬大、同情心強的手足，或者是德高望重、備受敬仰的權威人士，不然就是正派誠實的專業精英好了，你卻在談話席間連連丟出炸彈，搞得你的人設可信度大減。在我這一行，這可是天大的問題。由於社交工程過去大多是由男性主導的領域，許多從業者都會不假思索地說出超級惹人反感的性別歧視語言。你將時不時就聽到成功闖入某家企業電腦系統的保安專家這樣說：「我剛剛硬上那具伺服器！」那句話傳達一幕什麼樣的景象？如果你試圖影響他人，但一開口就像個渾蛋，砸鍋自是不在話下。同理，如果你們是新婚佳偶，試圖和伴侶的家人打好關係，他們全都不是英語母語人士，你卻開口閉口就是伴侶的親友可能聽不懂的新潮用語，好比「咖啡話（confabulated）或氣噗噗（irascible）」，這時你還想演好「熱情好客、如魚得水的新家庭成員」這個預設角色，恐怕只是想太多。

你上場後只要一個不小心，語言之外的其他面向最終都有可能會惹毛你感興趣的對象。正如我們在前一章所見，我們的肢體語言對他人傳達出微妙的暗示。假設我是彪形大漢，試圖和一名身形遠比我嬌小的女性互動，而且我整個人都正面對著她，有可能讓她下意識就認定我帶有威脅感。如果我是任何一種身形的男性，試圖和新來的女學員建立融洽關係，她頭罩穆斯林面紗，結果我還伸出手想和她問好，我也有可能在無意間冒犯對方，因為嚴格的伊斯蘭文化禁止不同性別的陌生人有任何接觸。若是我和耳背的老人家談話時快如機關槍又輕聲細語，有可能無意間讓對方感到不自在，反倒損害我想要影響對方的努力，特別是如果我正在扮演細心、有同情心的孫子、鄰居或朋友的角色。倘使我正在扮演慈父的角色，和兒女談話時卻老是拿起手機瞄兩眼，那我也就是在破壞自身的真實性，我想要發揮影響力的努力也受到波及。

我們也必須顧及自身外表以及它在他人眼中的印象，特別是不認識我們而且對我們僅存刻板印象的陌生人。假如我是光頭大漢，許多人看到我會想到愛生氣或逞凶好鬥。我有可能是全世界最貼心、最善解人意的傢伙，但刻板印象就是如此。我試圖影響他人時必須將這個刻板印象謹記在心，進一步矯正自己的言行舉止，或許是竭盡全力地堆出暖笑、輕聲細語，或者是席桌而坐時讓我感興趣的對象坐得比我高，這樣就能將對方置於手握權威或權力的高位。同理，如果我是體型豐滿的女性，試圖影響一屋子男性，就應該想想衣袖應該要多長、上衣要多短；我上台演說的內容元素亦然，聽眾對我的動機可能推斷出什麼正確或錯誤結論。無論我的性別為何，都應該把社會經濟範圍納入其中這一點謹記在心。假使我是在和窮小子打交道的大富翁，隨身的 Gucci 精品包、勞力士錶有助我與對方建立融洽關係，還是會導致他人把我們想成勢利鬼？

我們可能不喜歡人們加諸在其他人身上的刻板印象，也不喜歡他們用來分門別類其他人的偏誤判斷，像我就很厭惡。但我們不能忽視他人可能帶有瑕疵而且很傷人的看法，還希望可以影響這些人。日復一日，我善用這些偏見以便誘使他人點擊一個連結或是獲准經過保安關卡。我憎惡這些刻板印象，但它們活生生存在、深植人心。對有意指責我玩弄這些可恨的刻板印象，而不是每一次都挑戰它們的評論家來說，我必須指出，犯罪份子會毫不猶豫地濫用人們的偏見，既然我的本業就是協助組織改善保安機制，讓社會更安全，我也得這麼做。

非專業人士也無法單單用一句話就推翻這些觀念。有些人可能主張，我們應該對著親朋好友與左鄰右舍的偏見大聲疾呼並試圖促成變革。有時候，這可能是必要之舉。正如我貫穿本書一再宣稱，我們與他人互動時，不要損及自身深刻的道德原則，這一點很重要。不過多數時候，假使我們的目標是影響他人，最好是多展現一點謙遜，在自己可以接受的範圍內結識真實的對方。我們無法在日常互動中改變全世界的思維方式，但可以做的就是思考如何改變我們與下一個人的互動。實現這個目標的最佳之道就是，在或許會挑戰他人可能對我們帶有某種固有刻板印象期間，讓對方盡可能感到自在，然後再讓他們因為認識你生活變得更美好。我們也必須接受，因為有些人帶有種族主義、性別主義與年齡主義歧視，有些假托人設對我們來說就是不管用。我們的外表可能有些元素與我們試圖在他人心中喚醒的意義強烈牴觸。

敗筆五：你的「問法」挑釁意味太濃厚

「昨晚，我正打算關掉辦公室的燈然後下班回家，突然瞥見辦公室角落有一隻昆蟲垂吊在絲線上，把另一隻昆蟲緊裹在網線裡。」你讀到這句話的同時腦中會浮現什麼景象？多數時候你會想到蜘蛛。我根本無須刻意寫出「蜘蛛」這兩個字就能喚起你對那隻特定昆蟲的記憶。

每當你框列意義的架構，架構（好比一隻昆蟲緊裹在網線裡）內部定義的語彙或目標就會召喚出這個架構（亦即蜘蛛正在室內角落做事的意象）。這個原則解釋為何我們執行駭客任務時無需過度鉅細靡遺（亦即敗筆一），我們只要端出架構中的一、兩項原則便足以完事。但是就這個原則的必然結果而論，我們也不必直接索求所期待的事物；尤有甚者，我們要求太多，有可能刺激他人對我們打算建立一套帶有某種意義的架構提高警覺。

姑且就說我的鄰居芭芭養了一隻黃金獵犬，每天早、晚她都會放牠出門，然後牠就沒完沒了地狂吠。清晨那一回都落在六點左右，驚動我一雙兒女比一般原定的起床時間早一個小時醒來。我希望芭芭可以等到至少八點再放狗出門，或是安排其他替代做法，這樣就不會干擾到我的家庭。要是我選個傍晚在她打開車踏上她家的車道時，直截了當地要求她不到上午八點不要放狗出門，她可能會強硬起來回應，特別是如果她一整天工作結束後已經累得像條狗，而且壓力爆表。倘若我試圖扮演「懇求幫忙的和善鄰居」，我的大膽行徑又可能會抵觸並破壞我的假托人設。

比較好的解決辦法似乎是選在一個週日上午，我打算出門散步，她正好放鬆地和愛狗羅飛在花園裡消磨時光，讓牠躺在身旁曬太陽的時刻。即使是在那種情境下，直接要求她清晨不要讓牠鬼吼鬼叫也於事無補。於是我另外想了一招。我去找芭芭時可以先這樣說：「我喜歡妳栽種的這片玫瑰花叢，開得真美。羅飛看起來也很喜歡。對了，我剛好想到一件事，不曉得妳能否幫個小忙。我們夫妻倆討論好一陣子，不太確定該怎麼搞定我們家那兩個小鬼。他們每天一大早聽到羅飛的叫吠聲就會醒來。我們試過關上門窗但好像沒什麼用。但我又知道羅飛一定得出門，妳覺得我們該怎麼辦才好？」

這類探詢可能有助開展對話，讓芭芭自己提議等到八點再放羅飛出門，或者是想出其他的解決辦法，好比早點帶牠出門散步，而不是放牠自己出去，這樣一來小孩就聽不到牠的叫聲。在那種情況下我將會心想事成，連直接開口問都省了。當然，她也可能不提任何建議，反而只是說些「聽你這樣說真是抱歉。也許你可以在他們的房間附近放一台除噪助眠機（譯按：撥放溪流或風吹聲等白噪音，用以掩蔽外界聲音、輔助睡眠）好蓋過叫吠聲。」那種回應可能會讓我對她顯而易見的自私深感挫折。此時我最好先別急著吹鬍子瞪眼，而是再試一次，改成這樣說：「不行，小鬼們不喜歡除噪助眠機。大概一年前老二出生時我們就試過了。還有其他建議做法嗎？」

倘若這時芭芭提出你心中設定的解決辦法，那就大功告成。我嘗試動搖她的心意時耐性十足，採取一種可信的方式把持住我的假托人設，這麼做完全值回票價。倘使她沒有提出任何解決辦法，而且再試過一輪以後談判也不見起色，到那時我可能就會直接要求她等到八點才放狗出門。沒有什麼假托人設保證絕對管用，但至少我會知道自己竭盡所能符合人設，看在我的鄰居眼中是真實可信。

假設我真的必須直接向她提出要求，將試圖不要隱含控訴或價值判斷。一句好比「芭芭，妳聽我說，我試著當好鄰居所以才客氣問妳，但我需要妳明白，妳和妳那隻吵死人的狗實在很惹人厭。要是妳不把牠留在家裡到八點才放出門，我就會打電話給動物收容所」的嚴厲聲明，和這句「芭芭，我知道我們已經來來回回試過好幾個點子，但我真的得請妳把羅飛留在家裡到八點才放出門。星期六是每週我唯一可以睡到翻的日子，這樣對我和我的心理健康才有幫助。可以拜託妳幫我這個忙嗎？」的感性問法，兩者差異懸殊。請謹記在心，我不知道為何她會對我這麼不近人情。也許她就只是自私，但也可能有其他更合理的原因。我的目標永遠是讓她因為認識你生活變得更美好的同時實現自己的願望。講垃圾話可能無法讓我心想事成。

回想一下你最近和某人互動結果不如所期的過程。分析一下自己如何推進談話。你如何開場？如何建立融洽關係？如何擬定假托人設？肢體語言如何呈現？如何穿著打扮？是否考慮過自己感興趣的對象，以及他們可能將你想成什麼模樣？想想三至四個你說出或做出的細節，下一次你再遇到類似情境時有可能會改變做法或試圖修正。

看清你的目標，但不要執迷

我們從這五大「敗筆」退後一步思考將會發現，菜鳥駭客會犯錯是因為他們沒有校準自己和目標對象之間的關係。這些準駭客若不是花費太少時間試圖理解他們想要影響的對象，就是反而花太多。他們漠視自己的目標對象，並將他們的視角、情感與需求視為理所當然，或者是變得過分執迷對方如何看待他們。無論是哪一種失衡都會讓駭客傳遞出錯誤細節、變得太單調乏味或是過度直白、提出太多細節，甚至還漫天撒謊只為了「牢牢定住」假托人設並掌控目標對象的感知。無法採取兼容並蓄的做法來思考目標對象的現象，並不只會發生在新手駭客身上。菜鳥可能低估為了搞定任務而必須通透理解的程度，然後就一股腦地採取誤導、誤知的努力掌控局面。不過經驗老到的專家可能也會理所當然地看待自己以前的成功經驗，錯誤假設當前的目標對象和以前沒什麼兩樣，因此就依樣畫葫蘆。如果這些專家都是自律嚴謹的審慎型人格，他們可能會進一步傾向過度規劃，並努力做到「完美」互動。

雖說我不是審慎型人格，但有時候也會犯下過度自信的錯誤。幾年前，我們對一家承包大型政府與軍隊合約的製造商施展網路釣魚手法。當時，外國政府都開始採用職場社群平台領英（LinkedIn）徵聘間諜以便獲得特權資訊。我們假扮成魅力四射的年輕辣妹，向那家企業七千五百名全體員工寄發電子郵件，邀請他們加入一支特殊的領英群組。我們打算盡可能爭取大量員工點擊網址，這樣就能提供我們破壞對方電腦的機會。

我們剛開始鎖定一家企業施行網路釣魚時，大約可以在一次特定攻擊中搞定五〇％

至六〇%的目標對象。我們和這家企業合作十八個月後，員工都更懂得辨識出網路釣魚電子郵件，我們的點擊率掉到二五%至四〇%。不過，這一回領英行動卻搞得有聲有色：七九%員工都點擊連結加入群組。

對置身我這一行的人士來說，那種成功真讓人欣喜若狂，它就此深植腦中。幾個月後，另一家坐擁萬名員工的大型零售業找上我們幫它們執行網路釣魚專案。我們的新客戶說：「我們真的需要你們這些專家第一次釣魚就一擊命中。」

「沒問題，」我說，「我們正好有你要的東西。」

我們再次使用上一次駭入製造商的老方法。寄發電子郵件當天，我緊張地等待結果，看到數字時簡直驚呆了，在最初二十四小時內竟然僅僅一%左右員工上鉤。第二天結束之際也才升到二%；到了第三天還是只有二%。那一週結束時大概只有七%員工點擊連結，遠遠輸給另一家的七九%。到底發生了什麼事？

我懷疑這家企業的垃圾郵件過濾器可能剔除掉我們的電子郵件，但我們檢查過後發現並非如此。我們也確認過是不是有什麼阻擋員工收到電子郵件的技術性問題，一樣不是這麼一回事。

我心灰意冷地結束整套釣魚專案，請客戶指派內部經理聯絡那些收到電子郵件與請求的員工，為何最終都沒有點擊連結。結果是，這家企業的員工根本就對領英興趣缺缺。在前述製造商的全體員工中，四十多歲至五十多歲的男性占據絕大多數，這些員工都愛死領英了，因此總是積極造訪。他們多是整天坐在小辦公桌前的工程男，根本無力招架魅力四射的年輕辣妹發送的訊息。在零售商的全體員工中，二十多歲至三十多歲的員工占據絕大多數，女性比率也比較高。這個世代的員工視領英為「老人專用」網站，反而偏好 Snapchat 或 Instagram 這類網站。當她們收到領英寄發的邀請電子郵件，根本就不會多看一眼。由於這個邀請來自魅力四射的年輕辣妹，全體員工中的女性雇員也比較不樂意點擊。

以在下聰明絕頂的智慧與經驗來看，我們之所以失敗是因為我將受眾視為理所當然。我一想到上一次網路釣魚攻勢大獲全勝，就疏於研究我們眼前的目標對象。這些目標對象都置身大型公司的企業職場，我的基本認知告訴我，這個假托人設和上次狀況一模一樣，所以一個鼓勵採取行動連結社交網站的友善邀請將有可能行得通；但不足以讓我正確理解這個假托人設的諸多細節。因此，我必須更仔細檢視這些目標對象，對他們的基本人格特質、偏好、需求等諸多條件培養出更清晰（儘管仍然十分膚淺）的認知。我將會據此調整我們假托人設的執行方式，寄發臉書相關活動的電子郵件並要求目標對象點擊。三個月後我們獲得第二次機會可以精準寄發類似電子郵件，這一次，我們的點擊率飆高了。

試著不要將你感興趣的對象視為理所當然。對他們保持有益的關注、仔細聆聽他們在說些什麼，然後傾盡全力理解他們。不過請不要一股腦地試圖掌控情況，務請保持冷靜，檢視你可能產生的任何內在控制衝動，同時也試圖力求真實。你撒謊時很難表露出真心真意的模樣，你越偏離真實，就越需要費心思圓謊。現在你必須記住所有你與他人交流或推進關係時搞出來的假象，這樣一來才不會自相矛盾。但就算你設法成功辦到，也很有可能在上場時覺得笨拙棘手或是浮誇生硬。就是一種事情怪怪的感覺。

我有一名學員練習與他人建立融洽關係時，採取一種先問對方打從哪裡來，然後總是宣稱自己是老鄉這套共同點策略。雙方最初的認同源自顯而易見的共同點，總能激起對方一陣興奮之情，但很快就會發現我這名學員根本不熟他們的老家，極可能是在扯謊。請勿有樣學樣。我認識的最優秀業餘駭客不僅認識他們正試圖影響的對象，也更高度關心並敬重對方，因此不會對他們扯謊。他們心想事成，也由於他們讓對方生活變得更美好，最終就帶著滿滿的好感結束這段駭心交流時光。

當你練習前幾章所述技巧時，首要之務就是牢記五大敗筆，以及認識受眾、維持冷靜與常保誠實這幾大戒律。如果你在努力完成任務的過程中自始至終都能少點想到自己、多點想到別人，務請繼續努力。你對自己感興趣的對象認知程度真的一如所期？請挑戰自己再找出對方身上你從不知道的三、四個細節，好比他們的喜惡、他們正在解決什麼難題、他們背景中的哪些元素架構出他們看待世界的觀點？諸如此類的問題。

好好說就能得到更多

著眼於真實性以期完善你與他人的互動，指的是培育更細緻入微的社交禮儀。如果你留意細節，交談就會變得更流暢、自然、吸睛，而且老實說也更容易。隨著時間拉長，你生活中的重要關係隨之呈現不同的境界，少一點挫折感、多一點愛與滿足感。

姑且說你重要的另一半熬過漫長的一天回到家中。他們累得要命、壓力爆表，而且身上還受了傷。他們撲通一聲仰倒在沙發上，重重嘆了一口氣然後打開電視。你帶著一個與他們有關得盡快解決的問題走過去。「你給我聽清楚了，」你說，「你把衣服丟得整間浴室都是，而且抽光衛生紙又不順手補上一包新的。你是有什麼毛病啊？我也和你一樣整天工作很辛苦，但我還是會記住這些事。體諒一下別人好嗎。」你的抱怨合法性可能全世界沒人能比，但是因為你採取一種超級挑釁的口吻挑起話題，而且完全沒有考慮到當下這一刻心愛另一半的身心狀況，他們可不會如此逆來順受。要是你硬起來，他們可能就會勃然大怒，最終什麼問題也沒解決。你們的關係只會比以前更艱難。隨著時間拉長，一連串不良互動將會蝕光這段關係，將你們困在毫無幫助的行為模式中。

反之，試想一下，你先按捺個十五分鐘左右，讓另一半好好喘口氣。當你舉步走過去，試想一下自己憐愛地拍拍對方，然後遞上一杯他們最愛的冰茶。「哇，」你說，「看起來今天超難熬的。你進門時連招呼都沒打。還好嗎？」當另一半開口說起當天上班有多難熬，你說：「聽起來真的好糟。那你要是覺得自己差不多冷靜下來了，可以讓我知道嗎？我有幾件事想和你討論一下。」或許你的另一半會同意當下就來討論。「不要啦，這樣不好，」你露出安撫人心的笑容說，「你再休息幾分鐘。」當你們正式進入討論，你還是有可能無法心想事成，也就是讓另一半表態願意刷洗浴室以示對你付出更多尊重，但你肯定更有機會實現那種成果。

當然，此時此刻你真正想做的事就是告訴另一半你有多不爽，但是這麼做不會讓你更接近目標，也就是讓另一半刷洗浴室。所以你不妨採納「關懷又體貼的配偶和伴侶」

這種假托人設；尤有甚者，你要留意細節。那杯冰茶可說是你的一小步，卻是另一半的一大步，像是在對他們說：「我知道你喜歡什麼，而且我很在乎你，所以願意倒一杯冰茶給你。」你不用開口明說：「欸，你看，我把你最愛喝的飲料端來了。」你只要遞出那份小小的禮物就好。你不用開口明說：「你看，因為我很關心你，所以才願意幫你抓背」，或是「你看，我先讓你放鬆一下，等會再來收拾你」。你只要動手做就好。在這種情況下，你不用試圖建立融洽關係導致做過頭，像是突然亮出一瓶兩百美元的紅酒而非遞上冰茶，或是昧著良心說：「我一整天滿腦子只想著我有多愛你。」這些與其他類似的舉動顯得太假掰。你重新定位自己的需求和渴望，然後想想另一半的身心狀況，就能採取一種簡單、溫情與明智的方式執行你的假托人設。就算你這次搞砸了，也不會傷害雙方關係。有很高的機率是，即使你還是把心意說出口，卻也同時稍微改進關係的品質。

這個例子是有點瑣碎，但是，當結果好壞之間的差別至關重要，應用人際駭客技巧並正確闡明細節就是有可能帶來截然相反的結局。我有一名從事顧問工作的學員康拉德，他來上我的課是希望工作可以更得心應手，於是花了幾個月練習本書所述技巧。有一天，他接聽電話時得知，父親被診斷出某種無法根治而且已經擴散全身的末期肺癌。只剩幾個月壽命。他的父親痛不欲生，就診的當地醫院又似乎不知道怎樣做最能妥善治療病患。康拉德想要帶父親去其他城市更優質的醫院就診。他安排接送父親，開了幾小時的車前往新醫院；與此同時，他父親的醫師將會打幾通電話為病患安排轉診，這樣一來，新醫院就能做好準備。

他們抵達新醫院後才發現父親的醫師根本沒有遵守承諾打電話安排轉診，新醫院挪不出空病床，而且等待病床的清單落落長。醫院人員告訴康拉德，他們無法協助他的父親，但如果他願意的話，可以直接造訪治療肺癌病患的胸腔科，直接找專屬醫師聊一聊，看看對方能否幫得上忙。康拉德照辦。雖說父親的狀況讓他擔心得幾乎快要瘋了，但他還是靜下心來回想人際駭客技巧並思考自己可能如何善用它們。他特別細想自己可以採納正確的細節架構一個意義，以便協助自己發揮影響力。

「我不認識這位特定的醫師，」康拉德回憶，「但我反思，醫師一般來說就像是『部落』一份子。他們這個群組自律甚嚴。他們珍視智慧、知識，極度在乎自己身為專家的使命。因此，我為了最大化成效，決定不要假扮自以為是醫師，因為我真的就不是醫師，而是一名也同樣重視這些價值的個人。」意思是，他會穿著得體，字斟句酌當個有教養的個人。他留意到醫師通常超時工作、壓力山大而且來去匆匆，因此一開口就必須直指重點。更細微的部分則是，他必須和顏悅色、尊重並且專注。他必須就事論事、合乎邏輯地具體陳述父親的狀況與康拉德自己所願。他同樣也必須只說真話。正如康拉德所說：「我不是逢場作戲刻意演出這些特質，就只是努力表現出這部分的我。」康拉德只要能做到洗耳恭聽、對醫師表達同情感，而非窮追猛打、避免犯下五大真實性敗筆，就可以把事情搞定。

談話進行得很順利。一開始，康拉德客氣地向醫師打招呼，並對她簡述自己父親的病情，亟需住院接受治療。他預留一段合理時間讓她理解整起狀況。他留意醫師的反應，適切對應她的話語和肢體語言，以便建立融洽關係。他避免變得太情緒化，引出自己與父親心中的恐懼，因此採用一種坦率卻自重的方式娓娓道來。當醫師確認院內真的沒有空病床時，他只是點點頭說明白了然後再客氣地回問：「這樣的話，我們應該要怎麼處理眼前的情況？」康拉德自覺已經和醫師建立共同點，因為他們處事姿態相近、遣詞用字雷同，所以在那個當下將父親的問題視為他和醫師可以合力解決的共同問題，似乎也顯得合情合理。「或許這樣辦好了，由於我們沒有多餘病床，不如就先將他安置在走廊上，他可以就地治療，直到我們挪出一張空床給他。」讓康拉德一整個如釋重負的是，醫師把事情想了一遍然後欣然同意。在整場僅花四十分鐘的對談中，康拉德跳過官僚慣例，搞定父親住進這家忙碌醫院接受治療這個看似無法克服的挑戰。

康拉德的父親在這家醫院住了幾個月直到病逝。在這段期間裡，康拉德經常採取他與第一位醫師談話一樣深思熟慮、圓融周到的做法與醫護人員對話，也採用有利於己的肢體語言，好比冷靜的表情、坦然的手勢、敞開的雙手、與對談者面對面等。「每一次我走向醫師或護士，」康拉德指出，「都會傾盡全力讓他們因為認識你生活變得更美好。」康拉德不敢打包票，但相信自己時時意識到人際駭客技巧，並下定決心在表達時致力打點好細節，讓一切大不相同。他留意到父親受到的照顧比其他病患更周到，猜想是醫護人員回應他立即微調、帶有尊敬而且真心誠意的善意言行。在這種病患與家屬一般都會表現出滿腹挫折與其他類型負面情感的高壓情境下，醫護人員看起來反倒像是注意到康拉德與之互動時努力謹遵他們的方式。儘管父親病逝讓康拉德悲痛欲絕，他仍然欣慰地知道，父親臨終前這段時間受到妥善照顧，而他自己也竭盡所能地讓事情走向他樂見的方向。

康拉德的故事足以說明，我們使出所有社交工程原則與技巧的法寶時可以發揮多大的威力。看到這裡你應該也已經開始發揮自己的威力了。你真的必須練習諸多特定技巧，而且是不厭其煩。你可能得花上幾個月或幾年，端視你的勤奮度與專注力而定，不過如果你能堅持不懈，便將看到深刻改變。隨著你應對各種不期而遇的交流，將不只是重新意識到自己和其他人正在做什麼，更可以體察到這類嶄新意識帶來自信與冷靜。你不會每次都做到盡善盡美，驚奇總是可能從天而降，但你可以更高明地將這些驚奇轉化成於己有利的優勢。你也將高占一個更適切的地位，應對你將會預見並做好準備的各種交流。且讓我們匯總一下至今探索過的諸多技巧，並檢視康拉德當初可能是如何準備他與胸腔科專科醫師的重要談話，進而為本書畫下完美句點。許多人在職務面試、高風險銷售電話、法律訴訟、重要的「關係」對話及其他規劃好的社交交流之前總是變得惴惴不安。如果你在交流開始之前預先有系統地套用人際駭客原則，就能集中注意力、將不安感降至最低點，並提高成功結果的機率。

第九章
專屬於你的社交計畫

預先規劃才能搶佔重要談話的關鍵分數。

如果你即將開展一場重要談話，請學社交工程師這麼做：詳盡規劃。企圖闖入企業的社交工程師稱呼這種做法是「攻擊媒介（attack vector）」，但是在我們的日常生活中則是稱為「談話大綱」。本章解釋如何按部就班擬定大綱並提供一般性建言，讓你一開口就說對話。

我的團隊和我打算破門而入某家企業或政府機構時，都不會只是坐等出場，而是花幾個星期準備我們的「攻擊途徑」。我們研究目標對象、追蹤目標位址、實體規劃圖、保安系統、領導階層、全體員工等相關資訊，只要你說得出來都算。我們的技巧活脫脫和詹姆士·龐德的手法一樣，包括翻查廢棄檔案、精密線上搜尋、實際監控關鍵個人、網路釣魚電子郵件，並採用偽裝成鋼筆、手表與領帶的裝置暗中錄音的對話檔，族繁不及備載。我們充分掌握目標對象的資訊後，就會開始爬梳本書所述原則建構我們的計畫。我們草繪假托人設與建立融洽關係的種種活動、決定誰將參與，以及他們應該如何穿著打扮、攜帶什麼道具、應用哪些肢體語言與口語策略。我們微調細節、角色扮演的談話內容。所有努力都無法擔保必將成功，但會大幅提高成功機率。部分原因是，當我們真的闖入一棟建築物時，它有助我們放鬆、保持冷靜。我們深具信心，因為我們已經做好萬全準備。我們知道有什麼值得期待。

你可以在面對重要、迫在眉睫的社交互動時制定鉅細靡遺的計畫（當然，別再搞什麼偷偷摸摸的間諜密技了），進而改善自己影響他人的能力。於公於私我都這麼做。幾年前，我留意到手下員工吉米的績效出了點問題。整體而言他是好手，但最近顯得意興闌珊，完成任務的品質遠遠低於以前我習慣看到的水準，而且處理公事的態度又是一副愛做不做的死樣子。如果他不想辦法改進，他的個人行為將會讓我們幾家客戶敬而遠之，還會影響所屬團隊的整體士氣，讓成員跟著提不起勁。我大可把吉米叫來，不假思索地提起這個話題，事實上就像是在對他說：「我是你的老闆。如果你不想點辦法改變，就等著回家吃自已。」雖說吉米有可能會重整旗鼓，但是我端出那種權威高壓姿態無益我們的關係，也無法重燃他對自己的職務、我們這家公司的熱情。

反之，我估量一下整體情況，回頭檢視吉米的DISC評估結果（出現在第一章，我的所有員工進公司之前都要先完成這套評估），然後自己動手「研究」，並從中發展出一套假托人設。吉米屬於影響型人格，是團隊成員中喜歡成為焦點的代表。我將會淡化負面批評，因為熱愛站在鎂光燈下的人通常不喜歡被他人盯上缺點，被迫接受指教。我得找到一種比較微妙的手法點明他表現不良並激勵他改變。要是我扮演「橫眉豎眼的老闆」，可能就得冒著把他推得更遠的風險；但我要是帶著「朋友」的身分上場，就有可能建立融洽關係，激勵他想要改變自身舉止。

我為我們即將來到的季度檢視會議拼湊出一套粗略計畫，始自提問一般的開放性問題，諸如「過去這一季你做得怎樣？你看到自己真正的長處與短處嗎？」要是這場會議如我所期，他就會承認自己在過去這一季鬆懈了；但是如果他不承認，我就會再拋出幾個比較深入的問題，讓他朝這個方向思考，好比「你覺得執行代號甲的專案時做得怎樣？」與「上個月你負責與乙客戶交涉，現在進度如何？」我很清楚乙客戶的案子進行不順，暗自希望吉米願意承認。要是他坦承，我就會說：「喔，真的嗎？再多說一點。你覺得怎樣做才可以更好？」我希望他丟出自己碰到撞牆期的暗示，在那種情況下我就會追問他，覺得我們可以怎樣改變經營手法，以免這個問題影響我們團隊進步。他會成為那個發想解決辦法的人，而不是我負責費心思，這麼做將會大幅改變他的認知；反之，也會強化他付諸實踐的決心。

我根據吉米的 DISC 評估結果打造這套計畫，採用一種有助他發光發熱的方式架構出這場對話，即使我們其實是在努力協助他自我改善。倘若他是審慎型，我可能就會聚焦細節；假使他是支配型，我搞不好劈頭就會直白告訴他最近太懶散並要求他改變；要是他屬於樂於支持他人的穩定型，我可能強調他對團隊產生重大影響。既然他是影響型，我選擇採取正面積極的角度切入這場對話，將它架構成一個「協助我理解我們可以怎樣改善」的機會。當然，我身為這套架構的一環，必須切實洗耳恭聽，理解我們這家公司可以怎樣進步。我用那種方法就能讓他埋單做出必要改變的要求。我們將會看到進步，我也將可以挽留這名員工。

我的計畫奏效了。一開始，吉米不想承認自己的表現不如人意，反而強調過去幾回「幹得漂亮」的經驗。但我一提起乙客戶，他就吞吞吐吐地承認，專案進行不順，錯在他身上。這一刻，我放軟語調，回應他說我知道他是優秀員工，而且這支團隊還有龐大的自我改進潛力。我問他：「你覺得我們下一場仗怎麼做才能真正發光發熱？」在那一刻，吉米承認自己有必要改變並提出一些建議。幾個月後他的表現進步，我們的關係也隨之深化。

精心設計談話策略

假如你即將參加一場職務面試，與顧客或客戶交涉談判，與同事、家人或朋友開展嚴肅的談話，與浪漫伴侶共度重要約會，或是任何你想讓自己顯得耀眼出色的交流，請不要抱著隨意處理的心態。我集結本書的精華技巧，整理出一套威力強大的十大步驟架構，讓你可以套用在幾乎任何類型的社交互動，妥貼準備好我所稱呼的「談話大綱」，也就是為即將登場的談話打草稿。你會發現，這一小步準備工作將會讓你的交流更乾淨俐落、清晰、順暢而且更有成效；它也將增強你的信心，即使對話已經被轉去意料之外的方向，你依舊可以在狀況內。在接下來這一部分，我將描述如何才能精心擬定最出色的談話大綱，迅速解說十大步驟。之後，我將會討論如何善用你為特定談話打造的大綱，特別是如果（其實更貼近現實的情況是，一旦）你的最佳計畫出錯了，屆時該怎麼收尾。

步驟一：描繪談話範圍

你為即將登場的談話擬定大綱時，第一步就是要評估一下這場交流，簡略記下相關事實。你將與誰互動？你將會需要完成一套 DISC 分析，不然就是要大致猜測一下你感興趣的對象相關個人背景。如果對方是陌生人，有可能是在職務面試的場合，或者在交涉購車事宜，請盡可能蒐集初步的研究資料。如果你感興趣的對象開設對外公開的社群媒體帳號，他們的貼文透露哪些對外交流的個人背景與個人性格的其他面向？你聯絡其他已知曾與他們打交道的人士，能否探知更多對方的個人資料？要是你正在買車，能否首度快閃造訪經銷商門市，花幾分鐘觀察一下業務員？

描繪出你感興趣的對象可能的心理狀態以及他們的需求、渴望等相關事實。如果你正計劃要走進老闆的辦公室要求加薪，他們是不是只會撥出幾分鐘和你談話？他們是不是正承受什麼特定壓力，而你又能幫上什麼忙？你的要求可能會引發他們什麼關切重點嗎？他們可能必須和你談判的迴旋空間有多大？你在這場交流中掌握多大贏面？誰比較「需要」對方？如果你感興趣的對象拒絕你的要求，你有其他選擇方案嗎？

步驟二：設定你的目標

第二步至關重要。你試想未來的各種交流場景，許多人一打開話匣子就會滔滔不絕地說到底。最好一開始就先定義自己的目標，讓它影響交流期間的各個面向。請精確定義你的目標。不久前，我得知女兒艾瑪雅打破家規，即使我和我太太都明言禁止，硬是與其他青少年參加一個特定的線上聊天群組。儘管我們都氣得七竅生煙，卻協調好在面對艾瑪雅的時候，不僅要讓她坦承自己所做的事，還要同意不再犯同樣的錯；更重要的是，我們想要知道她為何違反家規並欺騙我們，這樣我們才能強化雙方的關係。我在心中牢記這些目標，知道我們不能激烈地直球對決，因為她將不只變得防衛心重，還很可能拒絕對我們吐露秘密。我們必須採取一種比較溫和的手法，同時要明白讓她知道我們對她的行為感到失望。

你在設定目標時，請注意自己在完成一號步驟描繪談話範圍時留意到的重點。如果你正走進一家汽車經銷門市，而且已經知道自己亟需一輛車，談判優勢不站在你這邊，那麼你的目標就不太可能是「談到比售價低五千美元的價格買下夢寐以求的愛車」。那個價格可能不太實際，但是就算業務員只提供你兩千美元折扣，你也不可能就此走開。

你在架構自己的目標時，請留意你感興趣的對象想要什麼福利與需求。你得付出什麼代價才能讓他們因為認識你生活變得更美好？我們和艾瑪雅談話的過程中，我們之間的關係變得更緊密也會讓她生活變得更美好，就連我們理解她為何採取這次行動的能力亦然。一旦我們辦到了，就能採取適切步驟，解決暗藏在她心中導致她打破家規的任何合理疑慮。

步驟三：確立你的假托人設

在多數情況下，你訂好計畫便會自然而然地找到假托人設。以我們與艾瑪雅談話的談話為例，我們希望理解什麼天大的強烈動機促使她犯規，這股念頭就代表我們無法採取「嚴厲、暴走的父母」這個人設，反之，我們應該要扮演「心中有愛」的父母。就這麼辦，人設搞定。要是你正想租車，希望誘使業務員提供免費升級，或許避免扮演「奧客」為宜；反之，要演出「一整天倒楣到不行，可能需要協助的顧客」這種角色（假設前提是八九不離十）。假使你很不爽鄰家的狗整天吠個不停，卻又得和對方維繫良好關係，有可能就要扮演「睡眠不足的年輕父母，可能需要協助」的角色，而非「打算上法院控告你的暴怒鄰居」。

如果目標模糊不清，你會發現產出一個有用的藉口比較困難。我在本書稍早章節描述某次執行駭客任務時，在與物理學教授建立融洽關係的過程中砸鍋。我捏造自己對他發表的論文深感興趣而且研究頗深，哪知道他一問起我論文中的實質問題時，顯而易見我一個字也沒讀過，人設也跟著穿幫。我沒有多花點時間準備並實現目標，因為在心中我自以為將目標設定為「在教授面前看起來聰明」就夠了。所以，我試圖裝出一副聰明相，結果一敗塗地。倘使我曾經多想一步就會採取一個更適切的目標：哄騙教授花點時間帶我進入大樓，並在他洩露一些重要資訊的簡短談話後放生他，然後就像船過水無痕一樣忘光光。依後見之明來看，我應該要採取「興趣濃厚的學生」這套人設，試圖對教授的課程提出一個快速、無害的問題。這類角色將會讓教授覺得更合情合理，我則是少白費點功夫，還能證明更成功。

步驟四：試想你建立融洽關係的情景

現在你已經確定好假托人設，請思考應該如何啟動，以便與你感興趣的對象建立有用連結。姑且假設你正考慮另一家雇主提供的工作機會，並打算藉機向當前的老闆要求加薪。你可以採用一種比較激進的人設，演一下「要是老闆不同意加薪就走人的員工」；或者你可以裝一下「接到另一個工作機會，但其實很想留下來一起共事，因此希望老闆成全」。無論是哪一種情境，你建立融洽關係的手法都應該涵蓋何時、如何決定進入這場對話。你應該在明知下星期一老闆必須做一場重要簡報，卻選在星期五下午四點她準備好要下班的當下，貿然就這樣闖入她的辦公室嗎？還是應該等到她順利完成這場簡報，再邀請她隔天中午一起吃個便餐？選擇非正式做法的後者可能讓你們的交流比較放鬆，你可以先以恭喜老闆順利完成簡報開場，並順勢問問過程等細節。當然，千萬不要殷勤過頭，一路問到人家的伴侶或兒女，除非你們已經有那種程度的交情。

步驟五：確定打造影響力或誘哄技巧的潛能

思考一下形勢以及你與感興趣的對象之間的既定關係，並確定你可能用來打造影響力的技巧。你無須指定採用某一套特定技巧，但這麼做有助你形塑哪一種技巧可以派上用場、哪一種千萬別用的概念。

如果你打算要求老闆加薪，絕不要採用第四章提到的六號原則「權威」，畢竟就這場談話的目的性而言，你的老闆顯然才是權威。不過七號原則「表達喜愛原則」可能有所幫助。假設你頗欣賞老闆，也享受一起共事的感覺，請在你們一起成功完成專案的當下就讓他們知道這一點，並且大方坦承他們的領導與指引讓你獲益良多。你可以這麼說：「今天我想要找你聊一下是因為我收到這個很吸引人的工作機會，所以覺得壓力山大。我真的不太想答應，因為我很喜歡和你共事，但是對方提供的薪資又太豐厚了，我實在很難拒絕。」

你或許也可以嘗試一下互惠原則，採用一種機智卻不激進的口吻提醒老闆自己過往的貢獻，當作要求加薪的開場白。「我真的很喜歡在這家公司工作，」你或許可以這麼說，「可以為幾家最重要的客戶完成一些超有趣、超重要的專案。我熱愛挑戰，也想要繼續為公司完成更多重要專案。」接著才提起你接到的工作機會，並解釋自己有多喜愛和老闆共事，看看你們雙方能否發想出一套續留你的解決辦法。

在你向他人尋求資訊的情況下，請通盤想清楚自己手上的誘哄技術。如果你打算走進汽車經銷商殺價，你想要知道對方究竟願意折讓多少，有可能就要使用第五章提到的下台階技巧。你先建議一個可能的價格區間，試探對方是否準備考慮好要同意。當我太太與我直球對決艾瑪雅的個人行為時，先斷然宣稱我們已經確實掌握她做了什麼好事的內部消息，輕促她自己開口。我們不想製造出聯邦調查局審訊者的形象，十分用心地不採取激進挑釁的手法；我們刻意表現出門戶大開、微露傷心的臉部表情等肢體語言反倒管用。

步驟六：快速確認是否涉及操縱

走到你規劃的這一個關卡時，請確保自己沒有一個不留意就走上歪路，偏離這條介於發揮影響力與操縱他人之間最重要的軌道。你打算說或做任何引起感興趣對象恐懼的事，並讓它反過來迫使他們自覺有必要採取行動，而非真心誠意想要這麼做嗎？如果你和老闆席桌而坐，暗示對方假使不同意加薪的話，不僅會離職，還會搞砸一項關鍵專案。這就是操縱。要是我太太和我對艾瑪雅使出罪惡感這一招，一而再、再而三地提醒我們為她付出多少又多少，然後表達我們對她的行為有多麼失望，並宣稱她「欠」我們一個充分解釋，我們也是在操縱。請坦誠布公。你的行動或行為會真正為感興趣的對象帶來什麼影響？也請謹記，你感興趣的對象可能是取決於其他元素而感覺恐懼或其他負面情感，與你所說或所做無關。只要你沒有引發對方心中的恐懼，或是濫用恐懼當作自己的優勢，就可以對自己的行為放寬心，知道自己不是在操縱他人。

步驟七：提高非口語表達能力

你在規劃假托人設、建立融洽關係時，可能已經通盤想過非口語表達環節，包括你選擇的穿著打扮、語音聲調、肢體姿勢等。姑且假設你必須解決你與好麻吉之間的爭端。你倆原本就有一段典型的「兄弟情」關係，如果你們常常握拳互擊打招呼，有可能就以速速帶過當作建立初步融洽關係的一小步。或者我們可以假設，過去一年來你和同一名對象約會已經覺得不快樂，正打算提分手。你有可能計劃先給一個友好的熊抱，也可能什麼都不做。請回顧第七章，列出任何其他可能支持你建立影響力的關鍵非口語表達能力，也列出任何絕對無益的部分。同樣請通盤考慮你將會在關鍵時刻表達的基本情感。如果近期內你疏於練習，請在交流開始之前花點時間熟悉一下。

步驟八：進行真實性檢查

現在即將到來的交流輪廓已經漸漸聚焦成形，究竟看起來應該要「多真實」？考慮到你自身的性格、感興趣對象對你這個人的過往認知，再加上你們雙方關係的本質，你的假托人設、建立融洽關係、打造影響力、誘哄與肢體語言全都能呈現出真實感嗎？你規劃的行動或說法有任何環節看起來怪怪的、做過頭或是不合宜嗎？你最好找公正第三方測試一下計畫，以便事前確認。挑選一名你信得過而且社交技巧深獲你心的對象。倘若每一個環節都合意，若有必要，請考慮可以增減哪些細節，好讓這場交流更具真實感。你在設定假托人設時，有任何其他事希望說出口或做出來，好讓它具備可信度嗎？你有採用任何於你有利的道具嗎？你可能怎麼做才能暗中或含蓄地更妥善打造自己的人設，而非搞得人盡皆知。你是否使用太多細節或是挑選帶有欺騙性質的細節？現在就規劃一下調整之道，一旦重要日子臨門你就會更開心。

步驟九：為可能的突發事件做好準備

你在草擬對話大綱時應該要盤點一下自己所知事項，並精雕細琢最能發揮手中一切資源的計畫。不過談話中的任何環節都可能脫離掌控。你無法擔保自己針對感興趣的對象、對方心境與可能產生的回應所做的假設都正確無誤。有時候它們或多或少就是錯了，你的言行舉止便將產生意想不到的零用處結果。要是在這段交談過程中你感興趣的對象感受到出乎意料的壓力，那該怎麼辦？要是你們所處的環境讓你或你感興趣的對象分心旁騖，再不然就是喚起毫無用處的情感，那該怎麼辦？要是你少了重要資訊，那該怎麼辦？要是你剛好在關鍵時刻亂說話或是無意間搞砸自己的計畫，那該怎麼辦？要是你該說的都說了、該做的也都做了，你感興趣的對象出於任何可能原因就是拒絕你的請求，那又該怎麼辦？

你無法預見每一個挑戰，但是為了最可能的意外狀況做好準備確實有所助益。如果你收到一個很吸引人的工作機會，而且當前的老闆可能同意為你加薪，但幅度遠遠比不上另一家企業。屆時你該怎麼辦？如果你事先通盤想過便能確定一個可接受的薪資門檻，並視它為雙方談話的指導原則。或者你可能決定，要是老闆提出的數字落在某個特定範圍內，你就會進一步協商，像是詢問老闆能否提供更多休假日或更彈性工時等額外福利，這樣就能彌補薪資較低的缺憾。

我們準備和艾瑪雅直球對決她打破家規的行為時，並未預先確定最後將會施加什麼懲罰，因為我們有意解釋，情有可原的情況在整體情境中扮演要角的可能性，而且她的過失似乎不如表象看起來那麼大。反之，我們提出幾種程度不一的可能懲罰選項。我們和艾瑪雅對質時才知道，事實上她其中一名朋友私下慫恿她加入聊天室。一旦她加入才發現，若是想抽離就會失去朋友的信賴。她不願意告訴我們是因為覺得很丟臉，也怕看到我們的反應。雖說艾瑪雅明顯打破家規，卻非故意違背我們。我們確實應該略施薄懲以便彰顯我們的不滿，但沒必要嚴重體罰。反之，我們遵循其中一套偶發計畫，強調協助她制定未來應對同儕壓力的策略，也能和我們更順暢溝通。要是我們沒有想到可能的突發事件，堅持一套過於簡單的計畫，一味要求她接受責任並承擔後果，有可能就會錯失發現並解決根本問題的機會。

你預先通盤思考突發事件與可能的因應之道，就比較能在事發當下得體回應，並採取符合自身利益的方式行事；反之，我看過單單因為沒有考慮顯而易見的突發事件，專業的駭客任務就此砸鍋。有一次，我們假扮成害蟲防治人員闖入客戶的一棟建築物。由於我們必須搭機遠赴國外城市執行這項任務，因此無法備齊我們通常隨身攜帶的所有專業級害蟲噴灑設備，這些道具有助強化我們假托人設的可信度。反之，我們去沃爾瑪隨便挑了幾樣便宜的噴灑設備。要是我們曾經妥善規劃就會想到一種可能性，亦即高度警覺的保安警衛從以前就會觀察滅蟲團隊的行動，他有可能留意到我們的次等裝備，因此拆穿我們的把戲。我們原本可能採取一種帶有說服力的方式制定一套因應計畫，好比承認我們的裝備就是便宜貨，並解釋我們通常是執行小型任務時才會使用這種裝備，大型任務則會改用專業等級裝備。反之，我們到達目的地後就被攔下盤查，結果無法好好回答問題。保安警衛起了疑心，因此拒絕我們進門。

步驟十：固守你的收穫

儘管每件事都脫離你的掌控範圍，你的談話還是可能依照原定計畫進行，導引你實現目標。那下一步該怎麼辦？在多數情況下，事情結束後持續跟進不只有助於固守你的收穫，也十分合情合理。要是你的老闆同意加薪，請白紙黑字寫下她同意的說法，這樣你們雙方都會記得細節。千萬別採取太過拘泥於法規的做法，寄發一封明載細節的友善電子郵件向老闆致謝，並請她若是看到誤植之處不吝指正。如果你是為了買車討價還價，一定要當場簽定合約，你最不該做的事情就是直接離開，因為這樣只會給經銷商一個重新考慮的機會，或許他會就此收手。在你無法掌握簽妥合約而且電子郵件也不適用的情況下，請確保你至少和對方握手互表同意，並以一種積極的方式重複達成共識的「條款」，因為這一招會讓對方更難在不失顏面的情況下重新思考合作方案。假使你為名下的房產聘請庭園設計師，你可能會這樣說：「我很開心找到你們這群工班，我想每週七十五美元除草、一百五十美元清潔噴泉的收費相當合理。非常感謝！」你或許也可以端出記性不好為由，以便正當化你請庭園設計師白紙黑字在名片上寫下商定費用或寄發簡訊確認的合理性。

善加利用你的談話大綱

現在你已經明白何謂談話大綱，請開始為了即將到來的交流做好準備。有可能你得花上十至十五分鐘描繪出一場對話，等熟能生巧後便無需如此費時。你若欲加強準備功夫，描繪出大綱後務請額外撥冗幾分鐘在心中排演這場交流，精確想像你與感興趣的對象可能做出或說出什麼事。

請不要過度腦補。如果你發現自己花費超過十五至二十分鐘描繪談話大綱，或是交流登場之前幾天反覆修整並微調大綱，或是數週而非數天前就超前部署談話大綱，那你就是做過頭了。不只是你得冒著演很大、超假掰而且很做作的風險，要是你還過度依賴自己的計畫，一旦談話發生意想不到的轉折，你很可能會因此暴走抓狂，腦子也立即當機。成功的駭客一方面會在規劃與關注細節之間尋求平衡點，另一方面則在即興演出與實時判斷之間預留緩衝空間。如果你的 DISC 評估結果證實你是審慎型，就得格外留意過度規劃的毛病，因為那就是你的天性。

即使你已經精心規劃可能發生的突發事件，還是可能有幾段談話幾乎無可避免會離譜走歪。要是說，你走進老闆的辦公室打算要求加薪，卻撞見她剛剛得知家人過世因此淚流滿面，你該怎麼辦？要是說，你坐下來打算在電話上搞定一項期待已久的高額交易，卻得知主要競爭對手剛剛才宣布同類產品降價二〇％，你該怎麼辦？要是說，這些談話一如預期展開，你卻發現儘管自己卯足全力，橫豎就是無法讓感興趣的對象讓你心想事成，那又該怎麼辦？

專業駭客永遠都面臨這類挑戰，我們經常得設法迅速適應並挽救頹勢。還記得我在第八章提到我們飛往一個開發中國家，駭進當地由手持自動武器的摩托車警衛守護的銀行嗎？我們最初的計畫是要求我和另一名同事自行前往指定地點搞定駭客任務。我們入境後動身前去勘查目標建築物才驚訝地發現，竟然有一大票全副武裝的警衛。沒有人告知我們這一點，我們還在遠端進行沙盤推演時也不知道有這一回事。這些武器軍備將風險推升至全新層面。要是我們的計畫事與願違，我們很可能就成了槍下亡魂。我們沒有取消駭客任務，而是調整原訂計畫以便降低風險。在這個國家，絕大多數居民膚色黝黑，我們反倒以高加索裔美國人之姿鶴立雞群。與其依照原定計畫橫衝直撞，逕自開口要求保安警衛放我們入門，好讓我們可以完成某種技術測試，搞不好改採更溫和、低調的做法還比較安全。我們發揮創意想出妙招，聘用一名當地人與保安警衛瞎攪和，自己則裝忙地匆匆經過他們身邊，演得像是我們本來就應該在這裡來去自如似的。

在這個案例中，我們有充裕時間提前盡速敲定新計畫；在其他情況下，我會在任務中途自動自發想出解決方案，好讓我可以及時搶救。有一次，我們試圖闖入一家大型機構的執行長辦公室，看看我們是否有能耐擷取敏感文件。我們研究過社群媒體後發現，執行長正與家人前往充滿異國情調的國家度假兩週。在他休假這段期間裡，我穿上全套的電腦技工服裝出現在他的辦公室，宣稱我奉派前來修理電腦。我要求他的助理讓我進入執行長辦公室，並對她說他老早就和我們預先排定這項維修工作，還說他期望銷假上班時這項任務早已完成。

儘管我火力全開，她就是拒絕讓我進門。我完全卡住了，計畫行不通，看起來我終究得放棄。就在那時我福至心靈想到妙招。我掏出夾板筆記然後說：「沒關係，我完全理解妳不願意放我進門。不過我要是無法完成維修任務可能就會有麻煩。要是妳真的不同意，那我打算請妳幫我在這張表格上簽名，表示妳拒絕讓我進門維修。」這等於是把壓力轉嫁給她。要是她不讓我進門，就得冒著惹毛老闆的風險。我要求她簽名，等於是撇清責任，也讓她更騎虎難下，在我們雙方之間鬧出全新的權力差異局面。這是一招操作手法相當溫和的策略，不是我在日常生活中會做的事，但考慮到我與這家企業合作的各項參數，其實也算是落在可容許的範圍內。這名助理不想在夾板筆記上簽名，卻又經不起我堅持不是她簽就是我簽的要求，最終只好屈服放我進門。我當場發揮創意思維，稍微偏離最初的原定計畫，但依舊設法給出成功的結論。

有些人遭逢不可預見的挑戰時會比其他人更有彈性，但其實你可以保持冷靜與適應力改善自己的能力。一般來說，我們置身壓力山大的情境下會慌張失措，戰、逃、僵直反應也會順勢自主啟動。保持彈性的關鍵在於學會比當前更密切地看照自己的情緒狀態。一旦你覺得自己變得害怕或慌張，務請盡其所能地擺脫這種感覺，這樣一來你就能重新找回鎮定感，可能就像暫停對話幾秒鐘，做一、兩次深呼吸這麼簡單的動作。在其他情境下，或許你告退幾分鐘閃進洗手間，把自己的情緒收拾妥當並乘機想想可能的解決辦法。至於其他可能上演的情境中，你或許可以要求一、兩天緩衝時間，好讓你想清楚再重拾對話。你進入即將來臨的社交聚會時，請提醒自己事前就要先練習隨時聚焦自身情緒。你在規劃這些談話時，請預先考慮席間暫時打斷並和顏悅色地離開，好讓你可以重拾鎮定感的可能做法。

如果你真的必須停止互動，一旦歸位後請迅速檢視一下局勢。你們雙方的融洽關係依舊完好無損還是出現裂痕？請向你感興趣的對象提出幾個問題，觀察他們的肢體語言，以利評估對方的情緒狀態。如果你們雙方的融洽關係已經出現裂痕，請找出一種明智方式結束這場對話。如果雙方的融洽關係完好無損，那就考慮採納全新的友好手段，或是改用另一個假托人設。如果你使用原來的假托人設，有一招可以用來和這名心不甘、情不願的對象搏感情，那就是讓他們參與一場會輕輕推促他們移向你渴望目標的小型協商。在本書稍早章節我描述過自己駭入一家大型倉儲的過程，保安警衛要求我出示政府核發的識別證，事實上我壓根連一張都沒有。當保安警衛正確指出這一點，我轉過身說：「老兄，你知道，我剛剛才花了十分鐘完成進門所需的所有安全檢查。我過了這一站還有一大堆關卡要過，現在我沒時間一直在這裡和座車之間跑來跑去。我可以使用這張企業識別證就好嗎？」如果他遵照公司規定，就會客氣拒絕我，而不是盯著我穿過大門。不過我們最終是推進到一處中立地帶，讓我可以遂行目的進入大門，讓他則是實現自己確實完成某種盡職調查的目標。隨著你的預定對話一路推進，就會開始遇到阻力，請試想你可能會提出哪些潛在的「妥協」方案，並留意不要做過頭，避免一步步走向操縱陷阱。

有些意料之外的挑戰高如天險，你乾脆最好就此放棄駭客任務。有一次，我的團隊和我偽裝成攝影師，試圖要求准入一處政府機構的安全區域。不知為何，一位高階政治人物當天剛好參訪此處，這意味著走到哪裡都是我們所知的各種身分執法人員，大小警官總數肯定有一百五十人。我知道硬要依照原定計畫闖關不是好主意，但我掃除諸多疑慮，無論如何就是想要駭進去。

我的團隊和我走近安全警戒線時才發現，不只平日值班的警衛駐守，連警長都現身了。當我交出偽造的駕照換取安全識別證，一般警衛恐怕看不出名堂的假證件卻立刻被他的火眼金睛辨識出來。我堅稱這張駕照如假包換，但這位警長卻認定事有蹊蹺，於是拔槍指著我，身邊幾名警官也依樣畫葫蘆。他們拿手銬制服我們，隨後便以非法侵入、持有偽造證件的名義逮捕我們。雖說他們一旦知道我們的真實目的最終就會釋放我，但我們的假托人設仍然搞砸了。我們可以再試一次破壞這處設施，但已經無法再假扮成攝影師。我們將得開發全新的角色扮演戲碼。

勉為其難硬要交流大幅提升失敗風險。你或許不會像我一樣被逮或幾乎差點就吃子彈，但可能表現出手忙腳亂或置若罔聞，反倒是推開你感興趣的對象或得到一頓閉門羹。你若是靜觀其變並允許自己另外換個日子或方式實現目標，結果會好得多。如果你真的必須放棄原本計畫，請謹記，搞砸其實沒有什麼好丟臉，反倒該為忘記自身缺點並加以彌補深感慚愧。我的團隊和我每一次失敗後都會匯報執行任務情況，分析如何、為何我們未能實現精心打造的計畫。你也可以提出以下幾個具體問題自製匯報：

- 我在哪個時機點覺得過度情緒化？
- 我在哪個時機點目睹情況一路失控？
- 我提出的哪些論述對方聽不懂？我如何更精確表達自己的想法？
- 我說出什麼刻薄、諷刺或挖苦的話？
- 我沒有把其他人的哪些需求或渴望納入考慮？
- 對方能否更妥善地處理對話？

- 我需要重啟對話還是最好就此忘記？
- 我可能做了些什麼讓對方因為認識我生活變得更美好的事？

一旦你的計畫成功，也請重新檢視工作成果。哪些環節適用？你或許也可以採取什麼其他做法？這次你的表現和以前的社交經驗相比如何？你有在關鍵領域看到進展嗎？你在哪些領域尚待改進？下一次你應該使出什麼特定技巧？每一次的社交活動都代表一個認識自己、改進駭客技巧掌握度以及記錄持續進步的珍貴機會。你越努力費心練習，在社交場合中就越可能上手、高效，而且永遠都還有成長與改善空間。人際駭客訓練永無止境。

同理心超殺的

這裡還有一個建言：當你採用談話大綱建構即將到來的交流，請暫且喊停並反思自己真正採用這套工具與本書介紹的所有駭客原則及策略執行哪些工作。我們預先系統化研究、規劃對話時，都會敦促自己更善解人意其他人的反應，以及我們希望如何與對方互動。當我們自動運用駭客技術那一刻起，也會在限縮的範圍內採取比較不正式的手法付諸行動。基本上，駭客族群不折不扣就是訓練自己更密切觀察其他人、花時間思考對方，並採取允許他們圓滿自身需求與盼望的方式待人處事，這樣一來他們就會反過來就會幫助我們實現所願。駭客任務不是全然無私，但確實能讓你為其他人的生活做出強大改變，所有這一切都是因為你變得比原本模樣更處處用心，而且會深思熟慮自己的社交活動。

請謹記，我們與其他人的關係之所以會經歷不計其數的擾動，都是因為我們毫無認知、毫無掌控自己的行動。我們可能自認為慷慨、關心他人，或許我們在多數時候也以重要方式如此表現。不過我們多數人在與他人互動時依舊會盲目地跌跌撞撞，完全或不太能體會他人的感受、他人如何體察我們以及他們需要、想要並期望從我們身上獲得什麼。我們大開玩笑、隨意閒聊或是提高嗓門或是以其他幾百種方式行為處事，是因為自我感覺這樣做可能是對的，或是在當下這樣做感覺良好，卻無視它正惹得其他人渾身不自在或熱情冷卻。我們被自身情感搞得束手無策，也讓它們分分秒秒決定我們該說或該做什麼。

初學者第一次練習駭進人心時都會突然領悟，自己過去在社交互動時完全畫錯重點。他們開始比以往更費心思地關注其他人與對方的經歷；他們變得更加善解人意、更善解人意他人與對方的感受，而且也變得更自覺行事之道與它的影響力。他們意識到自己正比以往所知更強力掌控自身行為，於是開始雕琢自己專屬的言行舉止，以便改善他人與自己打交道的體驗。隨著時間拉長，他們訓練自己當下便自動觀察、表達同情與掌控自身行為。善解人意並對他人付出同理心導致我們仔細考慮自身行：那就是我在本書所呈現的駭客術超能力的本質。

你可能學會這種超能力，然後就像最心術不正的犯罪駭客一樣用它來達成邪惡的目的。不過我還滿有把握你不會這麼做，因為你已經簽署本書開宗明義要求的鄭重誓言。你不會出爾反爾，對吧？要是你曾經這麼做了，無論是有心或無意，我知道你都會後悔然後盡力彌補。一旦你看到我已經目睹過的操縱手段可能造成莫大傷害，你會覺得糟透了（假設你不是完全失心瘋的話），然後你會傾盡全力堅守善良層面；另一方面，隨著你體驗到發揮人際駭客技術造福他人是一件至高喜樂之事，我強烈猜想你會開始四尋機會一再實踐。我已經見證不勝枚舉的實例，那些第一次學習人際駭客技巧的人從此踏上一去不回頭的轉型之路，打從根本上重新定位自己的生活，樂於助人。

人際駭客技術深刻改變我的學員道格。試想一名讓人望之生畏的單車大漢：頂著大光頭、挺著啤酒肚、舉止粗魯不文、遣詞用字喜歡「問候祖宗」、長長的白鬍鬚，整體形象就是這樣。道格第一次現身在我的課堂上就是這副德行。如果你在暗巷中看到他朝你走來，可能會嚇得轉身就逃。在那一套為期一週課程的第一天，我納悶，要是他真的想從我授課內容學到什麼皮毛，究竟會想學什麼，充其量，他像是帶著一種輕蔑態度看待這門課。事實證明我完全看走眼。在當週結束之際，道格要求私下與我談話。他告訴我，我所教授的技術對他造成莫大影響，完全顛覆他對自身行為以及與他人互動方式的觀點。「從現在開始，」他說，「我要確保我遇到的每個人都讓他們因為認識我生活變得更美好。以後我每天至少都要為某個人做點好事。」

道格已經開始付諸實踐他的新課題。當天上午，他在下榻的飯店餐廳吃早餐，一名同行的老主顧開始大聲斥責女服務生態度不佳。其實女服務生沒有做出任何理當遭受這等待遇的錯事，因此明顯火冒三丈。道格察覺到女服務生的情緒，觸動他想要伸手救援。他大可走到那名老主顧面前，怒斥他是混蛋，外加一些老天爺才曉得的鬼話。或者他也可以走向女服務生表達慰問之情，說那名老主顧真是多麼×的死胖子。不過道格也能想像到在餐廳內的其他食客將作何感想，知道前述兩種做法都不會讓他們因為遇見他生活變得更美好，反而這些負面情緒還會打壞他們享用早餐的好心情。

道格左思右想好一會兒，然後面帶微笑走向女服務生，並輕聲細語地對她說：「我只是想讓妳知道，我很感激妳提供的一切服務。」就是這麼簡單。道格不帶任何自私的動機，單單提供這名女性一句暖心感激的禮物，證實她身為專業服務生與個人的價值。整整一週，他聚焦於增強自己的情商，也就是對他人付出同理心，並有意識地採取行動與他人連結。他才學會不久的能力讓他印象深刻，因此覺得受到召喚，必須要善用而非濫用它。

隨著你練習並最終嫻熟掌握駭進人心的技巧，請發揮你新近學會的力量讓他人生活變得更美好。思考對方需要什麼、提點自己對方的感受；請格外努力建立融洽關係；發揮影響力技巧讓對方感覺到實現你的願望稱得上一大樂事；與他人打交道時請做自己，也請力求說真話；當他人婉拒你的要求，請和顏悅色回應。駭客術並非媒體經常描繪那般千篇一律充滿惡意，還是有許多好心駭客，他們都在努力讓這個世界變得更美好。請加入我們這個陣營，協助你周遭的人士感覺良好讓你可以採取最平順、高效、心滿意足的方式心想事成。它有助我進入高度保安的建築物與資訊科技系統，也將協助你在職場中更上一層樓、在家中建立更牢固的關係，更在任何情境中都能更高效地待人處事。永遠、始終都要讓他們因為認識你生活變得更美好。同理心超殺的！

致謝

倘使好友喬．納瓦羅從來不曾為我引薦超強經紀人史帝夫．羅斯（Steve Ross），而且後者也不曾決定賭我一把，本人絕無機會得以將諸多構想形諸文字。喬、史帝夫，謝謝你們。

我衷心感謝協作作者賽斯．舒曼，他有一種不可思議的能力，得以體現文字、想法與情感躍然紙上。與賽斯共事是一種喜悅、學習之旅與福報。

致何莉絲．辛波（Hollis Heimbouch），謝謝妳發掘這套專案的潛力。在寫作過程中，妳的指教與協作堪稱絕對完美，我感激不盡。我也想要感謝哈波柯林斯出版社團隊與賽斯的同事協助研究、查核事實、潤稿編輯等諸多環節。你們始終不懈的努力成就這本書。

這些年來，許多人都從旁形塑出本書的構想。我衷心感謝保羅．艾克曼教授、羅賓．德瑞克、喬．納瓦羅與萊恩．麥道格（Ryan MacDougall）。你們都對我提出挑戰並協助我更上一層樓。我也要感謝協助我創建並經營社交工程村（Social Engineering Village）的核心團隊：吉姆・曼利（Jim Manley）、克里斯・羅柏茲（Chris Roberts）、比利・柏萊（Billy Boatright）、韋恩・羅納森（Wayne Ronaldson）與社交工程村其他成員；也要感謝傑米森・席爾斯（Jamison Scheeres），他灑下這些育成社交工程師公司（SECOM）的種子，它也因此成為我的創業公司。我還要謝謝多年來聽我講課的眾多保安專業人士與公民，你們教會我的和我能教你們的一樣多。

我參與無辜生命基金會（Innocent Lives Foundation）的經驗深刻影響我。提姆・馬洛尼（Tim Maloney），多虧有你我才能持續拓展視野、學著更有愛心、更有同理心；尼爾・法倫（Neil Fallon），你不僅創作全世界最動聽的音樂，更體現本書的精神，提醒我永遠不斷電地關注他人與他們的感受。

我希望致謝以下幾位全世界最知心的好友：尼克與克萊兒・費爾諾（Nick and Claire Furneaux）、班與莎琳娜・芭恩絲（Ben and Selena Barnes）、和幸與亞曼達・西（Kazuyuki and Amanda Nishi）、尼爾與瑪莉蓮・維泰利（Neil and Marilyn Vitale）以及馬克與蒂亞娜・亨曼（Mark and Teanna Hammann），你們大夥與我並肩走過這一段旅程，為我付出遠勝於我的回報。

最後的重點是，我對上帝的堅定信仰與我的完美家庭都直接引領我走到今天這一步。打從我開辦並打造全世界第一家完全聚焦社交工程術的企業以來，我的家庭就堅貞不渝地支持我。艾瑞莎、柯林與艾瑪雅，謝謝你們協助我成為更完美的丈夫、父親與個人。至於你們所有人，都讓我因為認識你們生活變得更美好。

附錄：DISC備忘表

D 型人，即「支配型」

支配型想要他人直接、直指重點、開放、直截了當、注重結果

◆ 你是這樣知道自己屬於「支配型」：
別人形容你是咄咄逼人、聲色俱厲、積極進取或是盛氣凌人，但也視你為志在必得、說到做到的人

這樣認出「支配型」		這樣和「支配型」溝通	
遣詞用字 ➡	行動表現 ➡	主動出擊 ＋	溝通痛點
他們想知道何事	高度聚焦任務	簡明扼要、直指重點	直言不諱
寧願敘述不願提問	可能不耐煩	有必要尊重自主權	缺乏同理心
寧願說話不願傾聽	直來直往		缺乏敏感度
可能看似粗魯不文或咄咄逼人	樂意冒險	明確提出期望值	談話簡要
行使權威	時間感強烈	讓他們擔任領袖	突如其來的評論
說話有如連珠炮	具體成就紀錄	證明你能勝任	
表達直白	依靠直覺	扣緊主題	
一開口就是陳述看法	會主動惹麻煩	獨立作業	

如果你正在管理支配型，以下僅供一些訣竅

◆ 你若想協助他們成長，可以這樣做：

- 感同身受
- 提出更多問題
- 讚美他人
- 放輕鬆一點
- 放慢腳步、洗耳恭聽
- 把問題建立在邏輯基礎上
- 放軟肢體語言
- 平易近人

◆ 他們想要什麼回報：

- 掌握決定權
- 不受細節牽絆
- 有足夠權力
- 直接回覆
- 艱鉅挑戰
- 彈性
- 明確定義的期待
- 某種程度的威望

◆ 支配型在社群媒體上經常會這樣做：

- 簡潔有力
- 聚焦主題
- 聚焦任務
- 積極進取

I型人，即「影響型」

影響型喜歡他人誠實表達情感、友善、有幽默感，最重要的是要承認他們的成就

◆ 你是這樣知道自己屬於「影響型」：
別人形容你是活潑外向、好大喜功、競爭心強、膚淺末學，但極具幽默感，而且亟需認同

這樣認出「影響型		這樣和「影響型」溝通：	
遣詞用字 ➡	行動表現 ➡	主動出擊 +	做好準備
他們想知道何人	善用臉部表情溝通	嘗試非正式的做法	試圖發揮影響力
寧願敘述不願提問	自願自發	隨意輕鬆	亟需關注
寧願說話不願傾聽	愛笑	讓他們抒發感受	傾向高估
傾向於跳痛離題／誇大	注意力時間短暫	保持輕鬆	吹牛吹過頭
套用大量故事	願意展現溫情	提供白紙黑字寫就的細節	容易遭拒
說話有如連珠炮	或許是親密的談話對象	公開讚揚	企圖說服
喜歡分享情感	老王賣瓜、自賣自誇	發揮幽默感	
一開口就是陳述看法	會主動惹麻煩	獨立作業	

如果你正在管理「影響型」，以下僅供一些訣竅

◆ 你若想協助他們成長，可以這樣做：

· 使用時間管理　· 強調井然有序　· 多一點理性分析

· 具體可見的報酬　· 強調明確結果　· 施加急迫感

◆ 他們想要什麼回報：

· 受歡迎　· 公開讚揚　· 溫暖的關係

· 艱鉅挑戰　· 肯定　· 免受細節羈絆

◆ 影響型在社群媒體上經常會這樣做：

· 暢談關於自己的事　· 有點自吹自擂　· 在意外表　瘋狂自拍

S 型人，即「穩定型」

穩定型希望你在放鬆的同時待人隨和、樂意合作並大方表示欣賞

◆ 你是這樣知道自己屬於「穩定型」：
別人形容你淡定、不樂見改變、動作慢吞吞，但也強烈展現支持姿態、善於傾聽，而且病床畔禮儀（bedside manner；特指醫師關懷病患的溫情態度）十分周到

這樣認出「穩定型」		這樣和「穩定型」溝通	
遣詞用字 ➡	行動表現 ➡	主動出擊 ＋	做好準備
他們想知道何因	探詢意見	邏輯力強	友善
寧願提問不願敘述	喜愛友善環境	提供安全感	抗拒改變
多聽、少說	喜愛隨和環境	給出時間等待改變	有確定優先順序障礙症
既慢且穩	保持耐性	向他們保證他們很重要	有制定最後期限障礙症
生性沉默寡言	重視服務	花時間適應改變	抗拒成為焦點
寡言	不浮誇也不尋求認可	表現出真心誠意	
釋出溫情	對他人容忍度高		

如果你正在管理「穩定型」，以下僅供一些訣竅

◆ 你若想協助他們成長，可以這樣做：

- 敞開心門接受改變
- 學著說自己的好話
- 相信他們自己並勇於發表意見
- 自我肯定
- 標準流程

◆ 他們想要什麼回報：

- 私下表達欣賞
- 平靜的人際關係
- 安全感
- 調適的時間
- 幸福的關係
- 彈性
- 真心誠意
- 說話有人聽

◆ 穩定型在社群媒體上經常會這樣做：

- 暢談關於團隊成員的事
- 表現出全然的真心誠意
- 感情用事
- 表現穩定可靠

C 型人，即「審慎型」

審慎型希望深入細節，他們想要他人力求精準、注重細節並維持最低度社交

◆ 你是這樣知道自己屬於「審慎型」：
別人形容你出手精準、仔細，但有時過度挑剔、消極與吹毛求疵。你雖然害羞，卻重視少數幾段親密關係

這樣認出「審慎型」 遣詞用字 ➡	行動表現 ➡	這樣和「審慎型」溝通 主動出擊 ＋	做好準備
他們想知道如何	聚焦任務	指定明確的最後期限	不喜含糊不清
寧願提問不願敘述	極度井井有條	向他們保證你很可靠	渴望再三查核事實
多聽、少說	一絲不苟	高度忠誠	不需要其他人
不過度反應	明確、精準	表現出圓通得體、含蓄節制	大量研究工作
說話慢條斯理	時間意識強烈	講究精確	態度小心謹慎
口述與寫作擇一	難以判讀	重視高標準	
仔細、精確	想要證明自己對	全神貫注	

如果你正在管理「審慎型」，以下僅供一些訣竅

◆ 你若想協助他們成長，可以這樣做：

- 展現寬容
- 與團隊打成一片
- 接受他人的限制
- 學會向他人求助
- 接受他人的想法

◆ 他們想要什麼回報：

- 明確期待
- 核實事實
- 出頭機會
- 明確的任務大綱
- 專業感
- 不要快速變化
- 個人自主權

◆ 支配型在社群媒體上經常會這樣做：

- 採納大量細節
- 確保所貼照片完美無瑕
- 貼文總是落落長
- 陳述大量事實

延伸閱讀

- 艾美．柯蒂：《姿勢決定你是誰：哈佛心理學家教你用身體語言把自卑變自信》，三采，二〇一六。
- 保羅．艾克曼：《心理學家的面相術：解讀情緒的密碼【全新增訂版】》，心靈工坊，二〇二一。
- 喬．納瓦羅、馬文．卡林斯：《FBI教你讀心術：看穿肢體動作的真實訊息》，大是文化，二〇一六。
- 羅伯特．席爾迪尼：《影響力：讓人乖乖聽話的說服術》，久石文化，二〇一一。
- Chris Hadnagy, Paul f. Kelly, and Dr. Paul Ekman, Unmasking the Social Engineer: The Human Element of Security (Wiley, 2014).
- Daniel Goleman, Emotional Intelligence: 10th Anniversary Edition; Why It Can Matter More Than IQ (Bantam, 2006).

- Ellen J. Langer, On Becoming an Artist: Reinventing Yourself Through Mindful Creativity (Ballentine, 2006).
- Paul J. Zak, The Moral Molecule: The New Science of What Makes Us Good or Evil (Bantam, 2012).
- Robin Dreeke, It’ s Not All About Me: The Top Ten Techniques for Building Quick Rapport with Anyone (Robin K. Dreeke, 2011).

註釋

引言：你的全新超能力

1. Rod Scher, "Is This the Most Dangerous Man in America?" Computer Power User, July 2011, https://www.social-engineer.org/content/CPU-MostDangerousMan.pdf.
2. Christopher Hadnagy, Social Engineering: The Art of Human Hacking (Indianapolis: Wiley, 2010).
3. Simon Baron-Cohen, The Science of Evil: On Empathy and the Origins of Cruelty (New York: Basic Books, 2011).
4. See, for example, Shahirah Majumdar, "Why Empathy Is Bad," Vice, December 21, 2016, https://www.vice.com/en_us/article/78bj8a/why-empathy-is-bad; Paul Bloom, Against Empathy: The Case for Rational Compassion (New York: HarperCollins, 2016).

第一章：先摸透自己的想法

1. This is based on a true story: Jon Willing, "City Treasurer Was Victim of a 'Whaling' Scam, Transferred $100K to Phoney Supplier," Ottawa Citizen, April 8, 2019, https://ottawacitizen.com/news/local-news/city-treasurer-was-victim-to-a-whaling-scam-transferred-100k-tophoney-supplier.
2. Andrew Duffy, "Florida Man Named as Suspect in City of Ottawa Fraud Case Faces Trial in U.S. Email Scam," Ottawa Citizen, https://ottawacitizen.com/news/local-news/florida-man-named-as-suspectin-city-of-ottawa-fraud-case-faces-trial-in-u-s-email-scam/.
3. Dentists, for instance, might use DISC to motivate their patients tofloss regularly and brush their teeth. See Mark Scarbecz, "Using the DiSC System to Motivate Dental Patients," Journal of the American Dental Association 138, no. 3 (March 2007): 381–85, doi:10.14219/jada.archive.2007.0171.
4. One study, for instance, found that using DISC when forming teams improved the creativity of teams and helped people work better together. See Ioanna Lykourentzou et al., "Personality Matters: Balancing for Personality Types Leads to Better Outcomes for Crowd Teams," Proceedings of the 19th ACM Conference on Computer-Supported Cooperative Work & Social

Computing (February 2016): 260–73, https://doi.org/10.1145/2818048.2819979. For what it's worth, the commercial DISC testing service that my company uses has also provided me with their own research showing that DISC is reliable and beneficial.

5. "Everything DiSC: A Wiley Brand," Everything DiSC, accessed April 3, 2020, https://www.everythingdisc.com/EverythingDiSC/media/SiteFiles/Assets/History/Everything-DiSC-resources-historyofdisc-timeline.pdf.
6. Stan Phelps, "Five Lessons on Delivering Breakaway CX From Forrester's CXNYC Conference," Forbes, July 19, 2017, https://www.forbes.com/sites/stanphelps/2017/07/19/five-lessons-on-delivering-breakaway-cx-from-forresters-cxnyc-conference/#63af4dce4f9d.
7. "Avista warns of scammers continuing to target utility customers," KHQ-TV, June 18, 2019, https://www.khq.com/news/avista-warns-of-scammers-continuing-to-target-utility-customers/article_ed857844-91df-11e9-a6f2-2b08fc7d4d40.html.

第二章：成為你需要成為的人

1. "100 Funny Jokes and Quotes about Love, Sex and Marriage," Telegraph, December 14, 2018, https://www.telegraph.co.uk/comedy/comedians/100-funny-jokes-quotes-love-sex-marriage/

richard-jeni/.

2. Malcolm Gladwell, Talking to Strangers: What We Should Know about the People We Don't Know (New York: Little, Brown, 2019), 73.
3. Gladwell, Talking to Strangers, 74.
4. Brittany Taylor, "Scam Caught on Camera: Man Accused of Impersonating West U. Public Works Employee," KPRC-TV, January 22, 2019, https://www.click2houston.com/news/scam-caught-on-camera-man-accused-of-impersonating-west-u-public-works-employee.
5. Clifford Lo, "Scammers Swindle Hong Kong Man out of HK$430,000 in the Space of Four Hours on WhatsApp," South China Morning Post, January 17, 2019, https://www.scmp.com/news/hong-kong/lawand-crime/article/2182575/scammers-swindle-hong-kong-man-outhk430000-space-four.
6. Kathy Bailes, "Two Parents Fall Prey to St. Lawrence College Fees Email Scam," Isle of Thanet News, January 8, 2019, https://theisleofthanetnews.com/2019/01/08/two-parents-fall-prey-to-st-lawrence-college-fees-email-scam/.
7. I draw this account of Lustig from "The Most Notorious Financial Frauds in History," Telegraph, June 6, 2016, https://www.telegraph.co.uk/money/consumer-affairs/the-most-

notorious-financial-frauds-in-history/victor-lustig/, and Jeff Maysh, "The Man Who Sold the Eiffel Tower. Twice," Smithsonian Magazine, March 9, 2016, https://www.smithsonianmag.com/history/man-who-sold-eiffeltower-twice-180958370/.

8. This reported but unconfirmed quote appears in Maysh, "The Man Who Sold the Eiffel Tower. Twice."

9. David J. Dance, "Pretexting: A Necessary Means to a Necessary End?" Drake Law Review 56, no. 3 (Spring 2008): 807, https://lawreviewdrake.files.wordpress.com/2015/06/lrvol56-3_dance.pdf.

10. William Safire, "Pretexting," New York Times, September 24, 2006, https://www.nytimes.com/2006/09/24/magazine/pretexting.html.

11. See Art Markman, "How Your Personality Shines Through," Psychology Today, August 5, 2010, https://www.psychologytoday.com/us/blog/ulterior-motives/201008/how-your-personality-shines-through. This article reports on Ryne A. Sherman, Christopher S. Nave, and David C. Funder, "Situational Similarity and Personality Predict Behavioral Consistency," Journal of Personality and Social Psychology 99, no. 2 (August 2010): 330–43.

12. Christopher Soto, "Personality Can Change Over a Lifetime, and Usually for the Better," NPR,

June 30, 2016, https://www.npr.org/sections/health-shots/2016/06/30/484053435/personality-canchange-over-a-lifetime-and-usually-for-the-better.

第三章：找到自己的優勢

1. Something that scholars refer to as "homophily." For more, please see Alessandro Di Stefano et al., "Quantifying the Role of Homophily in Human Cooperation Using Multiplex Evolutionary Game Theory," PLOS One 10, no. 10 (2015), doi:10.1371/journal.pone.0140646.
2. Amos Nadler and Paul J. Zak, "Hormones and Economic Decisions," in Neuroeconomics, ed. Martin Reuter and Christian Montag (Berlin: Springer-Verlag, 2016), 41–66. See also Jorge A. Barraza and Paul J. Zak, "Empathy toward Strangers Triggers Oxytocin Release and Subsequent Generosity," Annals of the New York Academy of Sciences 1667, no. 1 (June 2009): 182–89, https://doi.org/10.1111/j.1749-6632.2009.04504.x.
3. See, for example, Clint Berge, "Barron Co. Residents Scammed out of $100K as Sheriff Gives Warning," WQOW News 18, June 24, 2019, https://wqow.com/news/top-stories/2019/06/24/barron-co-residents-scammed-out-of-100k-as-sheriff-gives-warning/.
4. For social engineering's code of ethics, please see "The Social Engineering Framework," Security

Through Education, accessed November 13, 2019, https://www.social-engineer.org/framework/general-discussion/code-of-ethics/.

5. Ewa Jacewicz et al., “Articulation Rate across Dialect, Age, and Gender,” Language Variation and Change 21, no. 2 (July 2009): 233–56,doi:10.1017/S0954394509990093.
6. Yanan Wang, “These Are the States with the Fastest Talkers (New York Isn’t One of Them),” Washington Post, February 4, 2016, https://www.washingtonpost.com/news/morning-mix/wp/2016/02/04/theseare-the-states-with-the-fastest-talkers-new-york-isnt-one-of-them/; Marchex Marketing Team, “America’s Speech Patterns Uncovered,” Marchex (blog), February 2, 2016, https://www.marchex.com/blog/talkative.
7. David Cox, “Is Your Voice Trustworthy, Engaging or Soothing to Strangers?” Guardian, April 16, 2015, https://www.theguardian.com/science/blog/2015/apr/16/is-your-voice-trustworthy-engaging-orsoothing-to-strangers.
8. The literature on this topic is vast. See, for example, Will Storr, “The Metamorphosis of the Western Soul,” New York Times, August 24, 2018, https://www.nytimes.com/2018/08/24/opinion/the-meta-morphosis-of-the-western-soul.html.
9. Sidney Kraus, Televised Presidential Debates and Public Policy (New York and London:

Routledge, 2000), 66.

10. Thomas R. Zentall, "Reciprocal Altruism in Rats: Why Does It Occur?" Learning & Behavior 44 (March 2016): 7–8, https://doi.org/10.3758/s13420-015-0201-2.

11. Janelle Weaver, "Monkeys Go out on a Limb to Show Gratitude," Nature, January 12, 2010, https://doi.org/10.1038/news.2010.9.

12. Hajo Adam and Adam D. Galinsky, "Enclothed Cognition," Journal of Experimental Social Psychology 48, no. 4 (July 2012): 918–25, doi:https://doi.org/10.1016/j.jesp.2012.02.008.

第四章：讓別人想要幫助你

1. Mathukutty M. Monippally, Business Communication: From Principles to Practice (New Delhi: McGraw Hill Education, 2013), 137.

2. Robert B. Cialdini, Influence: The Psychology of Persuasion (Melbourne: Business Library, 1984.).

3. Dave Kerpen, The Art of People: 11 Simple People Skills That Will Get You Everything You Want (New York: Crown Business, 2016); Peter Economy, "How the Platinum Rule Trumps the Golden Rule Every Time," Inc., March 17, 2016, https://www.inc.com/peter-economy/how-

the-platinum-rule-trumps-the-golden-rule-every-time.html.

4. Mama Donna Henes, "The Universal Golden Rule," Huffington Post, updated December 23, 2012, https://www.huffpost.com/entry/golden-rule_b_2002245; W. Patrick Cunningham, "The Golden Rule as Universal Ethical Norm," Journal of Business Ethics 17, no. 1 (January 1998): 105–9.
5. Jonathan L. Freedman and Scott C. Fraser, "Compliance without Pressure: The Foot-in-the-Door Technique," Journal of Personality and Social Psychology 4, no. 2 (1966): 195–202, https://doi.org/10.1037/h0023552.
6. Michael Lynn, "Scarcity Effects on Value: A Quantitative Review of the Commodity Theory Literature," Psychology & Marketing 8, no.1 (1991), 43–57; Luigi Mittone and Lucia Savadori, "The Scarcity Bias," Applied Psychology 58, no. 3 (July 2009): 453–68, https://doi.org/10.1111/j.1464-0597.2009.00401.x.
7. Paul Dunn, "The Importance of Consistency in Establish-ing Cognitive-Based Trust: A Laboratory Experiment," Teaching Business Ethics 4 (August 2000): 285–306, https://doi.org/10.1023/A:1009870417073.
8. Alfonso Pulido, Dorian Stone, and John Strevel, "The Three Cs of Customer Satisfaction:

Consistency, Consistency, Consistency," McKinsey & Company, March 2014, https://www.mckinsey.com/industries/retail/our-insights/the-three-cs-of-customer-satisfaction-consistency-consistency-consistency.

9. Robert B. Cialdini et al., "Compliance with a Request in Two Cultures: The Differential Influence of Social Proof and Commitment/Consistency on Collectivists and Individualists," Personality and Social Psychology Bulletin 25, no. 10 (October 1999): 1242–53, https://doi.org/10.1177/0146167299258006.

10. Stanley Milgram, "Behavioral Study of Obedience," Journal of Abnormal and Social Psychology 67, no. 4 (1963): 376, https://doi.org/10.1037/h0040525.

11. Brandi Vincent, "The Federal Trade Commission Warns That Criminals' 'Favorite Ruse' Is Pretending to Be from a Government Agency," Next Gov, July 2, 2019, https://www.nextgov.com/cio-briefing/2019/07/scammers-are-impersonating-government-agencies-more-ever/158165/.

12. Adam J. Hampton, Amanda N. Fisher Boyd, and Susan Sprecher, "You're Like Me and I Like You: Mediators of the Similarity-Liking Link Assessed before and after a Getting-Acquainted Social Interaction," Journal of Social and Personal Relationships 36, no. 7 (July 2019):

2221–44, https://doi.org/10.1177/0265407518790411.

第五章：讓別人對你無所不談

1. Susan Krauss Whitbourne, professor emerita of psychological and brain sciences at the University of Massachusetts Amherst, describes the general landscape of self-disclosure in the following terms: "One theory of self-disclosure proposes that you tend to reciprocate because you assume that someone who discloses to you likes and trusts you. The more you self-disclose in turn, the more the partner likes and trusts you, and then self-discloses even more. This is the social attraction-trust hypothesis of self-disclosure reciprocity. The second hypothesis is based on social exchange theory, and proposes that we reciprocate self-disclosure in order to keep a balance in the relationship: You disclose, therefore I disclose" (Susan Krauss Whitbourne, "The Secret to Revealing Your Secrets," Psychology Today, April 1, 2014, https://www.psychologytoday.com/us/blog/fulfillment-any-age/201404/the-secret-revealing-your-secrets). Even more fundamentally, scholars have argued that as social creatures, human beings naturally believe others (or "default to truth"). For more on the "truth-default theory" and the consequences of human gullibility, please see Timothy R. Levine Duped: Truth-Default Theory and the Social Science of Lying and

Deception (Tuscaloosa: University of Alabama Press, 2020) and Gladwell, Talking to Strangers.

2. Jeff Stone, "LinkedIn Is Becoming China's Go-to Platform for Recruiting Foreign Spies," Cyber Scoop, March 26, 2019, https://www.cyberscoop.com/linkedin-china-spies-kevin-mallory-ron-hansen/; Anthony Cuthbertson, "China Is Spying on the West Using LinkedIn, Intelligence Agency Claims," Newsweek, December 11, 2017, https://www.newsweek.com/china-spying-west-using-linkedin-743788.
3. This scenario is envisaged in "Elicitation," National Counterintelligence and Security Center, accessed December 16, 2019, https://www.dni.gov/files/NCSC/documents/campaign/Elicitation.pdf.
4. Sharon Stone, "Michigan State Police Tweet Warning Signs for Terrorism," Tri-County Times, April 22, 2019, https://www.tctimes.com/news/michigan-state-police-tweet-warning-signs-for-terrorism/article_65d7c0fc-653c-11e9-904c-bb92d94c6056.html.
5. Sixty-eight percent is a made-up data point. I can't recall the exact statistic here nor the newspaper, but we did use a real statistic we'd found in an actual newspaper article. In case you're interested, in 2010 the Guardian reported that 1 in 5 people use a birthday for a PIN (Sceaf Berry, "One in Five Use Birthday as PIN Number," Telegraph, October 27, 2010, https://

www.telegraph.co.uk/finance/personalfinance/borrowing/creditcards/8089674/One-in-five-use-birthday-as-PINnumber.html), and in 2012 it reported that 10.7 percent of all people use 1234 (Nick Berry, "The Most Common Pin Numbers: Is Your Bank Account Vulnerable?" Guardian, September 28, 2012, https://www.theguardian.com/money/blog/2012/sep/28/debit-cards-currentaccounts).

6. Discussing scholarship on the topic of clarity, correctness, and compe-tition in persuading others, Art Markman, Annabel Irion Worsham Centennial Professor of Psychology and Marketing at the University of Texas at Austin, says: "Putting this together, then, being certain of your attitude can affect whether you try to convince other people that you are right. In particular, the more strongly you believe that your attitude is the right one, the more you will focus on convincing others" (Art Markman, "Why We Need Everyone to Believe We're Correct," Psychology Today, July 14, 2014, https://www.psychologytoday.com/us/blog/ulterior-motives/201407/why-we-need-everyone-believe-werecorrect). Such a tendency is likely exacerbated by what scholars call the "illusion of explanatory depth" (that is, the human propensity to overestimate how much they actually understand): Leonid Rozenblit and Frank Keil, "The Misunderstood Limits of Folk Science: An Illusion of Explanatory Depth," Cognitive

Science 26, no. 5 (September 2002): 521–62, https://doi.org/10.1207/s15516709cog2605_1.

7. One of the reasons studies and surveys employ range responses (for income, age, etc.) instead of asking for these figures specifically is that it increases response rates: Joachim K. Winter, "Bracketing Effects in Categorized Survey Questions and the Measurement of Economic Quantities," Sonderforschungsbereich 504, Rationalitätskonzepte, Entscheidungsverhalten und Ökonomische Modellierung/Universität Mannheim, discussion paper, 2002, 35, https://epub.ub.unimuenchen.de/19729/.

第六章：避開社交操縱陷阱

1. Justin Bariso, "What Is an Emotional Hijack? How Learning the Answer Made Me a Better Husband, Father, and Worker," Inc., accessed April 4, 2020, https://www.inc.com/justin-bariso/what-is-an-emotional-hijack-how-emotional-intelligence-made-me-a-better-husband-father-worker.html.
2. And that's just the beginning. For more on the many ways that casinos manipulate people to gamble more, see Mark Griffiths and Jonathan Parke, "The Environmental Psychology of Gambling," in Gambling: Who Wins? Who Loses? ed. Gerda Reith (New York: Prometheus

Books, 2003), 277–92.

3. Humayun Khan, "How Retailers Manipulate Sight, Smell, and Sound to Trigger Purchase Behavior in Consumers," Shopify Retail Marketing Blog, April 25, 2016, https://www.shopify.com/retail/119926083-how-retailers-manipulate-sight-smell-and-sound-to-trigger-purchase-behavior-in-consumers.
4. John Leyden, "Romanian 'Ransomware Victim' Hangs Self and 4-Year-Old Son—Report," Register, March 18, 2014, https://www.theregister.co.uk/2014/03/18/romania_ransomware_murder_suicide/.
5. J. Stuart Ablon, Changeable: How Collaborative Problem Solving Changes Lives at Home, at School, and at Work (New York: TarcherPerigee, 2018), 119.
6. Stephen Little, "Beware Holiday Villa Scams That Could Cost You £5,000," Moneywise, January 17, 2019, https://www.moneywise.co.uk/news/2019-01-17%E2%80%8C%E2%80%8C/beware-holiday-villascams-could-cost-you-ps5000.
7. For more on this scam, see "Virtual Kidnapping Ransom Scam," National Institutes of Health Office of Management, accessed April 4, 2020, https://www.ors.od.nih.gov/News/Pages/Beware-of-Virtual-Kidnapping-Ransom-Scam.aspx.

8. “Terrifying Kidnapping Scam Targets Families with Hoax Calls from Loved Ones’ Phones,” NBC Chicago 5, March 18, 2019, https://www.nbcchicago.com/news/local/virtual-kidnapping-scam-reported-in-indiana/162372/.
9. “Advertisers use sex because it can be very effective,” said researcher Tom Reichert, professor and head of the department of advertising and public relations in the UGA Grady College of Journalism and Mass Communication. But he warned: “Sex is not as effective when selling high-risk, informational products such as banking services, appliances and utility trucks” (April Reese Sorrow, “Magazine Trends Study Finds Increase in Advertisements Using Sex,” University of Georgia Today, June 5, 2012, https://news.uga.edu/magazine-trendsstudy-finds-increase-in-advertisements-using-sex/).
10. After years of tawdry advertisements, CKE Restaurants, which controls fast-food chain Carl’ s Jr., decided in late 2019 to substitute substance (in their case food) for sex in the burger chain’ s ads: Tiffany Hsu, “Carl’ s Jr.’ s Marketing Plan: Pitch Burgers, Not Sex,” New York Times, November 13, 2019, https://www.nytimes.com/2019/11/13/business/media/new-carls-jr-ads.html.
11. Linda Rafree, cofounder of Regarding Humanity, coined the term “poverty porn” and strongly

believes it undermines rather than helps bolster the aims of most charities: Aimee Meade, "Emotive Charity Advertising—Has the Public Had Enough?" Guardian, September 29, 2014, https://www.theguardian.com/voluntary-sector-network/2014/sep/29/poverty-porn-charity-adverts-emotional-fundraising.

12. Meade, "Emotive Charity Advertising."

13. For this profile, I am indebted to Bruce Grierson, "What if Age Is Nothing but a Mind-Set?" New York Times Magazine, October 22, 2014, https://www.nytimes.com/2014/10/26/magazine/what-ifage-is-nothing-but-a-mind-set.html.

14. Ellen J. Langer, Counter Clockwise: Mindful Health and the Power of Possibility (New York: Ballantine Books, 2009)

15. Carol Rosenberg, "What the C.I.A.' s Torture Program Looked Like to the Tortured," New York Times, December 4, 2019, https://www.nytimes.com/2019/12/04/us/politics/cia-torture-drawings.html.

16. Editorial Board, "Don' t Look Away," New York Times, December 5, 2019, https://www.nytimes.com/2019/12/05/opinion/cia-torture-drawings.html; James Risen and Sheri Fink, "Trump Said 'Torture Works.' An Echo Is Feared Worldwide," New York Times, January 5,

2017, https://www.nytimes.com/2017/01/05/us/politics/trump-torture-guantanamo.html.

17. Though anxiety was much more strongly associated than depression and eating disorders: Julie Beck, "How Uncertainty Fuels Anxiety," Atlantic, March 18, 2015, https://www.theatlantic.com/health/archive/2015/03/how-uncertainty-fuels-anxiety/388066/.

18. Archy O. de Berker et al., "Computations of Uncertainty Mediate Acute Stress Responses in Humans," Nature Communications 7 (March 2016), https://doi.org/10.1038/ncomms10996. I take my evaluation of this research from neuroscientist Marc Lewis, who suggested this study represented "the most sophisticated experiment ever conceived on the relationship between uncertainty and stress" (Marc Lewis, "Why We' re Hardwired to Hate Uncertainty," Guardian, April 4, 2016, https://www.theguardian.com/commentisfree/2016/apr/04/uncertainty-stressful-research-neuroscience).

19. Lewis, "Why We' re Hardwired."

20. Ibid.

21. Ibid.

22. Lewis offers a similar hypothetical about the anxiety an employee feels when driving to work and faced with the possibility of arriving late. Ibid.

23. Susan Weinschenk, “Why Having Choices Makes Us Feel Powerful,” Psychology Today, January 24, 2013, https://www.psychologytoday.com/us/blog/brain-wise/201301/why-havingchoices-makes-us-feel-powerful.

24. Lauren A. Leotti, Sheena S. Iyengar, and Kevin N. Ochsner, “Born to Choose: The Origins and Value of the Need for Control,” Trends in Cognitive Sciences 14, no. 10 (October 2010): 457–63, https://doi.org/10.1016/j.tics.2010.08.001.25. Ibid.

26. Diane Hoskins, “Employees Perform Better When They Can Control Their Space,” Harvard Business Review, January 16, 2014, https://hbr.org/2014/01/employees-perform-better-when-they-can-controltheir-space.

27. Ranjay Gulati, “Structure That’ s Not Stifling,” Harvard Business Review, May–June 2018, https://hbr.org/2018/05/structure-thats-notstifling.

28. For this entire profile on Seligman I am indebted to Maria Konnikova, “Trying to Cure Depression, but Inspiring Torture,” New Yorker, January 14, 2015, https://www.newyorker.com/science/maria-konnikova/theory-psychology-justified-torture.

29. Michael Shermer, “We’ ve Known for 400 Years That Torture Doesn’ t Work,” Scientific American, May 1, 2017, https://www.scientificamerican.com/article/we-rsquo-ve-known-for-

400-years-that-torturedoesn-rsquo-t-work/.

30. Ibid. For an alternate perspective on the efficacy of judiciously applied torture (or "torture light"), please see Mark Bowden, "The Dark Art of Interrogation," Atlantic, October 2003, https://www.theatlantic.com/magazine/archive/2003/10/the-dark-art-of-interrogation/302791/.

第七章：善用你的非口語表達能力

1. Charles Darwin's 1872 book, On the Expressions of the Emotions in Men and Animals, was one of the first to explore nonverbal communication.
2. Works to consult include Paul Ekman, Telling Lies: Clues to Deceit in the arketplace, Politics, and Marriage, (New York and London: Norton, 2009); Paul Ekman and Wallace V. Friesen, Unmasking the Face: A Guide to Recognizing Emotions from Facial Expressions (Los Altos, CA: Malor Books, 2003); David Matsumoto, Mark G. Frank, and Hyi Sung Hwang, eds., Nonverbal Communication: Science and Applications (Los Angeles: Sage, 2013); Joe Navarro: What Every Body Is Saying: An Ex-FBI Agent's Guide to Speed-Reading People (New York: William Morrow Paperbacks, 2008); Joe Navarro, The Dictionary of Body Language: A Field Guide to Human Behavior (New York: William Morrow Paperbacks, 2018); Goleman, Emotional

Intelligence; Paul J. Zak, The Moral Molecule: The Source of Love and Prosperity, (New York: Dutton, 2012); and Amy Cuddy, Presence: Bringing Your Boldest Self to Your Biggest Challenge (New York: Little, Brown Spark, 2015). You might also consult my own title Unmasking the Social Engineer: The Human Element of Security (Indianapolis: Wiley, 2014).

3. Navarro, What Every Body Is Saying, 88.
4. In addition to macro- and micro-expressions, human beings also mobilize so-called conversational signals, facial expressions and other bodily movements that don’ t express emotions per se but rather ideas. If you tell me about the mating rituals of your pet African ringnet parakeet, I might signal the idea “I am interested in this” by raising my eyebrows and shaking my head.
5. For studies documenting the mirroring effect, please see Costanza Navarretta, “Mirroring Facial Expressions and Emotions in Dyadic Conversations,” conference paper, Language Resources and Evaluation Conference (LREC 2016), Portoroz, Slovenia, vol. 10, 469–74, https://www.researchgate.net/publication/311588919_Mirroring_Facial_Expressions_and_Emotions_in_Dyadic_Conversations, and Robert W. Levenson, Paul Ekman, and Wallace V. Friesen, “Voluntary Facial Action Generates Emotion-Specific Autonomic Nervous System Activity,

Psychophysiology 27, no. 4 (1990): 363–84, https://bpl.berkeley.edu/docs/36-Voluntary%20Facial%20Action90.pdf.

6. Sourya Acharya and Samarth Shukla, "Mirror Neurons: Enigma of the Metaphysical Modular Brain," Journal of Natural Science, Biology, and Medicine 3, no. 2 (July–December 2012): 118–24, https://doi.org/10.4103/0976-9668.101878.
7. Daniele Marzoli et al., "Sun-Induced Frowning Fosters Aggressive Feelings," Cognition and Emotion 27, no. 8 (May 2013): 1513-1521, https://doi.org/10.1080/02699931.2013.801338.
8. Jessica Bennett, "I' m Not Mad. That' s Just My RBF," New York Times, August 1, 2015, https://www.nytimes.com/2015/08/02/fashion/im-not-mad-thats-just-my-resting-b-face.html?_r=0&-module=ArrowsNav&contentCollection=Fashion%20%26%20Style&action=keypress&region=FixedLeft&pgtype=article.
9. Merriam-Webster, s.v. "contempt."
10. "Throwing Shade: The Science of Resting Bitch Face," Test Your RBF, accessed April 4, 2020, https://www.testrbf.com/content/throwingshade-science-resting-bitch-face.
11. Tomas Chamorro-Premuzic, "The Upside to Being Angry at Work," Fast Company, February 25, 2020, https://www.fastcompany.com/90467448/the-upside-to-being-angry-at-work.

12. Preston Ni, "4 Types of Anger and Their Destructive Impact," Psychology Today, May 19, 2019, https://www.psychologytoday.com/us/blog/communication-success/201905/4-types-anger-and-their-destructive-impact.

13. L. R. Mujica-Parodi, H. H. Strey, B. Frederick, R. Savoy, D. Cox, et al., "Chemosensory Cues to Conspecific Emotional Stress Activate Amygdala in Humans," PLoS ONE 4, no. 7 (2009): e6415. doi:10.1371/journal.pone.0006415

14. Ellie Lisitsa, "The Four Horsemen: Contempt," Gottman Institute, May 13, 2013, https://www.gottman.com/blog/the-four-horsemen-contempt/?rq=contempt.

第八章：讓你的表現真情流露

1. George Lakoff, The All New Don't Think of an Elephant! Know Your Values and Frame the Debate, (White River Junction, VT: Chelsea Green, 2014), xi–xii.
2. Ibid., 1.
3. Quoted in Oliver Burkeman, "This Column Will Change Your Life: The Beauty in Imperfection," Guardian, April 23, 2010, https://www.theguardian.com/lifeandstyle/2010/apr/24/change-your-life-beauty-

imperfection.

4. Sarah Todd, Hanna Kozlowska, and Marc Bain, " 'Aspirational Realness,' the Instagram Cool-Girl Look, Disguises Advertising as Authen-ticity," Quartz, October 12, 2019, https://qz.com/quartzy/1722511/how-brands-like-glossier-sell-aspirational-realness-on-instagram/.

高寶書版集團
gobooks.com.tw

新視野 New Window 242

駭進人心：社交工程專家教你掌握溝通優勢，洞悉話術陷阱，提升說服力與影響力

Human Hacking: Win Friends, Influence People, and Leave Them Better Off For Having Met You

作　　者　克里斯多福・海納基（Christopher Hadnagy）、賽斯・舒曼（Seth Schulman）
譯　　者　周玉文
主　　編　吳珮旻
編　　輯　鄭淇丰
封面設計　林政嘉
排　　版　賴姵均
企　　劃　何嘉雯
版　　權　張莎凌

發 行 人　朱凱蕾
出　　版　英屬維京群島商高寶國際有限公司台灣分公司
　　　　　Global Group Holdings, Ltd.
地　　址　台北市內湖區洲子街 88 號 3 樓
網　　址　gobooks.com.tw
電　　話　(02) 27992788
電　　郵　readers@gobooks.com.tw（讀者服務部）
傳　　真　出版部　(02) 27990909　行銷部 (02) 27993088
郵政劃撥　19394552
戶　　名　英屬維京群島商高寶國際有限公司台灣分公司
發　　行　英屬維京群島商高寶國際有限公司台灣分公司
初版日期　2022 年 7 月

HUMAN HACKING: Win Friends, Influence People, and Leave Them Better Off for Having Met You by Christopher Hadnagy

國家圖書館出版品預行編目（CIP）資料

駭進人心：社交工程專家教你掌握溝通優勢，洞悉話術陷阱，提升說服力與影響力 / 克里斯多福．海納基 (Christopher Hadnagy), 賽斯．舒曼 (Seth Schulman) 著；周玉文譯．-- 初版．-- 臺北市：英屬維京群島商高寶國際有限公司臺灣分公司，2022.07

面；　公分．--（新視野 242）

譯自：Human hacking : win friends, influence people, and leave them better off for having met you

ISBN 978-986-506-442-6（平裝）

1.CST: 傳播心理學　2.CST: 人際傳播　3.CST: 成功法

177.1　　　　111008099

GOBOOKS & SITAK GROUP©